LA CONSPIRACIÓN DE LAS CALIFICACIONES PERFECTAS:

TU GUÍA SECRETA PARA CONVERTIRTE EN UN GENIO Y DOMINAR EL MUNDO

POR
HUNTER MAATS Y KATIE O'BRIEN

TRADUCIDO POR
OMAR LÓPEZ VERGARA

ILUSTRADO POR
LINDSEY GARY, ANDREW GOULET, Y TRAVIS STANBERRY

ISBN: 9780692739013

Número de control en la Bilioteca del Congreso: 2013943727

BISAC: Education / Study Skills

CreateSpace, North Charleston, SC

Al momento de la publicación de este libro, todos los datos y cifras citados son los más actualizados y han sido verificados a partir de mayo de 2012.

Traductor: Omar López Vergara

Diseño de la portada: Lindsey Gary

Las ilustraciones de Lindsey Gary aparecen en las pp. 2, 33-36, 39, 52-53, 55, 71-73, 77, 80, 124, 128, 135, 176, 204-207, 220, 234, 265-268, 272, 275, 277, 286

Las ilustraciones de Andrew Goulet aparecen en las pp. 11, 18, 91, 201, 222

Las ilustraciones de Travis Stanberry aparecen en las pp. 85, 86, 88, 89

Silueta de Sherlock Holmes, p. 139: © The Sherlock Holmes Museum, 221b Baker Street, Londres, Inglaterra, www.sherlock-holmes.co.uk

Fuente de grafiti: Lars Håhus

Fuentes manuscritas: Kimberly Geswein

Asesor científico: Quinn Ho

Editor: Andrew Goulet

Fotos de los autores: Keegan Uhl Photography

www.thestraightaconspiracy.com

Hunter y Katie quisieran dar las gracias por su apoyo a las siguientes personas:

A Lindsey Gary, nuestro más encarecido agradecimiento por estar ahí desde el primer instante, en cada página, en cada iteración, y por ayudarnos a hacer que este libro pasara de simples palabras a una experiencia visual creativa y estimulante, mucho más allá de lo que jamás hubiéramos imaginado.

A Quinn Ho, Jean S. Perwin y Andrew Goulet, nuestro reconocimiento por asegurarse de que cada página de este libro fuera científicamente sólida, gramaticalmente correcta y, en todos los sentidos, lista para ser publicada.

Gracias a Laurie Abkemeier, Trish Babtie, Robin Steiner, Lisa Florence, Stan Rogow y Harald y Sharlene Ludwig por leer borrador tras borrador (tras borrador) y por darnos invaluables consejos desde la perspectiva de los padres. También estamos tremendamente agradecidos con nuestro publicista, Kim-from-LA, por ser lo mejor que nos ha pasado desde el helado de chocolate mexicano.

También le debemos un agradecimiento especial a Bud Vana y Laura Weidman, los primeros socios en nuestro viaje para encontrar la manera de ayudarles a los estudiantes a enamorarse de nuevo de la escuela.

Gracias a Dave Holstein por su soporte técnico y humorístico, y por permitirnos de manera munificente apropiarnos del ultimo piso de su casa durante incontables horas en nombre de este libro. Katie se siente muy afortunada de estar casada contigo. Hunter se siente muy afortunado de poder asaltar tu refrigerador (por cierto, ya no hay leche).

Gracias a los innumerables amigos, familiares y casi extraños que, con paciencia y ganas de ayudar, nos han escuchado discutir, compartir y probar este libro en los últimos años, en cada cena, celebración de cumpleaños, Año Nuevo, parrillada en el patio trasero... son muchos para enlistar y han enriquecido este libro sin medida.

Gracias a todos y cada uno de nuestros estudiantes, pasados y presentes. Nos han enseñado tanto como nosotros a ustedes, si no es que más.

Y, finalmente, nuestro mayor agradecimiento a todas las personas que nos han dedicado el mayor apoyo, día y noche, para la realización de este libro: nuestros primeros y mejores maestros y nuestros padres, Job y Peggy Maats y David y Karen O'Brien. Gracias por hacer de nosotros el tipo de estudiantes que aman aprender, dándonos la confianza para correr riesgos, presionándonos para nunca ser conformistas, y felicitándonos a voz en cuello por todo lo que hemos hecho.

ÍNDICE

PRIMERA PARTE

SEGUNDA PARTE

TERCERA PARTE

CUARTA PARTE

ÍNDICE

PRIMERA PARTE

Capítulo 1

La Peor Idea Del Mundo

¡Hola, qué tal va todo? Bueno, quiero decir, además del hecho de que toda tu vida está basada en una mentira.

¿Cómo? ¿Se te hace demasiado pronto comenzar este libro con algo tan directo? Bueno, pues pensamos que merecías saberlo. Ya ves que dicen que el conocimiento es poder (y todas esas cosas).

Así es. Toda tu vida —o por lo menos las horas durante las cuales estás despierto— está basada en una gran patraña. Esta mentira afecta las acciones que tomas cada día, los sueños que tienes para tu futuro y la opinión entera que tienes sobre ti mismo. Y para ver por qué todo esto es cierto, no tienes que ir más lejos que a la escuela. Si eres como la mayoría de los adolescentes, lo más probable es que la escuela te parezca molesta. Pasas tus días aprendiendo cosas que piensas que nunca vas a usar de adulto. Sientes que ni tus maestros ni tus padres dejarán de sermonearte porque, al fin y al cabo, estás haciendo lo mejor que puedes. Y lo peor de todo es que, para algunos de tus compañeros, la escuela parece lo más fácil del mundo: obtienen excelentes calificaciones y nunca se sienten estresados. Si alguna vez has tenido estos pensamientos —o bien otros similares— entonces podemos decírtelo sin rodeos: la mentira está arruinando tu vida. Mereces conocer la verdad. De hecho, la necesitas conocer cuanto antes.

La mayoría de la gente piensa que para ser listo hay que nacer con el cerebro correcto o bien volverse esclavo de los libros. En realidad, todo es mucho, mucho más simple. Y cuando te enteres de la verdad, nunca serás capaz de ver la escuela con los mismos ojos. Instantáneamente será posible para ti volverte una de las personas más inteligentes de la historia. Ya no tienes que ser una víctima más de esa mentira.

De hecho, si realmente llegamos al meollo del asunto, la palabra "mentira" no le hace justicia a esta traición. Estás involucrado en una intensa conspiración que lleva siglos de haberse fraguado. Sí, sí, nos queda claro que la gente que habla de "conspiraciónes" suele estar un poco "tocada de la cabeza" y "merece que la miren raro en los restaurantes". Pero no estamos diciendo que haya druidas terroríficos ni misteriosos agentes del gobierno involucrados en esto. No es exactamente ese tipo de conspiración.

Lo que sí diremos es lo siguiente: la conspiración de la que has sido víctima es tan grande que ni siquiera te podemos decir qué tan grande es porque no lo creerías. Es tan grande que es más grande que todas las otras conspiraciónes que conoces juntas. Es como enterarse de que Elvis Presley era un extraterrestre cuya nave se estrelló en el Triángulo de las Bermudas y luego fingió su propia muerte y se fue a vivir con Pie Grande. Si eres el tipo de persona que prefiere las matemáticas a la lectura, se podría expresar de esta manera:

$$TB \times M + PG < A$$

TB = Triángulo de las Bermudas
M = Muerte falsa de Elvis
PG = Pie Grande
A = La Conspiración de las Calificaciones Perfectas

Todas estas conspiraciónes tienen un objetivo en común: ocultan la verdad y mantienen al público creyendo mentiras. La diferencia es que, si bien la existencia de los extraterrestres puede o no afectarte en un día cualquiera (o ni siquiera te pasa por la cabeza), la conspiración de las calificaciones perfectas activamente estropea tu vida, haciendo que cada día sea menos divertido, más estresante y menos exitoso. Y lo peor de todo es que ha estado frente a tus narices durante siglos (de hecho, frente a las narices de todos nosotros). Y hemos caído en sus garras.

Esto se debe a que la conspiración de las calificaciones perfectas no comenzó con un gran evento como que un OVNI se haya estrellado o que se haya muerto un músico famoso. Fue mucho más sutil que esto. Siglos atrás, un puñado de personas llevó a cabo ciertas pequeñas acciones para tratar de ayudarse a sí mismos y a sus amigos a salir adelante. Nunca hubieran podido predecir la avalancha que producirían sus acciones, ni a cuántas millones de vidas afectarían. Pero gracias a estas personas, nació una idea que se volvió la raíz de la conspiración... y en el proceso envenenaron la educación de todo el mundo.

La peor idea del mundo

Un genio. Un genio inexplicable y sorprendente de gigante cerebro. ¿Acaso existe algo más asombroso que ser un genio? Quizás prefieras el término "prodigio" o "talentoso", o si eres alemán, Wunderkind. Como sea que lo llames, el potencial de tener una idea o de descubrir en ti un don especial que te garantice fama, fortuna y un lugar en los libros de historia ... ése es el sueño.

Desde luego, parte de lo que hace que un genio sea tan sorprendente e intrigante es que la mayoría de nosotros nunca lo seremos. Nos podemos maravillar con los inventos de Thomas Edison, con el cerebro matemático de Sir Isaac Newton o con las habilidades musicales de Wolfgang Amadeus Mozart, pero no nos podemos imaginar con la suerte suficiente para haber nacido con cerebros como los suyos. Los genios nacen, no se hacen. Es imposible llegar a ser un genio: esto sólo está reservado para unos cuantos. Y el hecho de que todos pensemos de esta manera es exactamente la razón por la cual aquellos "genios" alcanzaron su tan legendario éxito.

La realidad es que todo lo que has oído sobre la historia de los genios más famosos no es más que una campaña de mercadotecnia muy exitosa.

Cómo vender absolutamente cualquier cosa

Pregunta rápida: ¿Quién inventó la bombilla eléctrica?

a) Thomas Edison
b) Alexander Graham Bell

c) Humphry Davy
d) Edilberto Bombillo

Si respondiste a), te equivocaste. Esto puede parecer injusto, porque lo más probable es que durante tu vida hayas oído de muchas fuentes diferentes que fue Thomas Edison el que inventó la bombilla eléctrica. Es la clásica historia del súper inventor de Menlo Park quien generó innovación tras innovación gracias a su espectacular cerebro. Pero el verdadero inventor de la bombilla eléctrica fue Sir Humphry Davy. ¿Entonces por qué todos creemos que "Thomas Edison inventó la lámpara incandescente", cuando fue en realidad Humphry Davy quien la desarrolló, unos 45 años antes de que Edison naciera?

Mercadotecnia.

Antes que nada, hay que decir que Thomas Edison era definitivamente sorprendente, pero no por las razones que ya conoces. Veamos en realidad cuáles fueron sus logros. En la década de 1880, las lámparas incandescentes ya se vendían en las tiendas departamentales y había muchas de ellas en las calles, pero dado que eran muy caras y poco confiables, la mayoría de la gente seguía utilizando gas para iluminar sus casas...lo cual es una maravilla si no te molesta que las luces de tu habitación de vez en cuando se conviertan en bolas de fuego. Una gran cantidad de inventores sabía que la iluminación a gas era menos que ideal, y que aquel que solucionara este problema se haría millonario. Edison ya había saboreado la fama

Ni siquiera un genio puede hacer tal cosa

En el Día de los Inocentes, un reportero escribió un artículo falso sobre el "Creador de Comida" de Edison, una máquina que podía convertir la basura en cualquier platillo que pudieras imaginarte. Cuando la gente escribió llena de entusiasmo para hacer pedidos por adelantado, era claro que el furor por Edison estaba fuera de control. La gente creía que el gran Edison era capaz de hacer incluso lo imposible.

Hagamos un trato

Cuando dos inventores desconocidos presentaron un nuevo y revolucionario proyector de películas, el equipo de Edison les ofreció un trato: podían hacer una fortuna, pero tenían que decir que Edison había sido el inventor. Esto básicamente significaba que tenían dos opciones: a) tener una fortuna pero no tener fama; b) no tener fama... y tampoco fortuna. Sabiamente, aceptaron el trato. Edison se llevó la gloria, y ellos se mantuvieron en silencio. No fue lo ideal, pero todos los involucrados sabían que ésta era la mejor manera de vender el mayor número posible de máquinas.

con su gramófono, así que les prometió a todos los reporteros de los periódicos que solucionaría el problema de la luz eléctrica en un dos por tres. Afortunadamente, Edison no trabajaba solo. Había formado un equipo gigantesco de inventores de primer nivel que trabajaban en su laboratorio de Menlo Park, y juntos, todos ellos, atacaron el problema. Para todos era obvio que el filamento inflamable era el problema de las lámparas incandescentes. Así que Edison y sus muchos colegas probaron cuidadosamente más de 10 mil diferentes tipos de filamento hasta que tuvieron éxito con uno de los materiales más improbables: bambú carbonizado.

Tener la voluntad de llevar a cabo diez mil diferentes intentos para resolver un problema es en sí misma una faena impresionante. Pero si la bombilla eléctrica iba a imperar en Estados Unidos, la gente no sólo necesitaría comprarla, sino que también tendría que instalar cableado eléctrico en todas sus casas. En otras palabras, no iba a ser fácil de vender. Lo que es más, aunque la paciencia es de verdad una virtud, el eslogan "cientos de hombres pasaron miles de horas ingeniándoselas para que esta cosa funcionara un poco mejor que antes" no era en realidad tan atractivo como el Just Do It! (Sólo hazlo) de Nike. Edison necesitaba una buena campaña de mercadotecnia.

Afortunadamente, Edison sabía cómo utilizar los periódicos

a su favor. Para generar ruido sobre sus inventos, les pagó a los periodistas con acciones de su compañía: en retorno, ellos escribirían historias de cómo la respuesta a las necesidades de iluminación de Estados Unidos le llegó a Edison en un golpe de inspiración. Ahí estaba él, sentado en su mesa de trabajo, cuando de repente su genialidad le dijo qué hacer: "¡Ah, claro! ¡Almuerzo japonés para pandas medio chamuscado! ¡Es lo más obvio del mundo!". Éste fue el comienzo de una guerra mediática que le aseguró a Edison el estatus de genio y le hizo ganar el sobrenombre de "El mago de Menlo Park".

Conforme la notoriedad de Edison se disparaba por los cielos, las ventas también lo hacían. Si el producto provenía de un mago, entonces todo mundo lo quería. De pronto, la reputación de genio de Edison no sólo estaba motivada por la vanidad, sino por una estrategia de negocios. Los otros inventores de Menlo Park fueron tranquilamente mantenidos fuera de la consciencia del público. Al final de la vida de Edison, su equipo había patentado cientos y cientos de inventos, pero para los ojos de Estados Unidos, todos ellos provenían de Edison y de nadie más. Tener un genio como emblema de tu compañía era grandioso para los negocios y, para mantener las ganancias, era crucial que Edison pareciera un superhombre.

Con el tiempo, la admiración de la gente hacia Edison se volvió parte del folclor del país, y tal como con el juego del teléfono, la historia de Edison, simplificada y alterada, se transmitió de generación en generación. Por ello es que, generaciones después, lo que se dice es simplemente "Thomas Edison inventó la bombilla eléctrica". Lo que conoces es una mentira.

Una vez que empieces a reconocer mentiras —o por lo menos "ajustes" obvios a la verdad como éste—, encontrarás que muchos genios famosos de la humanidad han dependido de una mercadotecnia inteligente para hacerlos lucir más geniales. Quizás el siguiente ejemplo más impresionante es el niño prodigio favorito de todos: Wolfgang Amadeus Mozart.

La obra de Mozart es sorprendente, nadie puede dudarlo. Pero, si bien sus ejecuciones y composiciones de adulto son totalmente merecedoras de ser celebradas por el resto de la historia de la humanidad, hay otras partes de su biografía que han sido embellecidas para hacernos creer mucho más de lo que en realidad sucedió. Y todo comienza con el padre-promotor más fervoroso del mundo. Su amable y paternal rostro lucía así:

Como puedes haber adivinado a partir de su retrato, el papá de Wolfgang Mozart, Leopold, en realidad no estaba interesado en organizarles fiestas de pijamas a sus hijos. Era un tipo intenso. Como autor del libro más famoso de enseñanza de violín de Europa, Leopold sabía cómo hacer una cosa por los niños: convertirlos en prodigios musicales. Y planeaba usar hasta el mínimo detalle de lo que sabía para transformar a sus propios hijos en maquinitas de billetes del siglo XVIII.

Empezó con su hija mayor, Nannerl, quien a la edad de siete años ya había aprendido bastante de Leopold. Pudo haber hecho una gran carrera, el único problema es que llegó una mejor "opción de producto". Básicamente, se reducía a lo siguiente: Nannerl tenía habilidad, pero Wolfgang era un niño. (Hay que recordar que se trataba de la Europa del siglo XVIII. La liberación femenina vino mucho después). Así que Leopold cambió de enfoque y se decidió a hacer de Wolfgang una estrella.

Durante el resto de la infancia de Wolfgang, Leopold se dedicaría a hacer que su hijo luciera como un genio. ¿Qué es más impresionante que un niño de 12 años que toca el piano? ¡Un niño de 12 años que toca una sonata compuesta por él mismo! ¡Sólo un genio es capaz de hacer tal cosa! Claro que puede ser que Leopold le haya "ayudado" mucho con el trabajo de composición, pero era mejor publicidad decir que era enteramente la creación del pequeño Wolfie. Y si Leopold decía que su hijo era más pequeño de lo que en realidad era, tampoco había mayor problema. Todo era cuestión de tener un mejor show. Leopold dedicó su vida a "manipular" la verdad de manera que Wolfgang pareciera que prácticamente había nacido componiendo obras maestras, y toda Europa se tragó ese cuento inmediatamente.

Todo es un truco

Para realmente volarles las pelucas a todos, Leopold retó a un compositor local para que llegara con una pieza totalmente nueva que Wolfgang tocaría sin haber ensayado y sin equivocarse una sola nota. Sin embargo, un compositor nos dice que el acto se basaba en un simple truco: cuando Wolfgang se quedaba atorado, tocaba pasajes que ya se sabía de memoria en lugar de los que estaban en la nueva composición. La audiencia lo veía tocar inmaculadamente de principio a fin. Sólo que no era exactamente la pieza que el compositor había escrito.

Tampoco es que Wolfgang Mozart fuera un completo fraude. Afortunadamente, durante el periodo de juventud de Wolfgang, Leopold estaba muy ocupado manipulando y maquillando la verdad, pero también le estaba dando a Wolfgang una excelente educación musical. Para ese momento había estado practicando durante 18 años, y sus habilidades musicales ya habían alcanzado a las historias de sus proezas. Fue cuando empezó a crear sus verdaderas obras maestras.

Ésa es la verdadera historia. Mozart se volvió impresionante porque ensayó muchísimo, y mientras tanto, necesitaba de su ahora publicista padre para aderezar un poco la verdad y vender muchos boletos para los conciertos. Justo como la historia de Edison, el mito de Mozart ha sido transmitido de generación en generación hasta que ya no refleja en absoluto la realidad de cómo Mozart se volvió tan buen músico. Hoy, Mozart es conocido por "componer su primera obra maestra a la edad de cinco años", una proeza que ninguno de nosotros se imagina realizando. Pero, si dijéramos, "¿crees que puedes practicar el piano todos los días y entonces adjudicarte crédito de las obras de tu papá?" entonces es más probable que vieras los logros de Mozart como algo que tú también podrías hacer.

Estas historias son buenas, pero el mito del genio que se lleva las palmas, tanto por su trama ridícula como por sus motivaciones oscuras, es el del gran Sir Isaac Newton. El suyo es el más absurdo de los mitos de los genios que hay por ahí. Lo has oído: ése donde está como medio dormido debajo de un árbol y entonces una manzana le cae en la cabeza y en ese instante Newton descubre la gravedad. Suena realmente impresionante. La idea de que todo el conocimiento sobre la fuerza invisible más poderosa del mundo puede "llegarte" instantáneamente llevaría a todo mundo a pensar que había algo mágico en el cerebro de Newton.

¡Pero, por favor! Hay tantos problemas con esto que es hasta difícil saber por dónde empezar. Tratemos de dividirlo en partes: 1) Newton no descubrió la gravedad. Después de todo, mucho antes de que Newton naciera, la gente con toda seguridad se había dado cuenta de que las cosas siempre tienden a caer hacia el suelo. 2) Un golpe en la cabeza no hace que la gente revolucione todo el campo de la física. Hace que griten de susto o de dolor, pero nada más. La verdad es que, en los tiempos de Newton, ya se sabía que los planetas giraban alrededor del sol y también se conocía la manera en que funcionaban sus órbitas. Lo que desconocían era qué los mantenía dando vueltas en círculos. ¿Por qué los planetas no salían disparados hacia el espacio? No se sabe ni siquiera si Newton tuvo algún encuentro con una manzana, pero incluso si así fue, simplemente le dio algo en lo que pensar, tras lo cual esencialmente se encerró durante veinte años hasta encontrar las ecuaciones que explicaran cómo la gravedad podría ser responsable de mantener los planetas en sus órbitas.

Ahora, una ecuación matemática no es exactamente lo más vendible, así como una nueva lámpara incandescente o entradas para el concierto más de moda de 1765. Newton no estaba diseñado para el estrellato, ni siquiera con la grandeza histórica de su trabajo. Lo que es más, contar la historia de tomarse veinte años para resolver un problema puede ser honesto, pero no particularmente sensacional. Pero no hay de qué preocuparse. Newton se hallaba en un concurso de popularidad estilo cafetería de secundaria, y la historia de la manzana era la clave para volverse el equivalente científico de la reina de la clase.

La ciencia en la Europa de aquella época tenía toda la mordacidad, las puñaladas por la espalda y la notoriedad que tienen los concursos de las reinas de belleza de hoy día. Puede ser que los científicos hayan hecho mayores aportaciones a la raza humana... pero a ambos grupos les encanta usar pelucas muy largas. Uno de los mayores partidarios de Newton era un tipo llamado Voltaire. (PD: Voltaire es, por derecho propio, un escritor y filósofo extremadamente importante, y tiene obras escritas revolucionarias, las cuales deberías leer. Es sólo para los propósitos de esta historia que nos enfocamos en su papel menos conocido de rey de los chismosos intelectuales). Por aquella época, había una rivalidad científica entre los partidarios de un científico francés llamado Descartes y los partidarios de Newton, y Voltaire era definitivamente del Equipo Newton. Voltaire deseaba con todo su ser aplastar a Descartes. Desafortunadamente, esto era un poco difícil porque Voltaire no estaba a la altura de ninguno de ellos, ni en ciencias ni en matemáticas. Así que en vez de recurrir a chistes del estilo de "La mamá de Descartes es muy gorda", Voltaire se enfocó en hacer lucir a Newton tan impresionante a los ojos del público que Descartes sería como las noticias de ayer.

Si bien Voltaire no era uno de los científicos más prestigiosos de entonces, era un escritor excepcional, así que el primer paso de su plan fue escribir un libro popular que explicara la obra de Newton al público de manera accesible y que hiciera que Newton se viera como un dios. Esto se convirtió en la obra Elements de la Philosophie de Newton. El paso dos era que transformar a Newton de nerd a galán del siglo XVIII. Para tu placer visual, aquí hay una ilustración de Newton que Voltaire incluyó en su libro:

El paso tres era asegurarse de que, incluso la gente que jamás leería ese enorme libro plagado de matemáticas, también se enterara de que Newton era el mejor. Para hacer esto, Voltaire tuvo una idea sutil y maquiavélica: crear una historia sensacional que los chismes pudieran esparcir como incendio forestal. Y es así como llegamos a la famosa anécdota de la manzana de Newton.

Voltaire debe haber sabido que esta historia era la mejor manera de hacer lucir a Newton como un genio, porque además de su aparición en el libro la obra Elements de la Philosophie de Newton, hay numerosos registros que dicen que le gustaba repetirla una y otra vez. Después de todo, si estás tratando de volverte famoso, necesitas un montón de admiradores. En su época, Edison no podía llegar a millones de personas mediante un anuncio en el Súper Tazón, así que necesitaba una buena historia que la gente pudiera pasar de boca en boca. Mozart no podía ser descubierto por YouTube, así que, ¿qué otra opción tiene un papá-promotor? Y Newton no podía ir a un programa de concursos de televisión. (Esto era en parte porque Newton era poco atractivo y en parte porque no había televisiones en esa época). Durante miles de años, crear historias de natos era la única manera de garantizar la victoria.

Elimina la competencia

Newton tenía más de un científico enemigo. Por la época en que se publicaba el libro de Newton, Robert Hooke le recordó a la comunidad científica que había sido él y no Newton el primero que había sugerido la forma básica de la ley de la atracción gravitacional. Siendo el Sr. Madurez, Newton respondió buscando todas las menciones del "muy distinguido Robert Hooke" en su libro y borrando el "muy distinguido" de cada una de ellas. ¡Bravo! Luego, tras la muerte de Hooke, Newton misteriosamente "perdió" el último retrato existente de Hooke y todos los registros sobre sus descubrimientos. ¿Anteriormente habías oído sobre las aportaciones científicas de Hooke? Por algo habrá sido.

El mundo se ve plano desde aquí

Un aspecto que hace a los seres humanos tan sorprendentes es nuestro fuerte deseo de comprender y explicar el mundo que nos rodea. Claro que no siempre lo logramos. Este impulso de encontrar una explicación nos puede volver locos en ocasiones. Mira a través de la ventana. El mundo parece plano. Haz este ejercicio otra vez en la casa de alguien más o en una tienda. A menos que uno de los lugares que hayas visitado hoy sea la estación espacial, toda la evidencia que tienes en realidad sugiere que el mundo es efectivamente plano. Y cuando vemos múltiples piezas de evidencia que apoyan determinada idea, entonces, por más que tratemos de tener una mente abierta, en el fondo estamos convencidos de que es cierta.

De la misma manera, los mitos de los genios comenzaron como campañas publicitarias relativamente bien intencionadas, pero la gente rápidamente se aferró al hecho de que el mensaje subyacente era el mismo. Claro que los detalles variaban: Mozart tocaba el piano y Edison inventaba cosas y Newton odiaba a sus amigos. Pero, fundamentalmente, ¿qué tienen todas estas historias en común? Todas dicen que estos "genios" lograron todo sin hacer nada. Gracias a una especie de milagroso súper poder mental, sus obras llegaron de la nada. Parece que todos nacieron con "cerebros de genio".

¿Necesitabas esa sangre?

Durante más de dos mil años, los doctores creyeron que la mejor manera de combatir una enfermedad era drenando la sangre del cuerpo del paciente. Algunas veces utilizaban sanguijuelas, pero cuando una persona se ponía muy grave, los médicos simplemente le abrían una vena de la muñeca. En 1799, a George Washington le dio un resfriado. Así que los médicos drenaron cerca de la mitad de su sangre. Luego, Washington murió. No podemos decir a ciencia cierta que los doctores lo mataron, pero con seguridad no le fueron de mucha ayuda. Las malas teorías llevan a malas decisiones.

La conspiración de las calificaciones perfectas se constituye de pequeñas mentirijillas blancas e inocentes omisiones que no necesariamente querían hacer daño, pero que terminaron envenenando el concepto que todos tenemos sobre la inteligencia. Con el tiempo, la telaraña de mentiras se volvió más y más grande y sobrepasó a los genios famosos. Pronto, cada que alguien era rápido solucionando un problema o hacía algo sorprendente la gente suponía que era porque él o ella había tenido la "suerte" de nacer con un gran cerebro. La inteligencia pasó de ser algo que uno hacía que sucediera a algo que le sucedía a uno. La idea de que tienes que "nacer inteligente" es la peor idea de todas.

Pero no hubo manera de detener la conspiración. De hecho, si tratabas de ir contra la idea de los "genios natos" la gente no estaba interesada en oírla. Este problema se volvió muy frustrante para el hombre que es conocido como el mayor "genio" de la humanidad: Albert Einstein. El mismo nombre de Einstein es sinónimo de genio: el tipo de genio estrambótico, de pelo revuelto y de la teoría de la relatividad. Un genio más allá de lo que cualquiera de nosotros podría comprender. Einstein es como una Newton doble con patatas fritas a un lado. Y él pasó toda su carrera diciéndole a la gente cosas como "no es que sea tan inteligente, es sólo que me quedo trabajando en los problemas más tiempo". Einstein no pensaba que fuera un "genio", y tampoco quería que nadie creyera tal cosa. Pero en los albores del siglo XX, el físico británico Arthur Eddington se encontraba tratando de promover el nuevo pensamiento sobre la relatividad, y en el espíritu de la manzana de Newton, sabía que una historia atractiva vendería mucho mejor que un montón de matemáticas. Así que describió a Einstein como el chico maravilla cuyas ideas amenazaban con destruir al hombre que durante siglos había sido el Goliat del pensamiento científico: Sir Isaac Newton. ¿Qué era más atractivo? ¿Una lucha intelectual a muerte o "me quedo trabajando en los problemas más tiempo"? El público ya sabía cuál de esas dos perspectivas quería comprar. Preferían oír hablar de un "genio nato" en todo momento.

"Se han creado toda suerte de fábulas alrededor de mi personalidad, y el número de cuentos ingeniosamente concebidos no conoce final. Con más razón aprecio lo que es verdaderamente sincero". Albert Einstein.

Cómo te ha afectado la conspiración

Bien, ya es suficiente de hablar de otras personas. Los tipos muertos son interesantes y todo, pero ¿qué hay sobre TI? De qué se trata en realidad la conspiración de las calificaciones perfectas y de qué manera te afecta.

Bueno, es de por sí bastante malo que los adultos que oyeron historias de genios se hayan sentido desanimados por haber nacido con cerebros ordinarios. A nadie le gusta un adulto desanimado. Pero la conspiración de las calificaciones perfectas va más allá de sólo afectar los sentimientos de las personas. Cuando confundimos creencias con hechos, entonces tomamos malas decisiones. En esencia, tales creencias afectan la manera en que vivimos nuestras vidas. Y en la escuela, esto es francamente destructivo. Después de todo, si tienes una idea totalmente errónea de lo que es ser inteligente, eso cambiará tanto lo que sientes como lo que haces todos los días. Si piensas que eres terrible para la lectura, ¿qué tan emocionado te vas a sentir en la clase de literatura? Si de todos modos nunca vas a obtener un diez, ¿qué tan duro estudiarás para los exámenes? Pero aquí viene la peor parte: si crees en las ideas de la conspiración de las calificaciones perfectas, la escuela se vuelve realmente más difícil para ti que para alguien que se traga esas mentiras.

¿No sería lo mejor que, durante toda tu vida, supieras que puedes tener las siguientes cosas y que también supieras exactamente cómo obtenerlas?

Las calificaciones perfectas en todas las materias
Una experiencia escolar libre de estrés
Que tus padres dejen de meterse en tus asuntos de la

escuela

Sentir en realidad que las cosas que aprendes en la escuela importan para tu futuro

Tener la habilidad de hacer todo lo anterior y aun así "tener vida"

Sabes que todas estas cosas son posibles, pero probablemente no creas que son posibles para ti. Te han educado —más bien lavado el cerebro— para aceptar que la escuela es naturalmente fácil para algunas personas y difícil para todos los demás. La realidad es que todas las cosas de la lista han estado a tu alcance desde el primer día que pisaste la escuela.

Luchando contra la conspiración con hechos

La única razón por la cual en la escuela no te sientes como un súper increíble genio científico que puede diseñar cohetes espaciales es porque conoces los mitos de los genios, pero no sabes cómo se supone que debe funcionar el aprendizaje. Nadie jamás te pondría en un auto sin licencia, ni experiencia de manejo, esperando que condujeras en la autopista. ¿Entonces por qué te pondrían en un salón de clases sin ningún entrenamiento sobre cómo usar tu cerebro, esperando que sólo obtuvieras las calificaciones perfectas?

Necesitas hechos. Afortunadamente, en las últimas tres décadas, la ciencia se ha acercado más que nunca a entender exactamente cómo funciona tu cerebro. Y estas noticias te van a dejar impactado.

Hoy por hoy, los científicos han identificado más de 300 genes específicos que juegan un papel directo en el retraso mental. Esa relación entre los genes y la inteligencia es muy claro. Sin embargo, los científicos no han encontrado ningún gen de la habilidad matemática sobresaliente, ni del "oído natural para los idiomas". De hecho, hasta ahora, los científicos no han encontrado ningún solo gen que haga que la gente tenga una inteligencia superior al promedio. En otras palabras, la idea de que alguien nace siendo un genio es falsa.

Eso no quiere decir que la gente que vemos como genios sean sólo una selección aleatoria de tipos históricos bien promocionados. Lo que la ciencia sí ha descubierto es que todos los genios tienen una cosa en común: la práctica. No como tu práctica de futbol. No como media hora de tocar la guitarra. Lo que toma volverse un genio son unas 10 mil horas de práctica enfocada.

En efecto, dijimos 10 mil horas. Después de estudiar a los expertos de diferentes campos, desde los deportes hasta la ciencia, la música y la literatura, los científicos han determinado que 10 mil horas es la cantidad de práctica que se necesita para que cualquiera se convierta en un experto en su área. Recuerda que Edison, Mozart y Newton en realidad lograron hazañas muy impresionantes. La mentira radica en cómo pensamos que las lograron. El enorme equipo de inventores de Edison probó diez mil filamentos diferentes para la bombilla eléctrica antes de acertar. ¡Y esto vale sólo para una de las tantas

¿Las mujeres no son buenas para las matemáticas?

¿Recuerdas a la dama de los querubines en la portada del libro de Voltaire? Se trata de Émilie du Châtelet, la novia de Voltaire... y su tutora de ciencias y matemáticas. Resulta que ella era muy pero muy inteligente, y ésa fue la única razón por la cual Voltaire fue capaz de entender lo necesario para escribir Eléments de la Philosophie de Newton. Además de tal hazaña, esta mujer también predijo la radiación infrarroja, dio una explicación de la energía cinética y escribió libros de todos los temas, desde lingüística racional hasta la naturaleza del libre albedrío. Pero con el tiempo, conforme Newton y Voltaire se volvieron genios famosos, los logros de Émilie du Châtelet se perdieron del radar. Hoy día, en vez de su historia, tenemos creencias disparatadas flotando en el ambiente, como aquella de que “las mujeres no son buenas ni para las matemáticas ni para la ciencia”.

tecnologías que crearon! ¿No crees que a veces se frustraban? Mozart no nació componiendo obras maestras. Sus grandes obras no llegaron sino hasta que había practicado todos los días durante 18 años. Y probablemente no leíste los detalles en la historia de Newton donde dice que trabajó en las mismas ecuaciones durante 20 años. Ése es un tipo que cometió muchos errores.

La diferencia entre encontrar una respuesta súper compleja tras veinte años de trabajo y encontrarla durante un repentino ataque de una manzana es, digámoslo así, enorme. Lo que es sorprendente respecto a los logros de Edison, Newton y Mozart no es que hayan hecho lo que nadie más podía hacer. Es que se tomaron el tiempo que cualquiera pudo haberse tomado y trabajaron hasta ser los primeros en llegar ahí. De hecho, si vieras todos los pequeños pasos que dieron en búsqueda de sus metas, te darías cuenta de que cualquier persona que hubiera dado los mismos pequeños pasos hubiera llegado exactamente a lo mismo.

Dado que todos hemos oído que las grandes ideas sólo le llegan a uno a la cabeza repentinamente, la mayoría de nosotros diríamos: "No hay manera de que yo hubiera podido inventar la bombilla eléctrica". Pero suena razonable que cualquiera de nosotros hubiera sido capaz de sentarse a probar partes de repuesto en un invento que ya había estado rondando por más de 75 años. Las cosas sólo se ven como imposibles de realizar cuando miras el resultado final (algo sorprendente) sin ver todas las pequeñas piezas (la práctica) que se implementaron en el camino.

El punto que queremos resaltar a partir de todo esto no es que tu vida tenga que ser miserable durante décadas para que logres algo cool. Más bien es que, para alcanzar sus logros reales —que fueron absolutamente fuera de serie— estos "genios" tuvieron que poner a trabajar sus cerebros totalmente promedio. Todas estas personas eran tan sólo gente común y corriente que no dejó que nada se interpusiera entre ellos y los resultados que deseaban obtener.

De hecho, hay pruebas de que todo lo anterior es cierto. Frases publicitarias y mitos de genios aparte, en el fondo, Edison, Mozart, Newton, y especialmente Einstein, sólo querían ser reconocidos por la dedicación que pusieron en su obra:

"Nunca hice nada valioso de manera accidental, y ninguna de mis invenciones provino de accidente alguno. Todo lo logré

mediante mi trabajo".

—Thomas Edison

"Es un error pensar que la práctica de mi arte se ha vuelto fácil para mí. Te lo aseguro, querido amigo, nadie se ha entregado tanto como yo al estudio de la composición. Difícilmente habrá un gran maestro de la música cuyas obras no haya yo estudiado de manera frecuente y diligente".

—Mozart

"Si alguna vez he hecho un descubrimiento valioso ha sido debido más a la paciente atención que a ningún otro talento".

—Newton

Lo que es más, estos individuos nunca se creyeron los mitos de los genios que ya existían en su época. Nadie jamás puede estar dispuesto a invertir 10 mil horas practicando la misma cosa sin tener la seguridad de que es lo se requiere para alcanzar el éxito. Si Edison hubiera creído en el "genio natural", se hubiera dado por vencido después de dos o quizás tres intentos infructuosos, y estarías leyendo este libro con una lámpara de gas tratando de evitar que aparecieran bolas de fuego en tu dormitorio. Afortunadamente Edison tuvo la confianza para seguir intentando.

"Me sorprende lo injusto, incluso el mal gusto, de seleccionar a unos pocos individuos para brindarles admiración sin límites, atribuyéndoles carácter y poderes mentales superhumanos. Ése ha sido mi destino, y el contraste entre la evaluación popular de mis poderes y logros y la realidad es simplemente grotesco".

—Albert Einstein

La conspiración está en todas partes

Entonces, ¿qué quiere decir todo esto en realidad? ¡Bueno,

que todo este tiempo has tenido el potencial de alcanzar la misma grandeza de esos "genios" y ni siquiera lo sabías! Se supone que la escuela debe ser el lugar donde la gente aprenda a tener confianza en su inteligencia. Sin embargo, la conspiración revirtió este efecto, y el concepto de "habilidad natural" ha llevado a los estudiantes a dudar de su inteligencia.

Una vez estando en este modo, los estudiantes pasan años encontrando maneras basadas en la "habilidad" para explicar por qué ciertas cosas en la escuela no van bien. Aquí hay una lista de algunas teorías "clásicas" que los alumnos nos han dicho respecto a sus cerebros. Ellos dieron con esas teorías e inmediatamente se las compraron, de la misma manera que se tragaron la historia de la manzana de Newton:

No se me dan las matemáticas.

Soy bueno para aprender nuevas palabras, pero malo para la ortografía.

No tengo oído para los idiomas.

Sólo soy bueno para hablar idiomas asiáticos (Nota: esto no fue dicho en un idioma asiático).

Tengo que lograrlo a la primera; de lo contrario quiere decir que nunca lo lograré.

No puedes ser bueno para las matemáticas y para la literatura al mismo tiempo.

Es que soy malo para hacer exámenes.

Tengo muy mala memoria.

Tengo que estar inspirado para escribir.

Algunas personas son buenas para la gramática y otras personas son más mejores. Yo soy "más mejor."

No puedo hacer exámenes estandarizados.

Nunca he sido muy creativo.

Los hombres son buenos para el álgebra y las mujeres para la geometría.

Soy malo en los problemas de palabras porque soy bueno para las matemáticas. No se puede todo.

¿De verdad? Cuando oyes estas teorías fuera de contexto, lucen bastante ridículas. ¡No puedes solamente inventar un gen que te haga malo en los problemas de palabras! Así no es como la ciencia funciona, no tienes ninguna evidencia. Y aun así, estos estudiantes tenían todo tipo de malas calificaciones como "evidencia" de que esos problemas eran reales y no podían ver otra manera de explicar por qué sucedían. Echando mano de las teorías, estaban declarando que había algo defectuoso en ciertas partes de sus cerebros. Pero el asunto es el siguiente: ninguno de estos alumnos tenía un grado en neurociencias. Así que ¿cómo podían estar tan seguros de tener cerebros defectuosos?

Tener teorías como éstas no sólo es ridículamente poco científico, sino que también es tóxico. Si realmente crees que naciste para siempre reprobar gramática, ortografía o álgebra, ¿qué tan motivado crees que vas a estar para mejorar? "Bueno, sé que no va a servir de nada pero déjame sentarme y practicar todo esto durante 10 mil horas! ¡Qué manera tan fantástica de invertir mi tiempo!".

También sabemos que no todo mundo está tan seguro de las limitaciones de su cerebro. Pero incluso si te sientes listo en la escuela la mayor parte del tiempo, lo más probable es que la confianza en tu propia inteligencia no sea tan sólida como una roca. Seguro que no basta para afirmar: "¡Oye, puedo ser tan listo como cualquier otra persona que alguna vez haya vivido!". Ésta es exactamente la clase de confianza que te ayudará a ser un estudiante libre de estrés que siempre obtenga las mejores calificaciones, justamente lo que la conspiración te ha quitado. Es tiempo de que recobres esa confianza.

¿Quién dice que puedes ser un estudiante de calificaciones perfectas?

Nosotros lo decimos. (Por cierto, también lo dice tu cerebro, pero hablaremos de ello después). De hecho, estamos seguros de que tienes todo lo que se necesita para tener las calificaciones y la experiencia escolar que siempre has deseado secretamente. Esto es porque hemos visto a muchos estudiantes darle un giro de 180 grados a todo lo malo que sucedía en la escuela de manera mucho más simple y rápida de la que nadie hubiera pensado.

Vamos a compartirte algo acerca de los autores de este libro, Katie y Hunter. A pesar de que teníamos vidas totalmente diferentes en la secundaria y la preparatoria, terminamos en la misma clase en Harvard, donde nos movíamos en círculos muy diferentes. Hunter se había graduado de Eaton, un internado de Inglaterra de atmósfera súper competitiva y donde el uniforme escolar hacía que uno pareciera mayordomo. Ingresó a Harvard para estudiar bioquímica. Katie, por otra parte, provenía de una escuela pública rural de New Hampshire y era tan norteamericana como la tarta de manzana. En Harvard, ella estudiaba literatura inglesa y también participaba en comedias musicales y pertenecía a una compañía de danza de hip-hop. Aquí hay unas fotos más bien desafortunadas de nuestros años de preparatoria:

En fin, el hecho es que, a pesar de haber tenido algunas etapas horriblemente extrañas, a los dos nos gustaba la escuela. Claro que no siempre la encontramos "fácil", y cada uno tenía sus materias preferidas. Pero en términos generales, ambos encontramos una manera de estudiar que nos ayudó a obtener magníficas calificaciones y a disfrutar de nuestro paso por la escuela.

Y entonces, algo interesante sucedió. Fundamos una compañía de clases particulares junto con algunos de nuestros amigos de Harvard, y entonces pudimos ver la experiencia de la secundaria y la preparatoria desde una nueva perspectiva. Y ahora que ya no éramos estudiantes, teníamos una visión totalmente diferente de cómo era la escuela para la mayoría de la gente. No era linda. Aquellas teorías que señalamos anteriormente eran exactamente las que nuestros estudiantes nos mencionaban. Al principio sólo pensábamos: "¿Eh, es en serio? ¿Cómo puedes sólo ser malo para los exámenes estandarizados?". Pero con el tiempo nos percatamos de que existía un patrón. Básicamente todos nuestros estudiantes tenían esas ideas y preocupaciones fraudulentas acerca de sus cerebros, y eso es lo que se les interponía en el camino y evitaba que obtuvieran buenas calificaciones. Siempre supimos que había creencias con éstas, pero el problema era mucho más grave de lo que jamás imaginamos. Siempre que ayudábamos a nuestros estudiantes a deshacerse de estas teorías totalmente infundadas, así como de sus creencias sobre los genios natos, las buenas calificaciones llegaban naturalmente.

Así que nos pusimos una meta. Queríamos encontrar la manera más simple de hacer que la escuela fuera fácil y totalmente libre de estrés para los estudiantes de cualquier parte del mundo Y, adivina qué: ¡la encontramos! Dimos miles y miles de horas de tutorías. Estudiamos mucho sobre el cerebro y sus potenciales. Y entonces aplicamos todo esto a la enseñanza media, y logramos tener un enfoque simple y sensato sobre el aprendizaje, el cual ha hecho maravillas por los estudiantes que conocemos. Creemos que mereces conocerlo también.

Oirás más sobre nuestras experiencias individuales y sobre aquellos estudiantes a los que hemos ayudado conforme avances en la lectura de este libro. Mientras tanto, si estás dispuesto a quedarte con nosotros para oír cómo descubrimos la conspiración, entonces podemos prometerte que tendrás una perspectiva totalmente diferente sobre aquello que te ha hecho las cosas difíciles.

PIENSA EN ESTO

¿Eres malo en matemáticas porque las odias? ¿O bien odias las matemáticas porque crees que eres malo? Tu perspectiva sobre tu trabajo escolar tiene un enorme impacto en qué tan duro estudias y, finalmente, en cómo te va.

¿Estás seguro de estar listo para oír la verdad?

Por primera vez en la historia, la raza humana está descubriendo la verdad sobre lo que nuestros cerebros son capaces de lograr... y es algo asombroso. Aprender cualquier habilidad nueva, cualquier material nuevo, cualquier asignatura nueva funciona de la misma manera. Así que la verdad es ésta: si tu cerebro ha aprendido habilidades de la vida diaria como caminar, hablar, leer y hacer cálculos matemáticos básicos, esto es un claro indicador de que también puedes dominar la física cuántica. Shakespeare, el chino...lo que sea. Independientemente de la reacción que hayas tenido al leer esto —esa burla o esa sonrisita— todo esto se habrá ido para cuando termines de leer este libro.

Una vez que conozcas la verdad, sucederá lo siguiente:

1) Tendrás las herramientas para obtener diez en cualquier materia.
2) Sabrás cómo eliminar el estrés escolar.
3) Nunca más te sentirás estúpido.

¡Eres un suertudo! La tienes mucho más fácil que Newton, Mozart Y Edison. Y esto es porque te tocó vivir en la mejor época para ser estudiante. No necesitas leer todas las revistas de neurociencias. No necesitas esperar a tener un grado de medicina. Tienes en tus manos un manual simple y paso a paso para liberar el potencial fenomenal de tu cerebro hasta que la escuela no sólo te resulte fácil, sino también divertida. No estás luchando contra la fórmula de la gravedad: sólo vas a pasar de obtener sietes y ochos (o incluso seises o menos) a tener sólo calificaciones perfectas. Así como el mundo te parece plano hasta que ves una fotografía tomada desde el espacio, la nueva perspectiva que tendrás sobre tu cerebro modificará totalmente la visión que tienes sobre la escuela. Obtener mejores calificaciones sólo suena a trabajo extenuante cuando dejas que esas ideas antiguas se te metan en la cabeza. Después de leer este libro, te preguntarás cómo es que alguna vez creíste que había cosas imposibles de lograr.

La vida después de la conspiración de las calificaciones perfectas es buena, realmente buena. Los días de terror escolar, estrés y calificaciones que te dan pena han terminado. Estás a punto de ser más inteligente y exitoso de lo que jamás pensaste. Obtener excelentes calificaciones y amar a la escuela sólo es el principio de la vida espectacular que te espera.

Claro que quizás quieras continuar sintiéndote estresado. Posiblemente te guste sentirte aterrado en la escuela y más o menos respecto a tus calificaciones. No hay problema. Si quieres seguir viviendo tu vida en la oscuridad, no le des vuelta a la página. Lo decimos en serio: cierra el libro. Regrésalo a su empaque y nunca más lo mires. Porque una vez que conozcas la verdad, no hay vuelta atrás.

Si estás listo para darle vuelta a la página, entonces estás preparado para salirte de la edad oscura. Bienvenido a la forma de aprender del siglo XXI.

SEGUNDA PARTE

LAS TRES COSAS QUE DEBES SABER SOBRE TU CEREBRO

Has elegido sabiamente. Nos da mucho gusto tenerte a bordo. Empecemos.

Todo lo que necesitas para que te vaya bien en la escuela es entender cómo funciona tu cerebro. "Ah, claro, no hay ningún problema. Voy a doctorarme en neurociencias y regreso en un trillón de años. Suena súper fácil, estimados autores". No, no te preocupes. Cuando decimos "entender" el cerebro, queremos decir de la misma manera que entiendes tu iPod. Sabes cómo reproducir o saltarte una canción, cómo subir música y todo lo demás que necesitas para ser un usuario exitoso de iPod. No necesitas entender la función de cada microchip, sólo necesitas saber lo suficiente para poder controlar el aparato.

Eso es exactamente lo que vamos a enseñarte sobre tu cerebro. Para ganar el juego de la secundaria y de la preparatoria, no necesitas conocer cada recoveco de tu cráneo. Sólo necesitas saber lo suficiente para estar en control cuando estás aprendiendo algo. De hecho, con sólo conocer tres simples cosas sobre tu cerebro tendrás el poder de volverte tan inteligente como tú quieras.

La mayor sorpresa que te vas a llevar para cuando termines esta sección es que, hasta cierto punto, ya sabes cómo hacer cada una de las tres cosas que te vamos a enseñar. Las pequeñas acciones que tu cerebro lleva a cabo de manera natural todos los días son exactamente las que te ayudarán a obtener sólo calificaciones perfectas en la escuela si las haces más seguido.

Una vez que conozcas estas tres cosas sobre tu cerebro, serás capaz de darte cuenta de porqué algunos de tus compañeros de la escuela siempre parecen lograr resultados perfectos. De la misma manera, te darás cuenta de porqué obtienes los resultados que obtienes, ya sea buenos o malos. A lo largo de estas secciones, tu trabajo será no sólo leer sobre las experiencias de nuestros estudiantes, sino pensar en cómo éstas pueden aplicarse a tu caso. Gran parte de lo que has vivido en la escuela comenzará a tener mucho más sentido. Eso también quiere decir que ya no tendrás que preocuparte por el pasado. Entenderás porqué sucedió así y cómo seguir adelante. Es tiempo de darte cuenta de qué tan inteligente eres en realidad

Capítulo 2

Automaticidad

Sólo el esfuerzo puede hacer que las cosas salgan sin esfuerzo

"Si la gente supiera que tan duro tengo que trabajar para lograr obras maestras entonces éstas no se verían tan maravillosas."

—Miguel Ángel

A continuación, un pequeño examen. Trata de resolver los siguientes problemas:

2 + 2 =
3 + 4 =
1 + 5 =

¿Cómo saliste? Bastante fácil, ¿no? Ésta es la automaticidad en acción. La automaticidad es simplemente la habilidad de hacer que algo se vuelva automático. Por ejemplo, había una vez en que sumar era un reto para ti. Contabas con los dedos y no tenías idea del resultado que obtendrías: incluso los problemas de un solo dígito requerían de mucha concentración. Ahora, en cambio, las sumas no parecen ser un reto enorme: las puedes hacer con la mayor facilidad. De hecho, sin la automaticidad, ni siquiera serías capaz de leer esta oración.

De hecho, pensemos en un nivel aún más básico. Caminar. Miles de millones de personas caminan, no tienen que pensar en ello mientras sucede y aun así lo hacen muy bien todos los días. Pero cuando empezaste a aprender a caminar, eras muy malo. En serio, tú, nosotros y todos los demás éramos pésimos. Literalmente, nos dimos de topes. Pero nunca dudamos poder hacerlo. El acto de caminar, que ahora haces que se vea tan fácil, es de hecho increíblemente complicado. Involucra una muy, pero muy precisa coordinación de movimientos. Mira la cara de un bebé cuando trata de caminar. Toda su atención está puesta en cómo no irse de bruces. Y aunque no recuerdes que aprender a caminar alguna vez fue un suplicio, es una habilidad que adquiriste y que ahora usas todo el tiempo. Las habilidades que das como un hecho, como caminar, son en realidad producto de miles y miles de horas de práctica. Es sólo que a) en esa época no concebías esa práctica como trabajo y b) ese esfuerzo sucedió tanto tiempo atrás que es muy común asumir incorrectamente que caminar, hablar y sumar siempre han sido labores sencillas.

Entonces, ¿cómo sucede esto? Bueno, es como explorar la Selva del Amazonas. Permítenos explicarte.

Imagina que estás a punto de entrar en una tenebrosa jungla inexplorada e infestada de serpientes y te decimos que en medio de esa jungla hay una mina de oro gigante. Puedes llevarte todo el oro de ahí si estás dispuesto a ir por él. Entonces te mostramos un pequeño sendero que conduce directo a la jungla. Es visible, pero está cubierto de enormes ramas selváticas. Al principio es posible que pienses: "¡Sí, cómo no! Sólo voy a terminar perdiéndome... o siendo el almuerzo de alguien". Quizás eso sea cierto, pero recuerda que estamos hablando de MUCHO oro. Así que decides ir a encontrarlo y te preparas para tu tesoro. Cada vez que das un paso hacia atrás, te recuerdas a ti mismo cuánto quieres ese oro. Lo importante que hay que señalar es que no será fácil. Pero para cuando encuentres esa gran mina de oro, todos tus pasos y tu cortar y cortar maleza habrán dejado expuesto un camino mucho más perceptible entre dónde estás ahora y dónde comenzaste. No es un gran camino, pero funciona.

El único problema es que esta mina de oro es enorme. Hay mucho más oro del que puedes cargar en un solo viaje. Así que vas a tener que atravesar esa jungla una y otra vez antes de que lo tengas todo. Cada vez que emprendes un viaje, el camino se ve mucho más claro y llano, y es más fácil andar en él. Y, aún mejor, cada vez se vuelve menos probable que te pierdas.

La gran pregunta aquí es la siguiente. Cuando ya hayas obtenido millonadas del oro que has cargado, ¿cómo vas a gastar ese dinero? ¡Expandiendo la operación y obteniendo incluso más oro! Rentas algunos camiones para que empiecen a transportar carretadas de oro de la jungla. Pero no pueden circular por tu pequeño camino de terracería de un solo carril. Es hora de pavimentarlo y lo haces tú mismo, pero rápidamente te das cuenta de que incluso ese caminito pavimentado no es suficiente para todo el oro que quieres transportar. Sabes lo que eso significa: ¡hay que construir una súper autopista! (sí, tanto oro hay en esa mina). Cuando estás en la cima de la montaña, contemplando cómo cientos de camiones llenos de oro pasan uno junto al otro en la Carretera del Oro de varios carriles, recuerdas cómo comenzaste con aquel caminito y te sientes estupendamente bien de lo que hiciste y de qué tan rápido de mueven ahora las cosas.

Así es como tu cerebro aprende. Tienes miles de millones de células llamadas neuronas, las cuales están listas para ayudarte a dominar una interminable lista de habilidades. Pero cuando naces, los caminos que las conectan no son muy claros.

Cada vez que haces algo nuevo, es como ir a la mina por primera vez. 2 + 2 toma un buen rato en ese primer viaje. Pero cada vez que vuelves a hacer 2 + 2, el camino se vuelve más claro y rápido, justo como el sendero de la mina de oro. Tu cerebro "pavimenta" tus neuronas con una sustancia llamada "mielina". Cada vez que haces algo, tu cerebro recubre ese camino con un poco más de mielina.

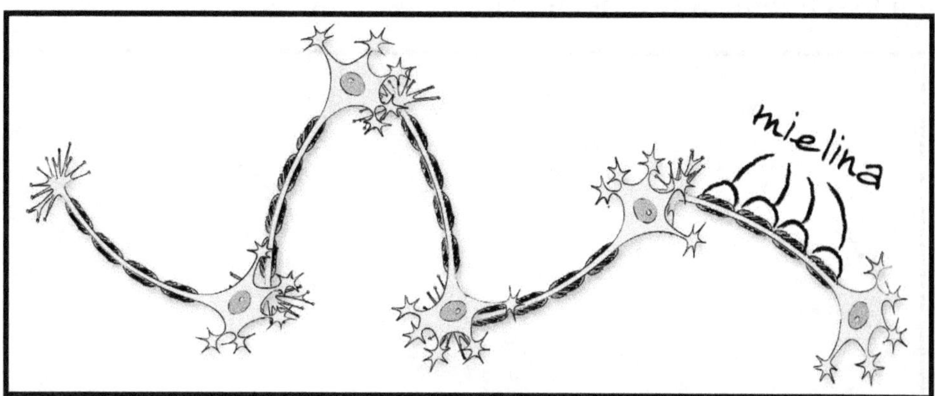

Mientras más capas de mielina recubran tus neuronas, más rápidamente pueden viajar las señales a través de esas neuronas. Hoy que has hecho 2 + 2 muchas veces en tu vida, ese camino está recubierto de un montón de mielina, así que puedes hacer esa adición a una velocidad de supercarretera.

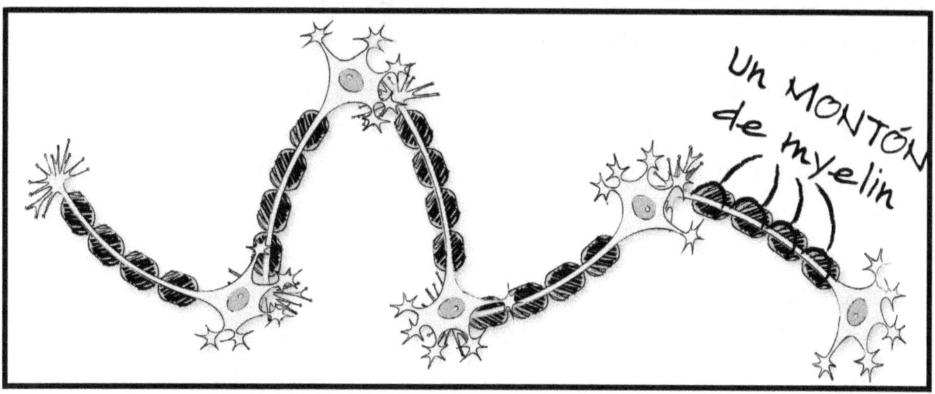

Cada vez que haces algo nuevo, tu cerebro se da cuenta y hace cambios para que te sea más fácil hacerlo en la próxima ocasión.

Tu cerebro está listo para la acción, ya sea que estés caminando, hablando, leyendo a Shakespeare o haciendo cálculo diferencial e integral. Lo que sea que hagas, tu cerebro lo lleva a cabo de tal manera que eventualmente puedas hacerlo sin siquiera pensar en ello. Por esta razón, los científicos denominan esta función cerebral como “automaticidad”. Tu cerebro vuelve automático lo que sea que hagas, de manera que puedas enfocarte con libertad en lo siguiente que quieras tratar.

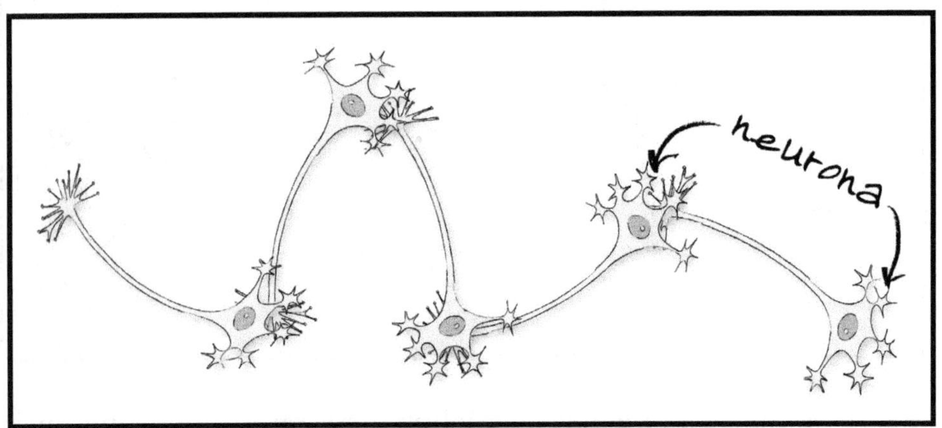

La automaticidad hace la vida muchísimo más fácil. Imagina cómo te sentirías si estuvieras en la clase de álgebra tratando de resolver ecuaciones y mientras tanto también tuvieras que recordar cómo escribir el número cuatro, qué es una multiplicación y cuál es la mejor manera de sostener un lápiz. Afortunadamente, esas habilidades que fueron todo un reto cuando eras niño ahora son muy fáciles. Tu cerebro las pone en el banco de manera que sólo tengas que enfocarte en lo nuevo. Esto se traduce en un progreso constante.

Así que, más repeticiones de información nueva = caminos más consolidados en tu cerebro. Suena como “la práctica hace al maestro”. Todos hemos oído esta frase millones de veces, pero sólo en los últimos treinta años, la investigación científica ha demostrado que una buena cantidad de un tipo de práctica muy específico es todo lo que hace que las personas comunes y corrientes puedan convertirse en genios. Y aquí está la parte realmente genial: que puede ver esos cambios tú mismo en tu cerebro conforme se van dando.

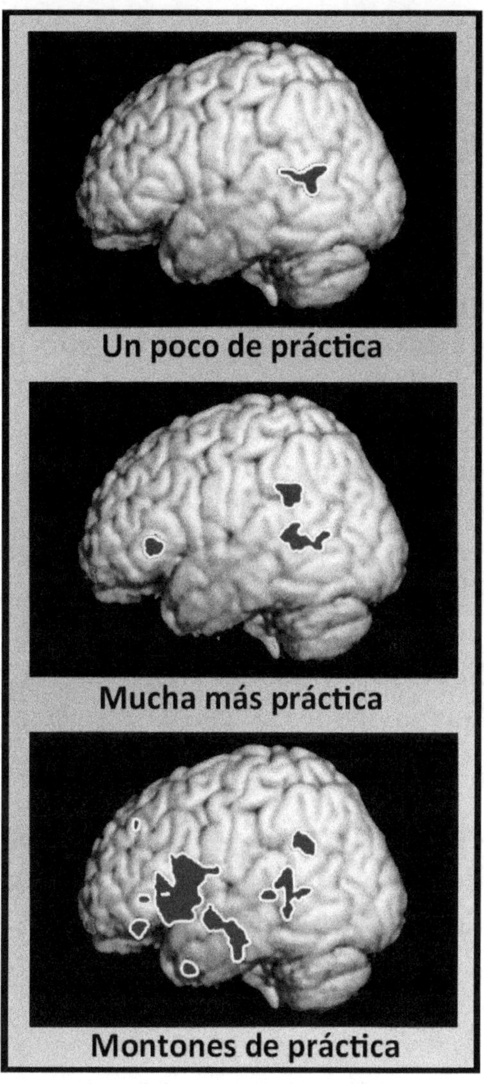

Estas imágenes muestran los cerebros de personas que están practicando lo mismo. La primera nos enseña cómo se ve el cerebro tras un poco de práctica. La segunda, después de mucha más práctica. Y en la tercera se observa cómo luce el cerebro después de montones de práctica. Como puedes ver, la práctica hace que más y más secciones de tu cerebro se involucren en esa habilidad. Ten en mente que cada una de estas pequeñas áreas está conformada por millones de neuronas, y todas estas neuronas han formado una impresionante red de supercarreteras. Así que la diferencia entre alguien con un poco de práctica y alguien con un montón de práctica es enorme.

Pero, ¿qué es lo que estas personas estaban practicando? Lectura. Si estás leyendo este libro, entonces ya has entrenado a miles de millones de neuronas para que te ayuden en el proceso de lectura. Y cada vez que lees algo —un periódico, un libro, un anuncio, un comentario en tu muro de Facebook—, tu cerebro de hecho se está transformando a sí mismo para hacer que la lectura sea más fácil. Eso quiere decir que te estás volviendo más inteligente justo en este momento. Y en este otro. Y ahora. Otra vez. Sigues volviéndote más inteligente.

Podrías escanear el cerebro de cualquier profesional y ver que lo que ha hecho para alcanzar la cima es literalmente condicionar su cerebro para ser sorprendente en cierta habilidad en específico. Sus súper poderes vienen de la repetición. Pero, como viste en esas imágenes, el cerebro no cambia de la noche a la mañana.

Lo que es más importante: tanto el principiante como el profesional tienen que trabajar muy duro para mejorar: sólo están trabajando en partes diferentes de sus habilidades. En otras palabras, los principiantes tienen que practicar lo básico: aprender las letras, dividir las palabras en sílabas y reconocer palabras como "gato". Pero los expertos se han vuelto tan buenos con estas cosas que no tienen que pensar más en ellas. El cerebro hace que lo básico se vuelva automático al recubrir las neuronas con más mielina. De esta manera, puedes enfocar la atención en cuestiones más avanzadas, como tener un vocabulario más amplio o profundizar en algo que hayas leído.

A fin de cuentas, no es esencial que te vuelvas un experto en neuronas y mielina. Lo que sí es importante que recuerdes es que la primera vez que alguien aprende algo, con frecuencia no tiene idea de lo que está haciendo. Encontrar una respuesta es una travesía extraña, rara, lenta y confusa. Por fortuna, una imagen dice más que mil palabras. Tomaremos todo lo que hemos dicho hasta ahora y resumiremos todo lo que necesitas saber como usuario del cerebro en el siguiente diagrama:

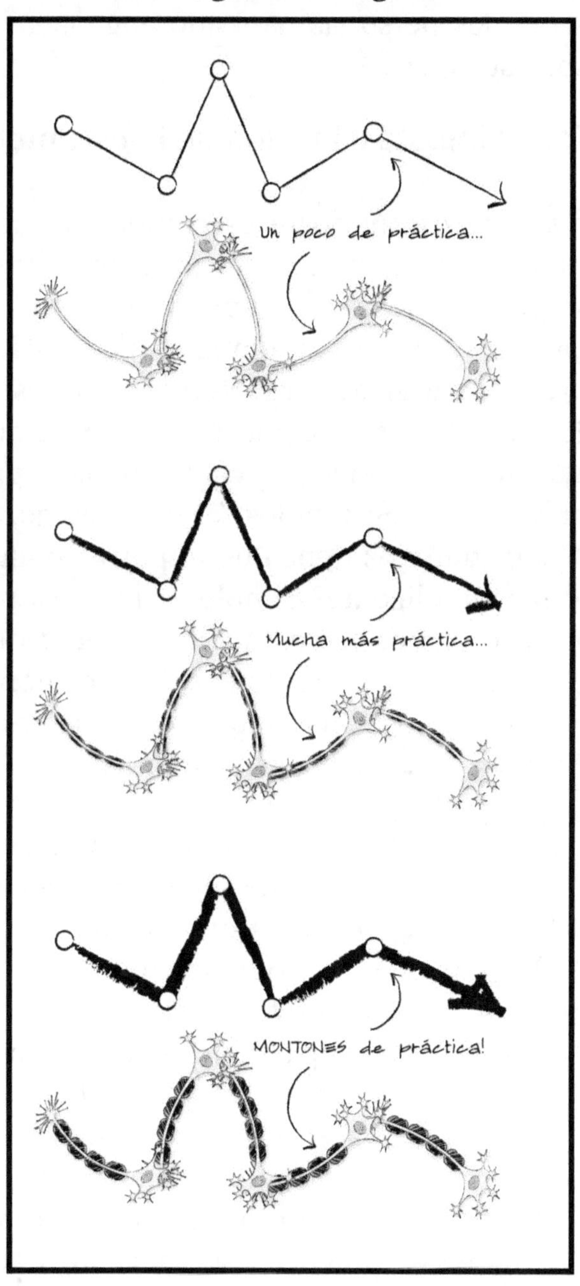

La automaticidad es esto: el proceso de hacer algo una y otra vez hasta que ese pequeño camino hacia la selva apenas visible se vuelva una supercarretera. La automaticidad es responsable de todo lo sorprendente que se puede realizar en cualquier campo. En la siguiente sección, no sólo averiguarás porqué la automaticidad es la base para convertirse en un genio, sino también cuál es la razón por la que las personas han sido engañadas y llevadas a pensar que son estúpidas.

Comparaciones injustas: la cuna de la estupidez

Veamos si este escenario te es familiar: Estás sentado en la clase y tu maestro te hace una pregunta verdaderamente engañosa. Empiezas a pensar en la pregunta cuando ¡BAM!, uno de tus compañeros ya ha levantado la mano y está contestando correctamente. Y hay aquí la peor parte: se trata de ése que siempre resuelve todo bien. Todos en algún momento de nuestras vidas hemos tenido esa experiencia, la cual nos hace preguntarnos: "¿cómo hacen para ser tan rápidos?". Sin embargo, la verdadera pregunta es ésta: ¿qué nos tiene que importar si alguien más es más rápido o más inteligente? Simple. Vemos esa respuesta a la velocidad del rayo y suponemos que es el signo de un cerebro "naturalmente sorprendente", y concluimos que el nuestro no funciona de la misma manera.

Como Gustes

Tener un dedo extra sensible puede no parecer muy útil. Pero para la gente que no puede ver, es la clave para poder leer. Si ves el cerebro de alguien que ha pasado muchos años leyendo en braille, una enorme porción de éste se encuentra conectada con las sensaciones del dedo que utilizan para leer. Tu cerebro hace todos los cambios que puede para hacerte la vida más fácil.

Siempre ha habido un enorme problema con esa suposición y es culpa de la automaticidad. Estás haciendo una comparación entre el cerebro del otro estudiante y el tuyo, pero esa comparación es absolutamente injusta. Piénsalo de esta manera. Nadie puede hacer nada impresionante sin haber practicado bastante. La función de la automaticidad es tomar toda la práctica que la gente hace —horas y horas de práctica— y entrenar al cerebro para mejorar en esa actividad en particular hasta que finalmente puede hacerse de la manera más rápida. Puede ser que ese estudiante con el que te comparas pueda hacer cálculos matemáticos súper veloces ahora, pero eso es porque la automaticidad está ocultando todo el trabajo que hizo para llegar ahí. La automaticidad hace invisible el trabajo.

Tu cerebro es como tu bíceps

Los jóvenes que practican deportes o toman clases de baile o juegan videojuegos siempre están dispuestos a reconocer que la práctica es la responsable de que sean mejores para meter un gol, hacer piruetas o llegar al último nivel. Estos jóvenes piensan que sólo están entrenando sus músculos o su coordinación visual-manual, pero en realidad están entrenando sus cerebros. Ese mismo tipo de práctica reditúa en la escuela.

Y la escuela es el principal lugar del trabajo invisible. Por ejemplo, no ves qué tipo de práctica llevan a cabo en casa los demás estudiantes. No ves cómo estudian en la biblioteca. Claro que puedes sentarte junto a alguien en la clase o hacer la tarea con él o ella. Pero incluso desde ese ángulo cercano de observación, no puedes ver la clase de trabajo que realizan dentro de sus cabezas. Y mientras más trabajo mental hacen, más automatizado se vuelve éste hasta que, eventualmente, el estudiante "parece saber" la respuesta inmediatamente. Todo eso sucede donde no puedes verlo. No hay manera de que jamás puedas saber cuánto trabajo alguien ha invertido porque es invisible. Así que comparar tu cerebro con el de alguien más sólo va a meterte en problemas.

¿Cuál es tu número uno?

Piensa en tu canción popular favorita. Escribe su nombre aquí: ________________. Probablemente dure sólo unos cuatro minutos, pero ¿alguna vez has pensado cuánto tiempo se invirtió en hacer esos cuatro minutos de música? Escribe tu estimado de cuántas horas de trabajo tomó hacer esa maravillosa canción. ____________ horas. Mira entonces el final de la siguiente página.

Te presentamos a Luis Felipe. Luis Felipe tiene ocho años. Él no sabe mucho acerca de la automaticidad, pero si hay algo que sabe es que las niñas son molestas. Termina el verano

Dame los datos...

La persona de mi escuela que creo que es naturalmente súper inteligente se llama___________. Sé lo que está haciendo ___________ horas del día. No sé lo que está haciendo ________ horas del día. En mi vida, he sabido lo que le pasa por la cabeza __________ veces. (Si llenaste un espacio con una cantidad mayor a cero, entonces aparentemente eres psíquico o psíquica. ¡Felicidades!).

y él está de lo más emocionado por regresar a la escuela, por volver a encontrarse con sus amigos y tomar nuevas clases. En el primer día del tercer año escolar, y su maestro les explica por primera vez el concepto de multiplicación. Todo mundo está un poco confundido. Luis Felipe piensa que las multiplicaciones son algo muy raro, pero parece que los demás tampoco entienden mucho, así que no hay mayor problema.

Sin embargo, al final de la primera semana, éste ya no es el caso. Mientras Luis Felipe está tratando de averiguar la respuesta contando con los dedos, Carmen la enuncia a la velocidad de la luz. La sabe inmediatamente. ¿Por qué ella conoce todas las respuestas? ¿Por qué Luis Felipe no puede hacerlo tan rápidamente? Cuando el maestro le pregunta a Luis Felipe "cuánto es 7 x 2" entra en pánico. Carmen sabe la respuesta inmediatamente. Yo debería saberla inmediatamente. Ok, aquí va cualquier cosa: "Este...doce. Trece. Catorcedieciséisonce. Doce. Doce". Cuando el maestro le pregunta a la clase cuál de esas respuestas es la correcta, Carmen dice dulcemente: "¡Catorce!". Luis Felipe piensa para sí mismo:

Más sobre tu canción favorita...

Cuando estimaste el tiempo que se invirtió en hacer tu canción favorita, ¿consideraste el hecho de que el o la artista pasó miles de horas practicando el canto, el instrumento o la composición para alcanzar el nivel para crear una canción así de extraordinaria? La escritura de canciones está influida por millones de canciones de otros músicos. Y eso es antes de que los productores o los ingenieros de sonido tomen parte en el proceso. Todo ese trabajo queda concentrado en una experiencia increíble de cuatro minutos. ¿Cambiarías tu estimado ahora? Elige cualquier cosa de tu vida — una película, un edificio o incluso la acera que se encuentra bajo tus zapatos— y te sorprenderá cuánto trabajo que parece invisible se necesitó para su creación.

¡Maldita sea! ¿Cómo lo SABE? ¿Por qué yo no lo supe? Debo ser malo en matemáticas... y odio las multiplicaciones.

Tú contra tu antiguo tú

La comparación justa que los estudiantes siempre olvidan hacer se refiere a su pasado. Trata de leer tus viejos ensayos o de darle un vistazo a tus exámenes de matemáticas de años anteriores. Ahora, date un poco de crédito por lo lejos que has llegado. Reconocer tu propio progreso es un enorme componente de sentirte motivado a hacer más.

Pero seamos realistas. Carmen no supo todas las respuestas al primer día. No es una "multiplicadora natural" porque no existe tal cosa. Luis Felipe no tiene idea de lo que Carmen ha estado haciendo la última semana. Cuando Carmen llega a casa, su papá le ayuda a practicar las tablas de multiplicar e incluso le enseña ciertos trucos para recordar las respuestas. Todavía no es tan rápida como su papá o como su maestro, pero está trabajando en ello. En casa. Donde Luis Felipe no puede verla. Pero él, como la mayoría de nosotros, sólo piensa en lo que ve suceder delante de sus ojos. Y todo lo que ve es que las respuestas le brotan a Carmen pareciendo que no hizo nada de trabajo.

Para Luis Felipe, es como si Carmen hubiera nacido con neuronas matemáticas extraordinarias, las cuales le permiten aprender con una rapidez fuera de serie. "Neuronas matemáticas extraordinarias" es de por sí una idea bastante ridícula, pero Luis Felipe no se equivoca al pensar que el cerebro de ella es mejor para las multiplicaciones. La realidad es que sí es mejor. Eso es correcto. Carmen ha hecho que su cerebro sea mejor en las multiplicaciones mediante montones y montones de práctica. Cada vez que ella practica sus tablas de multiplicar, su cerebro hace cambios de manera que todos esos caminos sean más claros y más rápidos. Y mientras más practica, sus caminos de la multiplicación se parecen más a una supercarretera.

Las comparaciones injustas son casi siempre la razón por la cual la gente se siente estúpida en la escuela. Así es. Si alguna vez te sientes estúpido es porque has hecho una comparación injusta. Luis Felipe ha tomado una experiencia perfectamente ordinaria y la ha utilizado para convencerse de que es malo para las matemáticas. Éste es el primer paso en el camino de sentir que no eres tan inteligente o que de plano eres tonto. El punto más importante aquí es que Luis Felipe no tiene idea de lo que Carmen ha estado haciendo. Él definitivamente puede dominar las multiplicaciones (y de hecho así lo hizo, con nuestra ayuda). Pero nunca podrá hacer una comparación justa entre su cerebro y el de Carmen. No se puede jamás conocer toda la práctica invisible y la automatización que hacen que alguien se vuelva sorprendente en cierta clase de trabajo. ¿Por qué invertir tus energías en hacer una comparación que no tiene sentido cuando podrías invertirlas en hacer un progreso real?

Expectativas poco realistas: por qué tratar de verte listo te hace tonto

Las personas que aprenden mejor tienen todas menos de dos años. Los bebés ven a sus papás hacer cosas como caminar y hablar, y ellos también quieren hacer tales cosas. Pero cuando comienzan a tratar de caminar o hablar y no les sale a la perfección inmediatamente, no se dan por vencidos. Quizás se enojen o lloren un poco, pero esto no dura mucho. Esos retrocesos son temporales. Los bebés alcanzan estas metas porque trabajan diligentemente todos los días hasta que perfeccionan y automatizan del todo estas habilidades. No se hacen a la idea de vivir sin ellas.

Luis Felipe estaba listo para darse por vencido. Comparar su cerebro con el de Carmen lo llevó a sentirse inferior. La comparación injusta era una mala estrategia, pero las maneras en que afectaban su trabajo eran todavía peores. Cuando le empezó a poner atención a Carmen, Luis Felipe había practicado las multiplicaciones lo suficiente como para obtener la respuesta correcta en unos veinte segundos. No estaba ni cerca de haber hecho suficiente automatización para responder a la velocidad del rayo de manera correcta. Pero Carmen sí había practicado suficiente, y cuando Luis Felipe la observó, entonces quiso pisar el acelerador hasta el fondo. Esta expectativa era del todo irrealista. Es como haber estado en ese primer camino a la jungla y tratar de conducir a velocidades de supercarretera. Eso sólo lleva a uno a tener un accidente. Cada que los estudiantes como Luis Felipe son incapaces de obtener respuestas correctas tan rápidamente como alguien más, entonces se frustran más y más hasta que concluyen que deben ser malos para las matemáticas, y entonces se dan por vencidos por completo y mejor abandonan las tablas de multiplicar.

¿Por qué Luis Felipe no podía dar con la respuesta correcta tan rápidamente como Carmen? Porque, al tratar de alcanzar la velocidad de ella, él se puso a adivinar. Adivinar es la consecuencia más inmediata de las expectativas poco realistas. Cuando Katie conoció a Jazmín Arce, ella estaba en su segundo año de francés. En un momento dado, Jazmín había soñado estar frente a la Torre Eiffel, con baguette en mano y toda la cosa, pero últimamente el francés se había vuelto una carga para ella. Por eso decidió llamar a Katie. Cuando Katie le pidió a Jazmín que practicara leyendo la oración "Qu'est-ce que vous cherchez" (en francés, "¿qué estás buscando?"), lo hizo muy rápidamente. El problema era que, si bien Jazmín estaba hablando otro idioma, definitivamente no era francés. Durante más de un año, Jazmín había estado adivinando. Como no estaba segura de cómo se suponía que debía pronunciar "Qu'est-ce" entonces balbuceaba algo parecido. Tampoco estaba realmente segura de cómo pronunciar "vous" o "cherchez", así que también inventó algo para esas dos palabras. Esto es como tratar de encontrar la mina de oro en la jungla sólo corriendo en la dirección que en ese momento se te ocurra. No es sino hasta que hayas labrado un camino sólido y seguro que tendrás que seguir checando que vayas exactamente en la ruta correcta. Desde la perspectiva de Jazmín, no parecía que hubiera estado adivinando:

realmente había estudiado mucho y tenía razones para estar estresada.

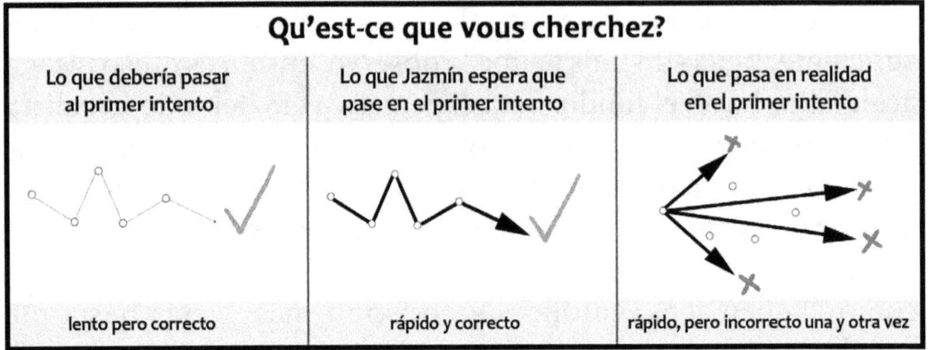

Así que, ¿cuál era la expectativa poco realista de Jazmín? Bueno, estaba haciendo todo a las carreras porque pensaba que tenía que ser capaz de leer francés como leía español. Pero es totalmente injusto comparar la manera como lees en francés tras un año con la manera en que lees español tras más de diez años de práctica. Jazmín tenía que dejar atrás esa expectativa poco realista. Así que empezó a leer francés muy lentamente, pronunciando en voz alta las palabras, buscando las palabras nuevas en el diccionario y estudiando una oración a la vez hasta estar segura de que estaba pronunciando cada una de las palabras correctamente. Pero Jazmín ya no tiene que ir así de lento: de hecho se vuelve cada vez más rápida. Y lo mejor de todo es que es capaz de asegurarse de que lo hace de manera 100% correcta.

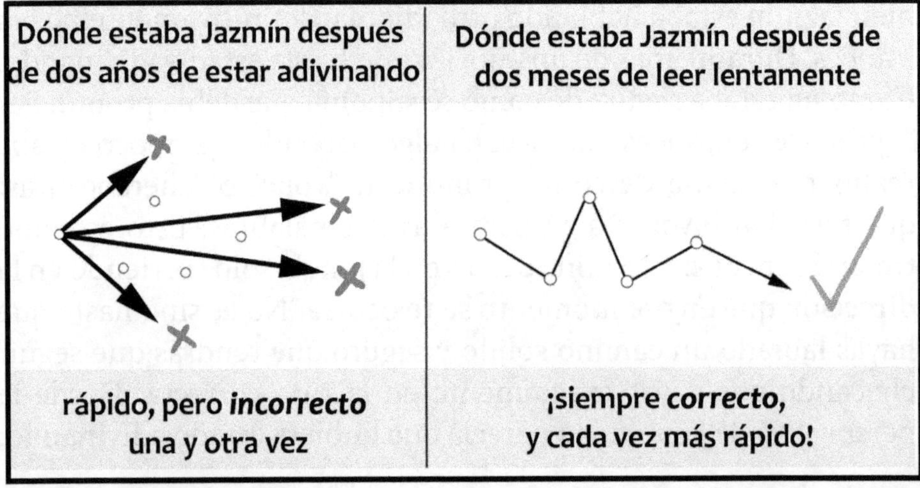

Las expectativas poco realistas con la razón por la cual todos dejamos de divertirnos mientras aprendemos. Estas expectativas llevan a muchas adivinanzas y éstas a su vez llevan a muchos errores. Y muy rápidamente tienes las malas calificaciones que "prueban" tu suposición inicial de que no eres tan listo. Los estudiantes que se ven atrapados en este círculo se frustran cada vez más hasta que finalmente se dan por vencidos. Afortunadamente, romper este ciclo es fácil. Sólo se necesita hacer una cosa: arreglarlo.

¿Qué necesita mi cerebro de mí? Práctica enfocada en la corrección de errores

Incluso cuando estás tomando un descanso, tu cerebro está trabajando mucho, automatizando constantemente las cosas nuevas que estás haciendo. Cualesquiera que sean esas cosas, el cerebro las automatiza. ¿Practicando el violín? Se automatiza. ¿Rascándote la nariz? Sí, también se automatiza. Si estás llevando a cabo tu trabajo de manera metódica y confiable, se automatiza. Y si estás adivinando, tu cerebro automatiza ese enfoque también. Luis Felipe estaba tan preocupado por ser tan rápido como Carmen que estaba haciendo el estudio de las tablas de multiplicar en algo mucho más estresante de lo que necesitaba ser. Tu trabajo es asegurarte de que tu cerebro esté automatizando la manera correcta de hacer las cosas.

Al principio vas a tener que trabajar lentamente para asegurarte de que lo estás haciendo bien. Nada de prisas, ni adivinanzas, ni concesiones. Necesitas hacer práctica enfocada en la corrección de errores.

> ***Despacio que llevo prisa***
>
> Dado que existen límites de tiempo para la mayoría de los exámenes de la escuela, los estudiantes con frecuencia practican mirando el reloj. Esto es un error. Toma el tiempo que necesites para asegurarte de que realmente entiendes el material. Ten como objetivo la exactitud y verás que la velocidad vendrá naturalmente.

Jazmín había estado practicando mucho pero no estaba corrigiendo sus errores mientras tanto, así que incluso después de dos años de intenso trabajo y estrés, todavía no podía hablar francés correctamente. La práctica enfocada en corregir errores es la única manera en que el cerebro de cualquier persona aprende algo correctamente. Comienzas con algo nuevo. Al primer indicio de que algo no es correcto o de que puede estar equivocado, lo corriges. Averiguas exactamente qué es lo que no está funcionando y entonces buscas algo en el diccionario, revisas otra vez la respuesta o aclaras lo que estás haciendo. Entonces continúas verificando hasta que encuentres alguna otra cosa que no es del todo clara. Te detienes y la corriges. Y entonces sigues de esta manera hasta que llegues al final con un éxito garantizado. Lo que sea que necesite corregirse, lo corriges.

¿Por qué dejar de corregir?

La práctica enfocada en corregir es exactamente lo que hizo Edison. Tomó una bombilla eléctrica que se quemaba muy rápidamente y que era muy cara y la corrigió hasta que terminó con una que la gente realmente querría comprar. Y aunque esa fue una gran bombilla, todavía se le siguen haciendo correcciones y modificaciones. Considera lo siguiente: la mejor bombilla eléctrica de Edison duró 50 días antes de quemarse. Los focos ahorradores hoy día pueden durar más de diez años.

Conforme hagas más y más de esta práctica enfocada en corregir, te vas a dar cuenta de algo muy totalmente loco: tus errores son tu nuevo mejor amigo. Un error se define como cualquier resultado que no quisiste obtener. Una respuesta incorrecta es un error, quedarte atorado en algo es un error y responder un cuestionario con lo primero que se te ocurre es un error también. Y en la escuela, un error es como una flecha gigante que apunta exactamente a donde puedes hacer práctica enfocada en corregir. En el instante en que ves un error, debes aprovechar la oportunidad de corregirlo. Hazlo y continúa con tu vida.

En la escuela todo mundo comete errores todo el tiempo. La diferencia en el resultado de las personas viene de cómo reaccionan cuando las cosas no marchan de la manera en que esperaban.

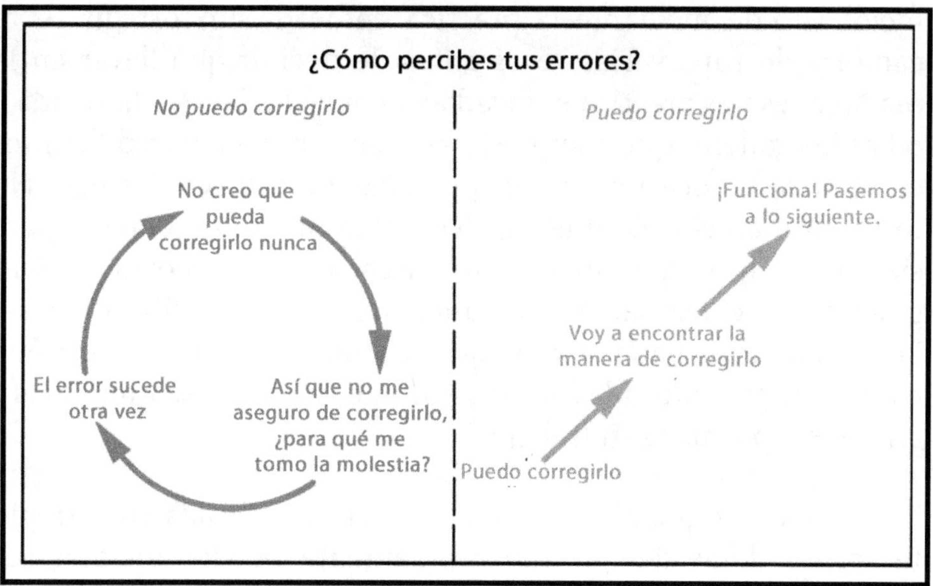
¿Cómo percibes tus errores?
No puedo corregirlo
Puedo corregirlo
No creo que pueda corregirlo nunca
Así que no me aseguro de corregirlo, ¿para qué me tomo la molestia?
El error sucede otra vez
¡Funciona! Pasemos a lo siguiente.
Voy a encontrar la manera de corregirlo
Puedo corregirlo

A lo que más tienes que ponerle atención en la parte de "no puedo corregirlo" es a la flecha final: la que te trae de vuelta al "no puedo corregirlo". En cuanto pienses que los errores suceden porque no eres suficientemente inteligente, crees que no vale la pena tratar de corregirlos. Haces cara de asco, dejas salir un suspiro doloroso, quizás encuentras más excusas para distraerte. Y entonces terminas dándole vuelta a las páginas del libro resignadamente. Pero si no corriges el error al momento, vas a tener que pasar por el mismo proceso la próxima vez que te topes con el mismo tema. Es una receta para perder un montón de tiempo.

Los estudiantes que obtienen calificaciones perfectas no ven cada uno de sus errores como un reflejo de su inteligencia. Hicieron algo que no funcionó y entonces lo harán de manera diferente la próxima vez. Tomaste el camino equivocado esta vez, pero no tienes por qué hacerlo en la siguiente ocasión.

De hecho, te estamos diciendo algo que ya sabes cómo hacer. Todo lo que ya estás llevando a cabo para hacer tu vida mejor sucede mediante la práctica enfocada en corregir. Si te cambias de ropa varias veces antes de decidir qué llevar en la mañana, eso es práctica enfocada en corregir. Si vas a la tienda y odias las galletas que compraste así que compras unas diferentes en la próxima ocasión, eso es práctica enfocada en corregir. No te conformarías con comer galletas totalmente asquerosas para siempre sólo porque no quisiste buscar una nueva opción. Pero gracias a la conspiración, te conformas con las calificaciones y las experiencias en la escuela que son menores a tu ideal. Toma esas prácticas enfocadas en corregir que ya sabes usar, refínalas y entonces aplícalas a tu trabajo.

Una vez que estés haciendo práctica enfocada en corregir, te sorprenderás de qué tan rápidamente puedes mejorar tus calificaciones. Los estudiantes con frecuencia se molestan cuando se dan cuenta de que tienen que detenerse e investigar algo o checar sus respuestas. Lo ven como "trabajo extra" porque tienen la expectativa poco realista de que hay ciertas personas que nunca tienen que investigar nada. Investigar las cosas de las que no estás seguro no es nada más un paso extra en el proceso, sino el corazón mismo del proceso. Podemos garantizarte que cualquiera que obtenga excelentes calificaciones lo hace mediante la práctica enfocada en corregir.

Ahora, cada vez que corrijas algo, eso significa que te estás haciendo el resto de tu vida más fácil. Puedes hacer comparaciones injustas, desarrollar expectativas poco realistas y pasar un montón de tiempo sintiéndote muy estresado. Pero lo único que tu cerebro necesita para estar más cerca de tener los resultados de un genio es práctica enfocada en corregir. Es posible que todavía no seas un mago de las matemáticas o un as del francés, pero puedes entrenar a tu cerebro para hacer cualesquiera de estas dos cosas de manera sorprendente. Vamos a enseñarte exactamente cómo hacer eso, y te ahorraremos años de frustración. Tu nuevo mantra es: "no importa el tiempo que me tome, lo corregiré ahora mismo".

Capítulo 3

Atención

Aprovecha al Máximo tu Recurso Más Valioso

Ahora sabes cómo funciona la automaticidad, y has visto cómo utilizar la práctica enfocada en la corrección para responder atinadamente cualquier pregunta a la velocidad de la luz. Si bien esto es algo maravilloso, todavía te falta saber algunas cosas. Lo que necesitas es una manera de controlar lo que tu cerebro está automatizando. Te presentamos a la atención. En términos de lo que necesitas saber para la secundaria y la preparatoria, se trata del recurso más valioso de tu cerebro. Afortunadamente, lo que te enseñamos sobre la jungla y la automaticidad también te puede ser muy ilustrativo en lo que la atención se refiere.

En tu primer día en la jungla, cuando inicialmente te pusiste en marcha para encontrar la mina de oro, tuviste que realizar las acciones más básicas para hacer progresos. Tuviste que desbrozar la maleza, evitar las arenas movedizas y checar tu mapa constantemente. Ése es tu trabajo en este momento y tienes que hacerlo tú mismo. Pero ya que encontraste la mina de oro, entonces tienes un conjunto enteramente nuevo de tareas. Necesitas averiguar cómo extraer y purificar el oro, hacer más grande el camino e implementar un sistema de transporte de ida y vuelta a la mina.

¡Pero hay que ser realistas! ¡No puedes hacer todo a la vez! Hay muchísimo oro y si vas a construir un emporio minero necesitarás algo de ayuda. Así que cada vez que te preguntes cuál es el mejor método para llevar a cabo alguna de estas tareas, contratas empleados para que se encarguen de esa parte de la operación.

Una vez que conoces tan bien la mina como para enseñársela a otros, puedes entrenar un equipo entero de mineros. Y como dominan el tema, puedes dejar que hagan su trabajo en paz y enfocarte en una nueva tarea: ver cómo construir el mejor camino posible. Consigues más gente para que trabaje pavimentando el camino y, mientras hacen eso, puedes enfocarte de nuevo en la siguiente tarea.

Eventualmente todas las partes de la operación trabajan de manera independiente. Puedes checar cómo lo están haciendo de cuando en cuando para asegurarte de que no haya mayores problemas. Pero ahora tienes la mayor parte del día libre para pensar en tu estrategia de ventas. ¿Qué puede hacer la gente con todo ese oro? Puedes enfocarte en diseñar el primer cepillo de dientes de oro, y luego pañales de oro macizo... y luego puedes hacer un trato con la marca Nike para crear el nuevo tenis para correr: El "Fiebre del Oro" (claro que no vas a ser tan veloz con ellos en la pista, pero... ¡qué importa!, tus tenis están hechos de oro macizo).

Sí, qué bien, el oro es una cosa buenísima, pero la parte importante del ejemplo es que si hubieras tratado de hacer todo el trabajo tú mismo, te hubiera tomado una eternidad construir este emporio. Sí, tú tuviste la visión y la estrategia, pero nunca hubieras podido llegar tan lejos sin un fantástico equipo de empleados. Haciéndose cargo del trabajo del día a día, te dejan con el tiempo necesario para enfocarte realmente en cada nuevo reto, de manera que puedes reflexionar sobre cuál es el mejor camino que puedes construir, cuál es la mejor ruta para llegar a la mina... y cuáles son las mejores agujetas de oro puro para amarrar tus "Fiebre del Oro".

ÁREAS DEL CEREBRO CONTRATADAS PARA LEER	¿DÓNDE ESTÁ EL JEFE?
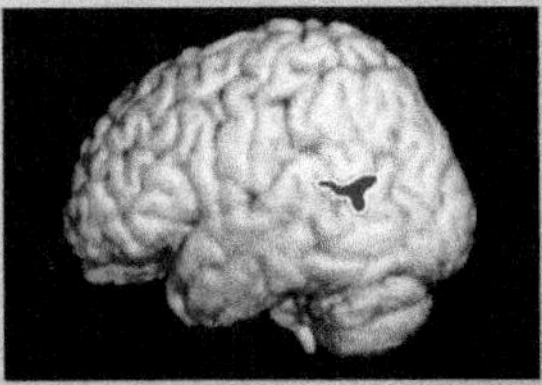 Un poco de práctica	Oraciones y palabras básicas
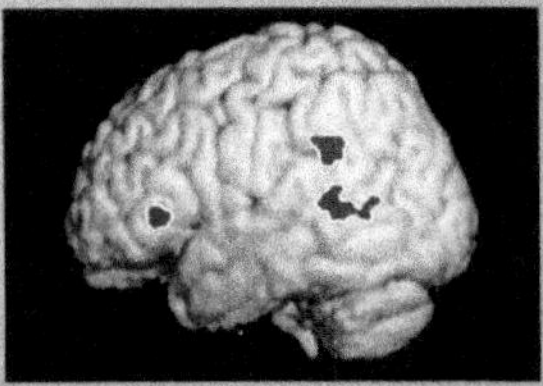 Mucha más práctica	Vocabulario más avanzado, metáforas, imaginería
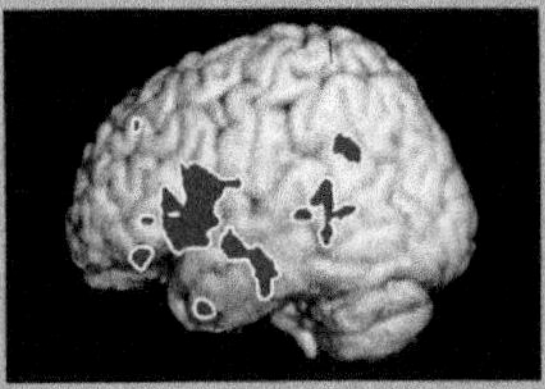 Montones de práctica	Análisis literario

Esto es exactamente lo que sucede en tu cerebro. Como puedes ver, cada que te enfrentas con un nuevo reto, usas tu atención para enfocarte en una de sus piezas, la cual analizas hasta entender completamente. Conforme automatizas las primeras letras, los caminos en tu cerebro se consolidan de manera que no tengas que pensar en ellas cuando lees. Entonces, pones tu atención en cada una de las palabras; una vez que éstas se han automatizado también, entonces eres libre de enfocarte en el significado de la idea completa. La atención y la automaticidad tienen la misma relación que tú tienes con tus empleados. Juntos pueden lograr tareas enormes.

¡No tan rápido!

Nota: Recuerda darles a tus empleados un plan de retiro y de salud competitivos.

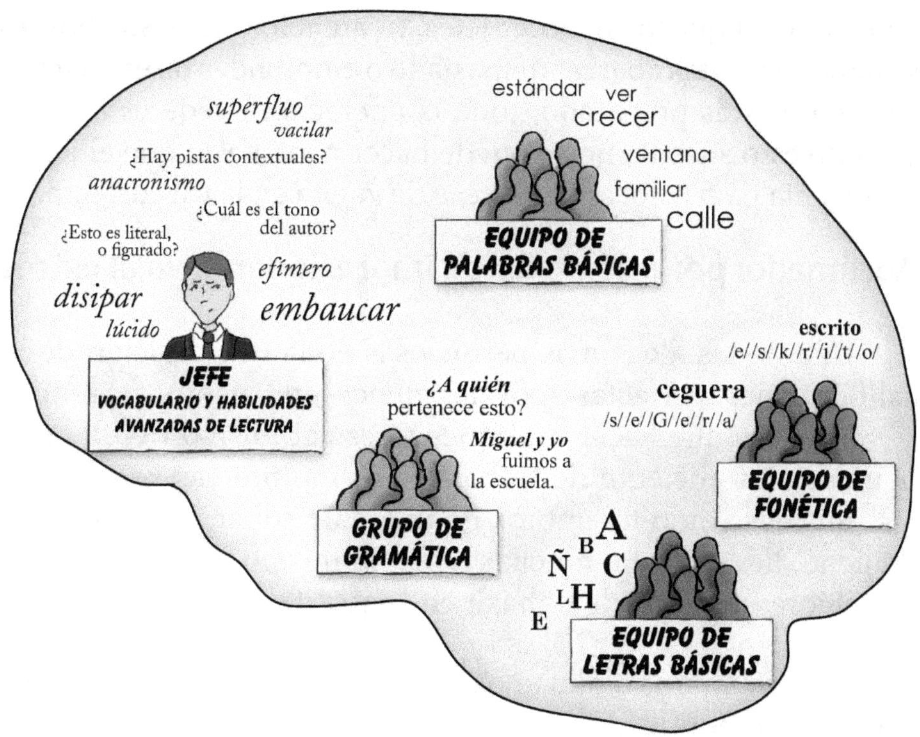

Pero las mentiras de la conspiración de las calificaciones perfectas no están limitadas a tu automaticidad. Y si no sabes exactamente cómo se supone que debe trabajar tu atención, probablemente te estés haciendo la escuela más difícil de lo que tiene que ser.

¿Problemas de producción?

Cuando las ventas en tu corporación de minería de oro van viento en popa, los empleados de todos los departamentos hacen lo que se les dice y se tiene un progreso simultáneo. El jefe —el cerebro de la operación— está ahí para cuando se le necesita para resolver problemas o redirigir los esfuerzos conforme sea necesario. Esto es exactamente lo que está sucediendo con tu cerebro cuando navegas a través de una tarea de la escuela. Tu automaticidad está haciendo lo que se le dice y pasa como la brisa por las partes que ya conoces, mientras tu atención se dedica a resolver problemas. Pero, al igual que los mejores jefes, tu atención tiene sus límites, y cuando intentas abarcar demasiado o emprendes tareas para las cuales no estás preparado, toda la operación puede estancarse. Cuando esto sucede, no se puede hacer nada hasta que el jefe se las ingenia para colocar el proceso de vuelta en la vía correcta.

Abrumado: por qué tratar de impresionar lleva al estrés

Una de las ideas más perniciosas de la conspiración de las calificaciones perfectas, por lo menos en cuanto a atención se refiere, es que hacer múltiples tareas al mismo tiempo es la manera más eficiente de trabajar. Los multitareas se conciben a sí mismos como miembros de una elite súper productiva. En realidad, llevar a cabo muchas tareas al mismo tiempo es una de las mejores maneras de trabajar en contra de tu propio cerebro.

Aquí hay una realidad básica e incontrovertible sobre cómo trabaja el cerebro:

Tu atención no es capaz de hacer muchas tareas al mismo tiempo de manera efectiva.

Simplemente no se puede. Al igual que cuando se sobrecarga

una máquina, cuando tratas de hacer muchas cosas al mismo tiempo, le pides a tu cerebro algo para lo cual no está equipado. Comúnmente los estudiantes llegan a un estado en el cual se sienten estresados porque piensan que tienen demasiado trabajo y "nada de tiempo". Así que piensan que la multitarea es la solución a buena parte de su estrés, cuando en realidad es la causa.

Si pensaste: "¡Claro que no! ¡Yo soy buenísimo haciendo muchas cosas al mismo tiempo: me hace muy productivo!", entonces hagamos algunos experimentos:

¿Puedes caminar y tener chicle en la boca al mismo tiempo? Por supuesto que sí.

¿Podrías caminar, tener chicle y hablar por teléfono con un amigo para contarle lo que vas a usar en tu fiesta de graduación? ¡Claro!

Excelente. Ahora, ¿podrías caminar, tener chicle y hablar por teléfono con un amigo para contarle lo que vas a usar en tu fiesta de graduación... y leer Cien años de soledad al mismo tiempo?

Nones. Para ponerle algo de atención a tu amigo y medio entender el libro necesitas cambiar constantemente tu atención de una tarea a otra, lo cual quiere decir que no vas a hacer bien ninguna de las dos. Tu atención sólo puede lidiar con una tarea no automatizada a la vez. La idea de que puede hacer varias cosas al mismo tiempo es un enorme mito.

Cuando estás tratando de llevar a cabo todas estas cuatro tareas —caminar, tener chicle, hablar por teléfono con un amigo y leer Cien años de soledad—, las primeras dos no se verán afectadas porque ya las has automatizado. Puedes caminar y tener chicle en la boca sin siquiera notarlo. Pero las otras actividades —mantener una nueva conversación y leer un libro que no conoces— requieren de toda tu atención si las quieres hacer bien. Piénsalo de esta manera: ¿cuánto tiempo crees que te va a tomar leer Cien años de soledad (que por cierto, tiene más de 300 páginas) si después de cada oración te detienes para oír y responderle a tu amigo? Entonces, cuando regreses al libro, vas a tener que recordar en dónde te quedaste. Mucha suerte si quieres terminar de leerlo a tiempo para la clase.

¡Pero el punto más importante es que simplemente no quieres ponerte en esa situación! ¡Es totalmente maniático! Y así es exactamente como empiezas a sentirte cuando haces que tu cerebro trabaje de esa manera. Sólo puedes hacer una tarea no automatizada a la vez, pero toda la escuela se trata de tareas no automatizadas: estás aprendiendo cosas nuevas todo el tiempo. Mientras más cosas se acumulen y más presión de tiempo le añadas a la ecuación, más abrumado te empezarás a sentir.

Y cuando te sientes abrumado las cosas dejan de ser divertidas, no sólo porque no tienes listo el trabajo a tiempo sino porque también te sientes muy mal. Sabes de lo que estamos hablando. Se trata de ese pánico que te oprime el pecho que te llega cuando piensas que nunca podrás controlar la situación. Es la sensación de tener un millón de cosas que hacer y pensar que nunca las lograrás terminar a tiempo. Todos hemos tenido esta experiencia antes, y así es como María de la Parra se sentía la mayor parte de los días en segundo año de preparatoria.

María era una de esas estudiantes que siempre está muy ocupada y que se sienten muy orgullosas de ese hecho. Trabajaba en el anuario escolar, diseñaba escenarios para las obras de teatro y estaba en el equipo de danza de la escuela, por mencionar sólo unas cuantas de sus actividades. Le gusta la escuela y siempre hace su mejor esfuerzo por ser una alumna sobresaliente. Pero conforme le fue añadiendo más y más actividades y responsabilidades a su plato, sus calificaciones comenzaron a no ser tan buenas. Había sido una estudiante de calificaciones perfectas en el pasado, pero no estaba lista para dejar todo lo demás sólo para poner orden en su trabajo escolar. Una tarde, durante una sesión, Hunter y María se sentaron a estudiar y ella abrió su libro de química. Por la mirada que tenía, era claro que su mente estaba en otro lado. Hunter le preguntó qué estaba pensando y entonces se le escapó un: "Ay, lo siento mucho: estaba pensando cuándo voy a poder terminar los posters para nuestro torneo de voleibol: es que hoy me ofrecí de voluntaria para hacer eso". Hunter le dijo que no era hora de los posters y también que sería mejor si terminara su tarea de química primero. "Entonces, es la reacción entre... ¿María? ¿Ahora dónde andas?". Esta vez, la respuesta lo dijo todo: "¿Cuánto tiempo crees que me tome estudiar para mi examen de español? También le prometí a mi mamá que iba a bañar al perro. Tengo tantas cosas que hacer hoy en la noche". La atención de María estaba en todas partes.

¡Qué cosa! Visto así, no era de sorprender que a María le tomara una eternidad terminar la tarea. Cuando tratas de ponerle atención a muchas cosas, lo que terminas haciendo es sólo pasando de una a otra. Todo ese cambio entre actividades hace imposible que progreses porque no te enfocas en nada lo suficiente para verle el final. Y dado que no terminas nada, puedes permanecer en este modo durante horas. Repetidamente piensas en estas cosas o te preocupas por ellas, pero no llegas a ningún lado. Para María, el resultado de todo esto era que se sentía frenética, preocupada y realmente estresada. Se encontraba abrumada en extremo.

María definitivamente no estaba llegando a ningún lado. Sentirse abrumada le impedía avanzar en su trabajo. De lo que no se daba cuenta era de que ella misma se estaba poniendo en esa situación. Y no tenía que abandonar sus actividades extracurriculares para corregir el problema: sólo tenía que usar mejor su atención.

Era cierto que María tenía muchas cosas que hacer. Pero pensar en todas ellas al mismo tiempo no era la mejor manera de lidiar con ellas. Esto sólo la hacía sentirse peor, porque el cerebro humano no trabaja de ese modo. Hunter le ayudó a ordenar el batiburrillo de cosas en su atención y a jerarquizar las tareas. La realidad era que, si en realidad quería hacer algún progreso con alguna de sus tareas, María tenía que dejar de lado el examen de español y los posters de volibol y el baño de burbujas de su Rottweiler, y confiar en que haría todo esto una vez que terminara con la química. Tenía que tomar las riendas y aclarar completamente su cabeza, de manera que pudiera poner su atención en una sola cosa a la vez.

¿Es la reacción entre el potasio y el agua exotérmica?

María fue capaz de dejar de lado sus otras actividades

y finalmente enfocarse en la tarea de química, de manera que pudo comenzar a hacer progresos. En su caso, se trataba de tener un plan para terminar todas estas tareas que tenía que hacer. Pero otros estudiantes saturan su atención enfocándose en múltiples cosas que no son necesariamente esenciales. Mucha gente se enorgullece de poder ver la televisión mientras hace la tarea. Pero si estás tratando de hacer las dos cosas al mismo tiempo, tampoco podrás sacarle el mayor provecho a ninguna de ellas. Al día siguiente te darás cuenta de que cometiste algunos errores muy obvios en los problemas de matemáticas. Y no viste quién fue eliminado de la competencia de cocina de la televisión. Simplemente no te arriesgues. La atención puede estar en una sola cosa automatizada a la vez. Puedes decirte a ti mismo que "trabajas mejor" con música o con la televisión encendida —o enviándoles mensajes de texto a tus amigos— pero tu cerebro te dice que eso no es cierto. La tarea, la televisión, la música y las llamadas telefónicas son todas cosas importantes. Dales toda tu atención... una por una.

!Alerta de Bolígrafo Rojo!

Ser multitareas no sólo hace que el trabajo tome más tiempo. Los investigadores han encontrado que la gente que hace muchas actividades simultáneamente cometen el doble de errores que las personas que se enfocan en sólo una.

Cada vez que te sientas abrumado o abrumada quiere decir que tu atención está saturada. Es cierto que no puedes manejar todo esto al mismo tiempo, pero sí puedes manejarlo. Elige algo que tengas que lograr y pon toda tu atención en ello. Cuando hayas terminado con ello, entonces puedes continuar con la pieza siguiente. Primero habla por teléfono con tu amigo y luego ponte a leer Cien años de soledad. Termina tu tarea de química y luego ponte a estudiar español. Y quizás tengas que

Tal como tu laptop

Cuando tratas de que tu computadora corra muchos programas a la vez, ésta comienza a operar de manera muy lenta. Tanto tu computadora como tu atención se saturan de la misma manera.

dejar el baño de burbujas de tu perro para el final.

Dejarte abrumar por las cosas es el error más fácil de corregir. Esto es porque una de las cosas más cool que puedes hacer con tu atención es aclararla. Sólo puedes llevar a cabo una actividad no automatizada a la vez si quieres ser productivo o productiva. Por cierto, esta noticia debe verse como un enorme alivio. No tienes que tratar de pensar en diez cosas a la vez. Para sacarle el mayor provecho a tu atención, a veces necesitas deshacerte de todo lo que está en tu atención y empezar de nuevo con una sola tarea.

Quedándote en blanco: por qué no tener idea es la única idea que necesitas

¿Alguna vez has tenido esta experiencia? Estás en clase y tu maestro te hace una pregunta o te pone un examen y no tienes la menor idea de por dónde empezar, vamos, ni siquiera de qué se trata la pregunta. Estás concentrado en el problema pero no haces ningún progreso. Estás atrapado en el lodo y los neumáticos de tu automóvil se patinan. Sólo parece que no puedes avanzar.

Esta sensación es horrible. Induce pánico. Te deja sintiéndote intranquilo o intranquila. Puede ser que pienses que quedarte en blanco es la manera que tiene tu cerebro de decirte que has alcanzado el límite de lo que eres capaz de saber o de hacer. Pero, en realidad, la sensación de quedarte en blanco se origina porque tu atención te da la señal de que quiere poner manos a la obra. Si no entiendes algo, no quiere decir que sólo te saltes esa sección del examen o de que entregues una tarea a medias. En vez de ello, debes trabajar con la importante pista que tu atención te ha dado. Así que, ¿hacia dónde conduce esa pista? Bien, averigüémoslo regresando a la tarea de química de María.

María hizo un gran trabajo limpiando su atención de manera que pudiera enfocarse sólo en su problema de química. Ahora estaba lista para empezar a trabajar. Tomó el lápiz, vio el problema en el cuaderno, y se le quedó viendo y viendo y viendo... y viendo. Una expresión de inquietud se dibujó en su rostro. Cuando Hunter le preguntó qué necesitaba hacer, se frustró tanto que alzó las manos y dijo: "No tengo idea. Esto me sobrepasa". María en realidad sentía que no tenía idea. Pero, ¿eso era verdad? ¿O este material la sobrepasaba sólo en este momento?

Obviamente, María no estaba llegando a ningún lado leyendo la pregunta una y otra vez. Lo que quería era abandonar el barco, pero Hunter pensaba que antes de eso le convendría ver más de cerca la pregunta que estaba tratando de contestar.

¿Es la reacción entre el potasio y el agua exotérmica?

Al ver los aspectos más pequeños de este problema le quedó claro a María dónde yacía el problema. No tenía idea de lo que quería decir "exotérmico", ni lo que era una "reacción entre el potasio y el agua". No podía poner su atención en la pregunta completa si las piezas no eran automáticas para ella aún.

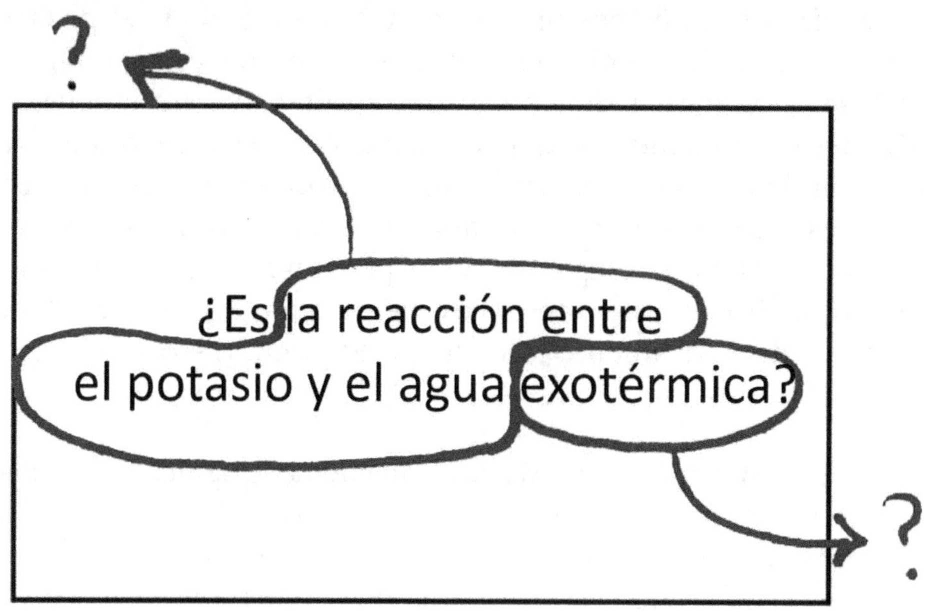

Cuando haces un acercamiento para lidiar con las piezas específicas que faltan en un problema, puedes aclararlas o refrescarlas, o bien investigarlas y aprenderlas por primera vez. La palabra "exotérmica" no le decía nada a María, así que tomó el libro de texto. Buscó la palabra y encontró que se usa para indicar que una reacción expide calor. Maravilloso: estaba corregido ese problema. María ya estaba en mejor forma porque ahora sabía que en realidad trataba de averiguar si la reacción entre el potasio y el agua expedía calor.

Así que, para determinar si esto sucedía o no, María tenía que saber qué pasa durante la reacción entre el potasio y el agua. Como creía que no sabía nada de eso, buscó la reacción en Internet y encontró un montón de videos al respecto. Al ver el primero, se dio cuenta de porqué tantas personas pensaban que esta reacción era digna de estar en YouTube. Todos estos videos empezaban con un recipiente con agua que lucía del todo inocente, pero una vez que se le añadía un pequeño pedazo de potasio, las cosas que ponían bastante locas. Primero, el potasio se ponía a girar en el agua a alta velocidad. Entonces se ponía tan caliente que se encendía con un fuego color púrpura. Finalmente, si el pedazo de potasio era lo suficientemente grande, entonces explotaba o incluso hacía que el recipiente mismo estallara. Repentinamente, María se dio cuenta de que ya había visto esta reacción con anterioridad. Su maestro había hecho una demostración en clase el lunes pasado, sólo que la había realizado con un pedazo de potasio mucho más pequeño. "Ah, espera un momento, ¡yo ya he visto esto! Sí, claro, si exotérmico quiere decir que produce calor... entonces definitivamente es lo que sucede aquí. ¿Eso es todo? ¿Es todo lo que están preguntando". Sí. De lo más claro, ¿no?

Dos minutos antes, María estaba llena de pánico y se sentía totalmente perdida al leer la pregunta. Pero después de aprender un dato y aclarar de nuevo el otro, no tuvo problemas en responder. Esto se debía a que María suponía que cuando se quedaba en blanco, atorada en una pregunta, significaba que su inteligencia ya no daba para más: la pregunta simplemente era demasiado difícil para ella. Su instinto le decía que se alejara de ahí. Pero al retirar la atención de la pregunta completa y enfocarla en las piezas más pequeñas que no estaban automatizadas, María pudo resolver el problema fácilmente.

Ahora bien, lo mejor de todo es que cuando enfocas tu atención en aprender o refrescar una palabra o un hecho en particular, lo estás haciendo más y más automático. Pronto no tendrás que refrescarlo nunca más en el futuro: siempre estará ahí para ti. Tu atención será libre de enfocarse en las partes más complicadas de ese tema.

Ningún problema con el que te topas está "más allá" de tus posibilidades. Sólo está más allá de lo que puedes hacer antes de haber investigado y refrescado las piezas. En otras palabras, si te quedas viendo la pregunta una y otra vez, ésa es la señal de retirarte...para buscar en el libro de texto. Es perfectamente normal toparte con problemas o preguntas ante las cuales sientes que tienes que mover una montaña. Pero no hay montaña que no puedas derribar de roca en roca. Y no hay problema que no puedas resolver descomponiéndolo en pequeñas piezas. Tu atención hace esto posible. Con tu atención puedes resolver hasta el problema más complicado, de ahí que sea tan valiosa. Y tú estás a cargo de ella. Úsala sabiamente, pequeño saltamontes.

¿Qué necesita mi cerebro de mí? Una pieza no automatizada a la vez.

La frustración en la escuela no sucede porque ésta sea en sí frustrante. Sucede porque le estás pidiendo a tu atención que haga algo que no se supone que es capaz de hacer. Es perfectamente natural sentirse abrumado o llegar a esos momentos en los que sientes que no tienes idea. Le pasa a todo mundo, incluso a los mejores maestros del cerebro que andan por ahí. ¿Pero qué tienes que hacer entonces? ¿Te pones frenético (a) o tomas el control de tu atención? ¿Aclaras lo que no entiendes o te le quedas mirando a la pregunta esperando que la respuesta llegue?

Apostamos a que, durante años, has oído a la gente dar consejos del tipo "¡una cosa a la vez!" y "con tenacidad, cualquier cosa es posible". Ah, y desde luego que está el clásico "¡Ponte atención!". Lo comprendemos: esos sabihondos pueden ser muy molestos. Pero, ¡adivina qué! Tienen toda la razón. En realidad, ese consejo proviene de algunos hábiles combatientes de la conspiración.

Tu atención es una herramienta increíblemente poderosa. Con ella puedes enfocar tu mente en el movimiento de un solo átomo o en la vastedad del universo. Puedes enfocarte en el hecho de que alguien profesa un amor incondicional por ti, o en el hecho de que un jabalí enojado está a punto de atacarte. El punto es que tú estás en control de el lugar hacia el cual diriges la atención. Y dado que ésta controla tu automaticidad, cuando escoges poner tu atención en algo, estás eligiendo hacer que tu cerebro sea más fuerte en ese tema. ¿Sabes lo que eso significa? Significa que tú controlas en qué se convierte tu cerebro.

Así es. Con la ayuda de la atención, puedes decidir lo que va a ser fácil para ti. Tú decides en qué quieres volverte un experto: ya sea que vayas a ser grandioso pintando retratos o resolviendo problemas matemáticos o tocando el acordeón. Incluso a nivel cotidiano, eres capaz de decidir aquello que consistentemente quieres hacer bien y que tan rápido lo quieres lograr. Sí, es algo muy impresionante.

Capítulo 4

Emociones

Por qué las emociones no son hechos

Al controlar tu atención, estás en control de lo que automatizas. Pero hay un tercer aspecto que hace que tu cerebro esté feliz funcionando mediante estos procesos. Tus emociones juegan un papel muy importante en tus resultados escolares. Éstas pueden hacer que el tiempo de estudio se pase volando, pero de la misma manera son capaces de lograr que dejes de aprender sin que siquiera te des cuenta. Esto quiere decir que no las puedes dejar que se aloquen. Pero alocarse es justamente lo que ellas quieren, porque las emociones provienen de la parte "animal" de tu cerebro.

El Propósito de las Emociones

La mayoría de la gente no se detiene a pensar porqué tenemos emociones o qué es lo que éstas en realidad hacen. Mayormente, cosas como el enojo, los celos y la alegría sólo parecen ser caprichos que aparecen de cuando en cuando y que le añaden sabor al día. Pero esto está lejos de ser cierto. Las emociones son unas de las partes más antiguas y esenciales del cerebro humano porque están específicamente diseñadas para lidiar con asuntos serios, tales como la vida y la muerte.

Si fueras un hombre o mujer de las cavernas, no necesitarías encender la televisión para obtener tu dosis diaria de drama. Todo lo que tendrías que hacer es poner un pie fuera. Si quisieras un tentempié, no podrías sólo atacar el refrigerador: tendrías que juntar a toda la tribu para matar un mamut lanudo. Una vez que obtuvieras ese delicioso y humeante cadáver de bestia, quizás te encontrases con un tigre dientes de sable dándole mordiscos a tu mamut tan duramente ganado, lo cual era básicamente el equivalente de la Edad de Piedra de alguien robándose tu almuerzo. Mas aún, tus compañeros de tribu tendrían modales menos que estelares. Tras la cena, si a uno de ellos le gustara tu cobija o tu pareja, es posible que te encontraras con una roca incrustada en el cráneo.

En la Era de las Cavernas, todo tenía que ver con la supervivencia. Los cavernícolas no tenían tiempo de analizar ni de filosofar debido a los predadores prehistóricos: todo el tiempo era hora de comer. Los hombres y mujeres de la cavernas tenían que reaccionar inmediatamente y, en estas situaciones de vida o muerte, las emociones les salvaban el día. Esto es porque las emociones causan un corto circuito en el cerebro humano y disparan las conductas necesarias para la sobrevivencia.

Cuando los cavernícolas veían una serpiente, sus instintos tomaban el control. Esencialmente estaban programados para quedarse paralizados y entonces huir lentamente, tratando de no llamar la atención de la serpiente. En ese momento, se trataba de la única acción que el o la cavernícola podía realizar: no podía pensar en otra cosa: una parte muy específica de su cerebro había tomado el control, y de esa parte cerebral todavía dependes hoy día.

¡Está en griego!

La palabra amígdala de hecho viene del vocablo griego para “almendra”. Por ello los científicos escogieron este nombre de sonido peculiar.

Dentro de tu cerebro hay una región llamada amígdala. Tiene la forma de una almendra... y te lleva a hacer cosas muy desquiciadas. Imagina que la amígdala es el guardia que vigila a la atención. Si la atención es el jefe, entonces la amígdala es su guardaespaldas. Y nadie puede ver al jefe sin que la amígdala así lo permita. Cuando la amígdala percibe peligro, hace que las puertas de tu atención se cierren. Tu amígdala le hace esto a tu atención como una táctica de autodefensa, de manera que no pienses. Si te topas con una serpiente u otra amenaza similar, no puedes darte el lujo de desviar la atención en nada que no esté relacionado con tu supervivencia. En otras palabras, cuando tu cerebro está en el "modo de miedo", literalmente no puedes pensar bien. Si le dijeras al cavernícola que la serpiente no es venenosa, o le pidieras pensar en un problema de matemáticas o en cualquier otra pieza de información, ni siquiera te escucharía: la amígdala bloquearía toda esa información de la atención y el cavernícola continuaría corriendo o tratándose de subir a un árbol.

Pero la amígdala también tiene sus buenos ratos. Puede que el guardaespaldas del jefe sea corpulento y con frecuencia mal encarado, pero debajo de esa ruda apariencia hay un tipo que ama divertirse. Cuando tu cerebro está en "modo alegría" y las cosas van bien y no hay predadores a la vista, la amígdala cambia de ser un guardaespaldas con cara de póker a ser un anfitrión muy amable. Tu atención es totalmente accesible: si estás de buen humor, entonces aprender se vuelve una fiesta a la que todos están invitados. De hecho, los científicos han demostrado que, si bien el miedo impide el aprendizaje, sentirse feliz hace que aprender sea más fácil.

En el siglo XXI, las cosas que le pides hacer a tu cerebro todos los días han cambiado, pero lo que se ha mantenido es el poder que tienen las emociones sobre tu cerebro en su conjunto. Estructuralmente hablando, si tomaras a tu cerebro y lo pelaras como cebolla (por favor, no intentes esto en casa), la capa más exterior sería la única realmente "humana". Se considera que esta capa es la responsable del pensamiento complejo y abstracto, que en los tiempos modernos incluyen todo el trabajo escolar. Pero mientras más llegas al centro, donde reside la amígdala, tu cerebro se parece cada vez más al de un animal. Las partes "animales" de tu cerebro lidian con los instintos de supervivencia más básicos: cosas como la respiración, el hambre, la sed... y las emociones. Esas necesidades son tan esenciales que pueden fácilmente dominar las capas exteriores. No importa si has hecho tus 10 mil horas de práctica. No importa si eres un genio. Si te da hambre durante la clase, entonces, en un instante, tu cerebro animal puede bloquear todo eso y hacerte tan estúpido como un cavernícola.

Pongámonos en forma

Cuando experimentas miedo, la sangre se apresura a llegar a tus pies para prepararte a escapar. Cuando experimentas enojo, la sangre se apresura a llegar a tus puños para prepararte a pelear.

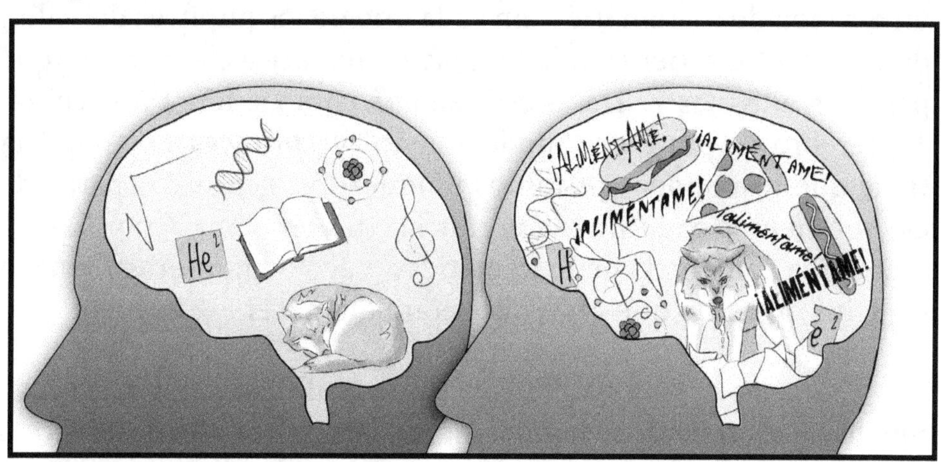

Tu cerebro animal hace lo que hace muy bien, y las emociones pueden ser extremadamente poderosas y distraerte del todo. Pero tenemos buenas noticias. Es perfectamente posible disciplinar tus emociones y entrenar tus respuestas de cerebro animal ante ciertas situaciones. Haciendo esto, garantizas que la información pueda entrar en tu atención en el momento que lo necesites. Básicamente puedes derrotar al cavernícola cuando sea, porque te haces cargo de tus emociones. Y tus tentempiés no contraatacan. Esto es lo que llamamos progreso.

Hay un tiempo y un momento para las emociones: por qué los cavernícolas reprueban la clase de matemáticas

Hoy día, la respuesta natural del miedo aún es benéfica en las situaciones de vida o muerte. Por ejemplo, si tu maestro colocara una cobra en cada uno de los pupitres del salón de clases, sería perfectamente razonable que todos se quedaran paralizados y lo más quietos posible, esperando que la serpiente se alejara reptando. Esta respuesta de tipo animal es en realidad muy útil. ¡Gracias, amígdala!

Pero, si bien el miedo puede ser una buena respuesta cuando hay que lidiar con una serpiente, es una respuesta terrible cuando hay que lidiar con el trabajo escolar. Si tu maestro coloca un examen de matemáticas en cada uno de los pupitres del salón de clases y tú le tienes miedo a las matemáticas, entonces ¿qué pasa? Lo adivinaste. Tratas ese examen como si fuera una cobra. Tu cerebro se pone en "modo miedo" y entonces tu amígdala tiene que responder. "¡Estamos bloqueados, gente!". A partir de ese momento, nada puede entrar en tu atención. Y por "nada" queremos decir nada de matemáticas, nada de números... y nada de la información que vas a necesitar para hacer ese examen.

Gracias a la conspiración de las calificaciones perfectas, muchos de nosotros hemos aprendido a tenerles miedo a determinadas materias, como matemáticas. Y adivina qué. Todo lo que haces una y otra vez diariamente es práctica: incluso temerle a las matemáticas. La automaticidad hace que tengas este miedo más fácil y rápidamente cada que llega la hora de esta materia (haz 10 mil horas de entrenamiento en miedo y podrás ser un genio del terror a las matemáticas). No importa de qué tema se trate: si has entrenado a tu cerebro para pensar que es aterrador o intimidante, entonces lo has adiestrado también para bloquear la atención, la parte exacta de tu cerebro que necesitas para aprender.

Esto es justamente lo que le sucedió a Gabriela Madrigal. Se trataba de una estudiante de último año de preparatoria que amaba su clase de educación cívica y quien se postulaba para el Consejo de Alumnos. Era una alumna escrupulosa que disfrutaba la mayoría de sus clases, pero las matemáticas siempre habían sido más difíciles para ella que las demás materias. Así que cuando llegó el momento de inscribirse en la clase de cálculo, se puso realmente nerviosa por lo que vendría. En la escuela de Gabriela, el maestro de cálculo tenía la reputación de ser muy duro, pero ella también sabía que sus compañeros la estimarían más si aceptaba el reto. Así que se inscribió y entonces hizo cuenta regresiva de los días que faltaban para que comenzara esta temida clase.

Diariamente, Gabriela entraba a la clase de cálculo llena de ansiedad de no poder entenderla. Durante la primera semana las cosas en realidad marcharon bien: había mucho que revisar del año anterior y la mayoría de los conceptos nuevos eran muy fáciles. Pero para la tercera semana, las cosas ya se habían puesto como temía que fueran. Gaby tenía que esforzarse incluso para entrar al salón de clases. Todos los días, aterrada de quedarse atrás o de arruinar sus oportunidades de ingresar a una buena universidad, trataba y trataba de entender las lecciones. Pero, de alguna manera, nunca parecía haber digerido las cosas cuando terminaba la clase. Su tarea de matemáticas le tomaba más que el resto de las materias juntas, sus exámenes preliminares eran terribles, y pronto se resignó a un destino terrible en el cálculo. Obviamente, lo que había oído siempre era cierto: el cálculo era totalmente imposible.

¿Es un hecho?

Había un enorme problema... y no era el cerebro de Gaby. Al temerle a la clase de cálculo, estaba haciéndole lo mismo a su cerebro que los cavernícolas. Le había enseñado que el cálculo era aterrador, incluso antes de que las clases empezaran, de manera que su amígdala ya había bloqueado su atención. ¡No había manera de que entrara nueva información! Y cada vez que se enfrentaba con una tarea de matemáticas, se quedaba paralizada y se retiraba, de la misma manera que lo hubiera hecho con una serpiente. Mientras Gaby estuviera temerosa, su habilidad para aprender permanecería apagada, y no podría hacer ningún progreso.

Si quería dominar sus miedos, Gabriela tenía que separar las emociones que tenía ante el cálculo de los hechos acerca de la situación. De este modo, Gaby realmente podría ver si las emociones estaban gobernando su trabajo.

Pensamiento 1: El cálculo es "de plano imposible".

¿Es un hecho?

"Lo es".

¿De verdad? Interesante. Así que, ¿ningún ser humano ha sido nunca capaz de entender el cálculo? ¿Qué hay de los humanos de preparatoria, específicamente? ¿El cálculo no puede realizarse por nadie? Si esto no es cierto, entonces la idea de que el cálculo es "imposible" es sólo una emoción.

"Ok, de acuerdo. El cálculo es imposible para mí. ¡Yo no puedo hacerlo!".

Pensamiento 2: El cálculo es imposible para mí.

¿No has aprendido nada de cálculo este año? ¿Ni siquiera las partes más básicas?

"Bueno, sí he aprendido algo".

Ok, entonces eso es una emoción también.

Pensamiento 3: No es imposible, sólo es demasiado difícil. No puedo hacerlo bien.

En la vida, ¿has automatizado cosas? ¿Alguna vez has aprendido algo nuevo?

"Sí"

Entonces es un hecho que tu automaticidad funciona. ¿Puedes usar tu atención para descomponer en partes el cálculo?

"Eh, me imagino que sí"

Maravilloso. Así que con práctica enfocada en la corrección, podrías hacerlo bien.

Pensamiento 4: El cálculo es de miedo, como una serpiente venenosa o un tigre.

"Sí, ya lo entendí, ya lo entendí: una emoción".

Excelente. Ya tenemos las cosas más claras.

Conforme Gaby separó las emociones de los hechos, se dio cuenta de que sus emociones acerca del cálculo habían estado ganando la batalla. Las había tratado como hechos, y ellas a su vez la habían llevado a un lugar donde el cálculo era tan temible que en realidad era imposible para ella aprenderlo. El asunto es que había pensado que era imposible aprenderlo debido al cálculo, cuando en realidad era imposible aprenderlo debido a sus emociones.

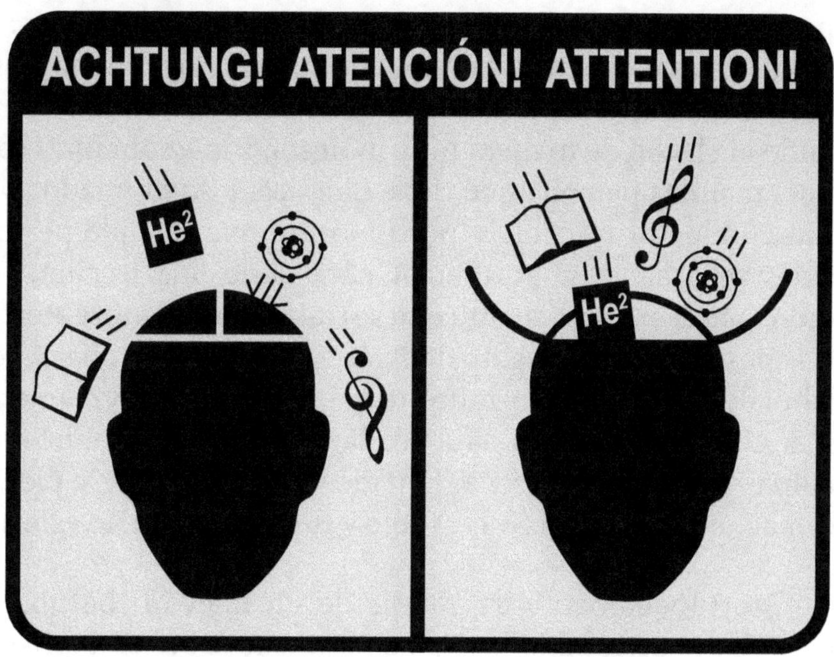

La respuesta temerosa de Gaby ante las matemáticas se había convertido en un hábito: había automatizado sus miedos. Cuando finalmente se tomó el tiempo de separar las emociones de los hechos, fue capaz de ver qué tanto daño le había hecho ese hábito. Pero toma tiempo romper las viejas costumbres. ¿Qué se supone que Gaby tendría que hacer si el temor regresaba inesperadamente a la mitad de la clase de matemáticas? No podría decir: "¡Esperen, paren la clase! ¡Detengan todo! Necesito tomarme unos minutos para analizar mis emociones y los hechos, y tiene que ser ahora!". Necesitaba algo que la trajera de vuelta a su trabajo en un instante.

Cuando tu atención esté secuestrada, sólo presiona REINICIAR

Cuando tus emociones se echan a andar, gobiernan tu atención y controlan cómo te sientes, lo que piensas, e incluso lo que ves. Afortunadamente, éste no es un proceso de un solo sentido. Así como tus emociones disparan ciertas perspectivas, un cambio de perspectiva puede disparar un cambio en tus emociones. Por ejemplo, imagina que estás en un automóvil. Hay mucho tráfico y el coche adelante del tuyo se cambia incesantemente de carril, tocando el claxon de manera muy molesta, y maniobrando como si fuera la única persona que tiene que llegar a algún lado. Debe ser un conductor horrible y por lo tanto una horrible persona. Decides rebasar a ese automóvil para darle una lección, pero cuando lo haces, te das cuenta que se trata de un hombre aterrado cuya esposa está en el asiento de atrás... claramente embarazada y en labor de parto. En un instante, te quitas del camino y comienzas a tocar el claxon también para ayudarlo a que llegue al hospital. La culpa y la ira que sentiste se han ido ya. Con una nueva pieza de información, tu perspectiva cambió y tu emoción ya no está ahí.

Afortunadamente, la alegría de un nuevo bebé no es lo único que puede cambiar tus emociones. Ya sabes cómo hacerlo tú mismo. Eres capaz de reiniciar tu modo emocional a uno que sea suficientemente neutral como para que puedas pensar claramente. Es lo que sucede cada que estás furioso con uno de tus amigos pero entonces decides que meterte en un concurso de gritos no vale la pena. Es lo que sucede cuando te sientes realmente desilusionado por no jugar en el equipo de futbol, pero decides que es por tu bien. Es lo que sucede cuando te eligen para participar en la obra de teatro de la escuela, pero decides no celebrar triunfantemente todo el día porque tu mejor amiga no fue seleccionada y no quieres hacerla sentirse mal. En otras palabras, eliges una nueva perspectiva que sabrás que te llevará al mejor resultado.

Esas elecciones suceden tan instantáneamente que con frecuencia no eres consciente de que son elecciones. Pero lo que realmente estás haciendo en ese flash momentáneo es reconocer la emoción que ha surgido y entonces eliminarla a través de la razón.

Es extraordinario que ya hayas entrenado a tu cerebro para hacer estos cambios emocionales en segundos, pero no siempre puedes confiar en lo que actualmente es automático para ti. Has entrenado a tu cerebro para no comenzar peleas innecesarias, pero también lo has entrenado para tenerles miedo a los exámenes de matemáticas. A veces, cambiar tus emociones puede tomar cierto tiempo y sentirse mucho más deliberado. Tienes que convencerte para avanzar. Esencialmente, necesitas hacer práctica enfocada en la corrección con tus emociones, mejorando gradualmente la rapidez con la que puedes reiniciar tus emociones hasta que, eventualmente, tu nueva perspectiva sea automática.

Una vez que Gaby entendió lo que su miedo estaba haciendo, finalmente pudo ver que sus emociones la habían engañado y hecho creer que "nunca entendería el cálculo". Era hora de derribar su miedo.

Gabriela tenía que estar atenta siempre que estuviera trabajando en matemáticas. Cada vez que aparecía su miedo, necesitaba anular esa emoción cambiando sus perspectivas sobre las matemáticas: necesitaba pulsar el botón de REINICIAR. REINICIAR consiste en una declaración que te dices a ti mismo y que te ayuda a deshacerte de una emoción inútil, de manera que puedas retomar el control de tu atención.

En cuanto comenzaba a tener miedo, Gaby se diría exactamente lo que necesitaba oír para darle REINICIAR a su estado emocional: "¿De qué es lo que tengo que tener miedo? Son tan sólo matemáticas. No hay problema en entenderlo". Al principio se dio cuenta de que sus palabras no concordaban exactamente con lo que sentía: el miedo todavía estaba ahí, y tenía que fingir un poco esa confianza tan cool para evitar que su mente estuviera temerosa. A veces lo llevaba al extremo: "Me encaaaaaantan las matemáticas, son lo mejor que me ha pasado". Gabriela no necesariamente lo creía, pero lo fingió lo suficiente como para hacer que su atención volviera al trabajo. Con el tiempo, mientras más entendía la materia, menos frecuentemente aparecía ese miedo y menos tenía que "fingir" sentirse lista para las matemáticas. Así como aprender 2+2 o aprender a leer, Gaby entrenó su cerebro para alcanzar inmediatamente esta actitud amigable con las matemáticas. Eventualmente llegó a parecerle ridículo que alguna vez les hubiera tenido miedo. Después de todo, las matemáticas sólo eran matemáticas, garabatos en un papel, y no una serpiente venenosa.

EN CASO DE
EMOCIÓN
EVITE EL
PÁNICO...
¡PRESIONE
EL BOTÓN DE
REINICIAR!

Emociones negativas en el salón de clases: cómo a los estudiantes se les engaña para odiar la escuela

Si se les deja libres, las emociones comienzan a hacer algo mucho más peligroso que simplemente secuestrar tu atención: empiezan a afectar por completo tu visión de la realidad. Piensa en esto. Te está yendo bien en el día y estás de un humor fantástico. Entonces, de repente, te das cuenta de que dejaste en casa el gigante ensayo de literatura en el que has estado trabajando toda la semana y que tienes que entregar hoy. ¡Qué asco! Todo lo que sucede el resto del día te pone de un humor de perros. "¡Sí, claro, me parece estupendo que te hayas comprado una nueva chamarra, Esteban!". "No, ma, no quiero una galleta deliciosa". "¡Y tú, qué %&#@*% me estás viendo?". Se te olvidó tu tarea, lo cual te molesta, y tu emoción ha distorsionado tu visión de la realidad de manera que todo lo que experimentas te resulta molesto, a pesar de que todo es perfectamente normal. Las galletas son sólo galletas y la chamarra de Esteban no es ni molesta ni emocionante: en realidad, es únicamente una prenda de vestir. Pero cuando estás cegado por tu emoción, ésta cambia la manera en que te sientes respecto a esas galletas y a esa chamarra y a todo lo demás que te rodea.

Unas horas antes de que le hicieras un desaire a tu mamá por ofrecerte galletas, es posible que pudieras reconocer que sólo estabas siendo emocional. En retrospectiva, enojarse por unas galletas es claramente irracional. Independientemente de que nos guste o no, todos podemos admitir cuando algo que hicimos fue motivado por celos, enojo, emoción o miedo. Pero hay una emoción secreta que no se siente para nada como una emoción y que es veneno para la escuela porque

¿Te suena familiar?

Aquí hay una lista de alguna de las cosas que la gente hace para evitar hacer el ridículo frente a otros: no hablar en clase, actuar como si ya supieran la respuesta, inventar excusas para justificar sus errores y esconder exámenes con malas calificaciones. Éstas son maneras de tratar de evitar tener la experiencia de sentirse estúpido.

Seguridad por los cielos

Cada que un avión se estrella, las autoridades de aviación inmediatamente examinan todas las piezas entre los escombros, escuchan las grabaciones de la caja negra y tratan de averiguar exactamente qué causó el accidente. Ya sea que el problema haya sido mecánico, climatológico o un error del piloto, pueden corregirlo inmediatamente para que nunca vuelva a pasar. El resultado de esa disposición a lidiar con los errores es que, milla a milla, estadísticamente es mil veces menos mortal volar que caminar.

parece más un hecho que todas las demás. Altera terriblemente tu visión de la realidad y mucha gente pasa su vida entera dejando que esta emoción determine, sin saberlo, las elecciones que hacen. Todos los trucos de la conspiración trabajan juntos para crear en ti una experiencia emocional específica: la experiencia de sentirse estúpido o estúpida.

Aquí es donde todo hace sentido. Las comparaciones injustas, las expectativas poco realistas, sentirse abrumado: son todas maneras en que la conspiración te engaña para que percibas experiencias perfectamente ordinarias como un signo de que puede haber algo mal en tu cerebro. No te sabes la respuesta tan rápidamente como uno de tus compañeros porque no estás pensando en la automaticidad y en el trabajo invisible, y entonces te sientes estúpido. Y esa emoción es la peor que puedes tener como respuesta a tus errores, porque lo que la mayoría de nosotros llamamos "sentirse estúpido" es en realidad la emoción de la pena.

La pena es la emoción que viene cuando piensas que hay algo mal en ti, y eso la hace una de las más incómodas sensaciones del mundo. Y cuando algo causa una emoción no-divertida, la elección obvia es hacer todo lo posible por tratar de evitarla. Bien, adivina qué: tu cerebro está cableado para hacer esto. Cuando te sientes apenado o avergonzado, quieres cubrirte la cara con las manos. Quieres evitar los errores, o cualquiera que sea la causa de tu vergüenza.

Aquí está un problema muy importante. La práctica enfocada en la corrección se trata de admitir tus errores y enfrentarlos de manera no emocional, haciendo algo para mejorar. Si te sientes "estúpido", entonces tu reacción natural será exactamente la opuesta: no vas a corregir tus errores, tu atención no va a estar disponible y, al final, no vas a mejorar en nada.

Estos comportamientos obviamente te llevarán a tener calificaciones menos que estelares. Pero la parte más loca de todo esto es que, cuando tienes una calificación en tu pupitre, es difícil darse cuenta de que la pena es responsable de lo que sucedió. En lugar de ello, la conspiración te ha entrenado para tomártelo como un "signo" de que en realidad no eres tan listo. Y pensar de esa manera sólo va a intensificar esa pena de nuevo. Te dices a ti mismo que tienes "pruebas" de tu falta de inteligencia.

Este ciclo puede continuar durante años, porque a pesar de que todos hablamos de "sentirnos" estúpidos, casi nadie piensa que se trata de una emoción que se puede reiniciar. De hecho no consideramos "sentirse estúpido" como una emoción, sino que la tomamos como una experiencia y erróneamente concluimos que en realidad somos estúpidos.

Los estudiantes que han llegado a esa conclusión desde hace tiempo con frecuencia alcanzan un estado en que parecen bastante no emocionales al respecto. Han visto la evidencia, "saben" que no son buenos para determinada materia y han aceptado su destino. Gracias a la conspiración, "estúpido" no se siente como una emoción temporal sino permanente. ¡Pero los estudiantes que han aceptado esta emoción sin cuestionarla no ven lo evidente!: sentirse estúpido no es un diagnóstico de por vida, es sólo una emoción que necesita un botón de REINICIO.

Salomón Kaminski: el chico más estresado de la cuadra

Salomón Kaminski era un joven rollizo con una melena desbordada de cabello castaño y una imaginación aún más desbordada. Todo lo que Salomón hacía, lo hacía con intensidad extrema, y la escuela no era la excepción. Todos los días se encerraba en su cuarto durante horas haciendo la tarea y salía de él como si hubiera perdido una batalla con Jackie Chan. Claramente, la escuela era estresante para Salomón, y quien lo conocía se daba cuenta de que tenía un completo batiburrillo de emociones al respecto. Frecuentemente, Hunter le preguntaba: "¿Por qué te va tan mal en la escuela?". Salomón emergía por un momento de su estad frenético y con una claridad inesperada decía: "Porque soy estúpido".

Cada que Salomón ya no podía más con el pánico y el estrés, dejaba a un lado la tarea y se volcaba en algo que siempre encontraba divertido. Salomón amaba las cosas fantásticas. Era experto en varios sub-campos, incluyendo pero no limitándose a orcos, duendes, elfos, dragones y hechizos. Había leído todos los libros de J.R.R. Tolkien por lo menos diez veces. Tenía no una sino dos gabardinas que reservaba para ocasiones especiales, como cuando dirigía un juego de Calabozos y Dragones. Salomón podía pasar horas hablando de pequeños detalles como la Tierra Media, o los Siete Reinos de Westeros, y había aprendido el idioma de los elfos.

La ambición más grande de Salomón era convertirse en el siguiente Tolkien: crear un mundo de fantasía tan rico y pleno como el de *El señor de los anillos*. De lo que no se daba cuenta era de que ya lo había hecho. En sus esfuerzos por entender porqué su trabajo escolar le tomaba tanto tiempo y porqué sus calificaciones eran tan bajas, Salomón había creado un mundo de fantasía en el que se había convencido a sí mismo por completo de que su cerebro estaba defectuoso y de que no había nada que pudiera hacer al respecto. Salomón era lo que llamamos un estupicondriaco.

Un hipocondriaco es una persona que pasa demasiado tiempo preocupándose por su salud. Cuando a un hipocondriaco le da dolor de estómago, piensa que es un signo evidente de que ha contraído algún tipo de enfermedad exótica. Ni siquiera se le ocurre que la verdadera causa de su dolor pueden ser esos tres hot-dogs con chile que se inhaló en la comida. La estupicondria funciona de la misma manera. Cuando un estupicondriaco comete un error, no piensa que se trata de un asunto sin importancia que puede corregir: piensa que es un signo evidente de que no es listo. Salomón invertía cada minuto de su tiempo de estudio buscando "evidencia" de su estupidez en todo lo que sucedía, y casi no había espacio en su atención para el trabajo.

Después de años de actuar así, Salomón había automatizando estas respuestas emocionales de manera que, una vez que se encontraba en ese lío, era como si no pudiera escapar de él. Cuando Hunter habló con el acerca de este lugar mental del que no podía salir, Salomón tenía una idea. "Es como el Semiplano del Terror. En Calabozos y Dragones, el Semiplano del Terror es donde los señores de la oscuridad reinan sobre sus dominios. Eres arrastrado al Semiplano del Terror por las Nieblas, que son como tus emociones, que te succionan hasta este dominio del que no puedes huir. Muchas veces he estado con mis compañeros de aventura y entonces nuestras fogatas se apagan con las nieblas. ¡Pero me encanta cuando esto pasa, porque Ravenloft es mi favorito! ¿Sabías que...?".

"¡Okey, Okey! Sí, es algo más o menos así: lo entiendes totalmente!". Hunter tuvo que interrumpir porque la sesión se hubiera prolongado demasiado.

"No te preocupes", replicó Salomón. "Sé que esto es muy avanzado para ti."

Así que, si el personaje de Calabozos y Dragones de Salomón, (el clérigo enano Kavendithas Lorearthen), le tenía miedo al Semiplano del Terror, entonces en la escuela Salomón tenía que tener cuidado de no entrar a lo que empezamos a llamar El Semiplano de la Duda. En el segundo que Salomón oyó ese nombre, instantáneamente entendió porqué ir a ese lugar era un problema. El Semiplano de la Duda era el lugar de no retorno personal de Salomón. Había sido llevado ahí por sus emociones y su estupicondria y podría quedarse ahí vagando indefinidamente. Si pudieras ver el Semiplano de la Duda de Salomón, se vería más o menos así:

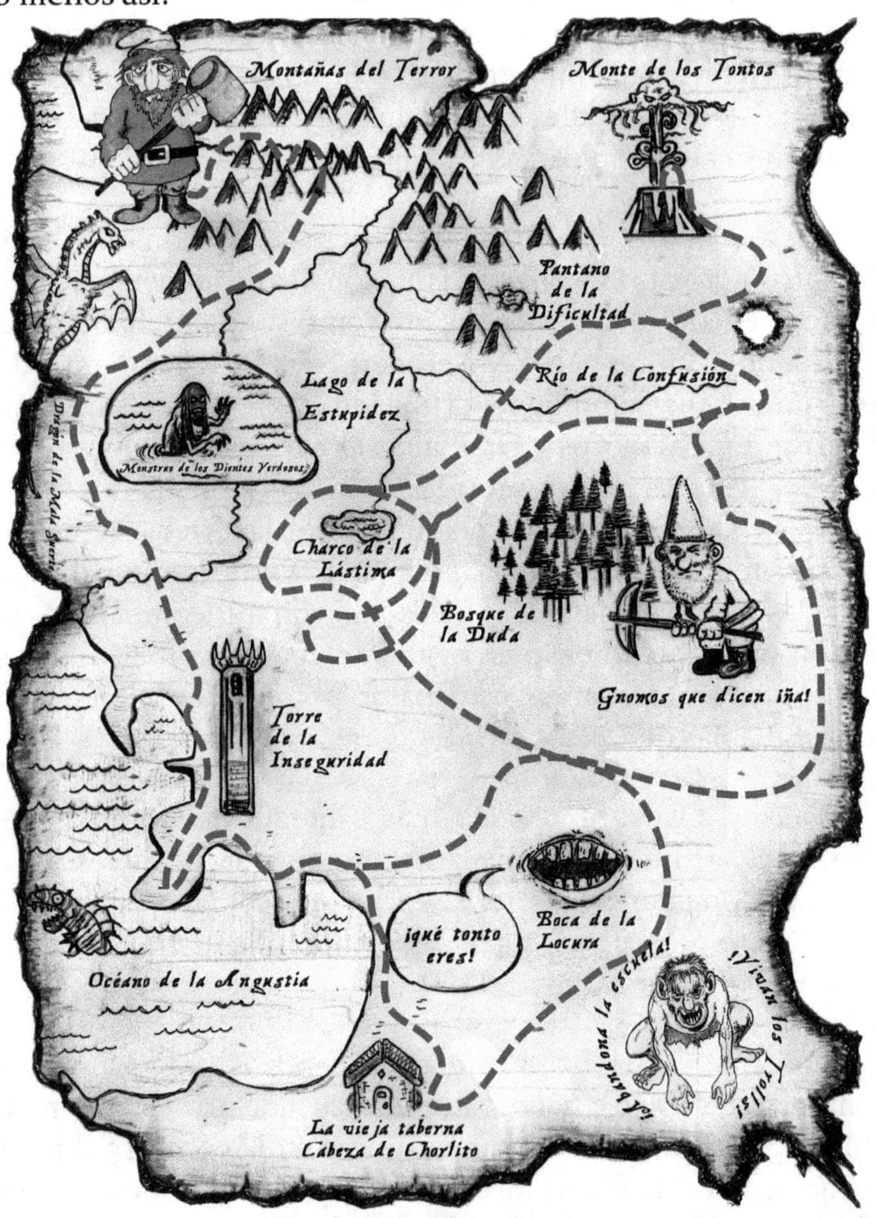

Es muy obvio que, después de pasar por el Semiplano del Terror, el trabajo de Salomón sería muy incómodo, tomaría una eternidad, y no daría para obtener un diez. Después de todo, cada vez que Salomón cometía un error o se confundía, se quedaba atorado en este enorme círculo vicioso de pena, auto-devaluación y miedo, entre muchas otras emociones negativas. Desde luego que la alternativa hubiera sido sólo hacer algo de investigación, aprender lo que había que aprender y seguir adelante. Pero la atención de Salomón estaba completamente secuestrada por sus emociones, especialmente por la pena. Lo que hubiera podido lograr en una hora lo hacía a duras penas en tres. Y al final, dado que seguía sin comprenderlo... bueno, todo esto sólo se convertía en más evidencia de que era "estúpido". Mientras más fuerte parecía ser esa evidencia, más desamparado se sentía Salomón y menos quería hacer algo al respecto. No importaba que una innumerable cantidad de personas —sus maestros, sus padres y sus amigos— lo hubiera tratado de aconsejar y alentar. Sus emociones impedían que maldita la cosa llegara a su atención.

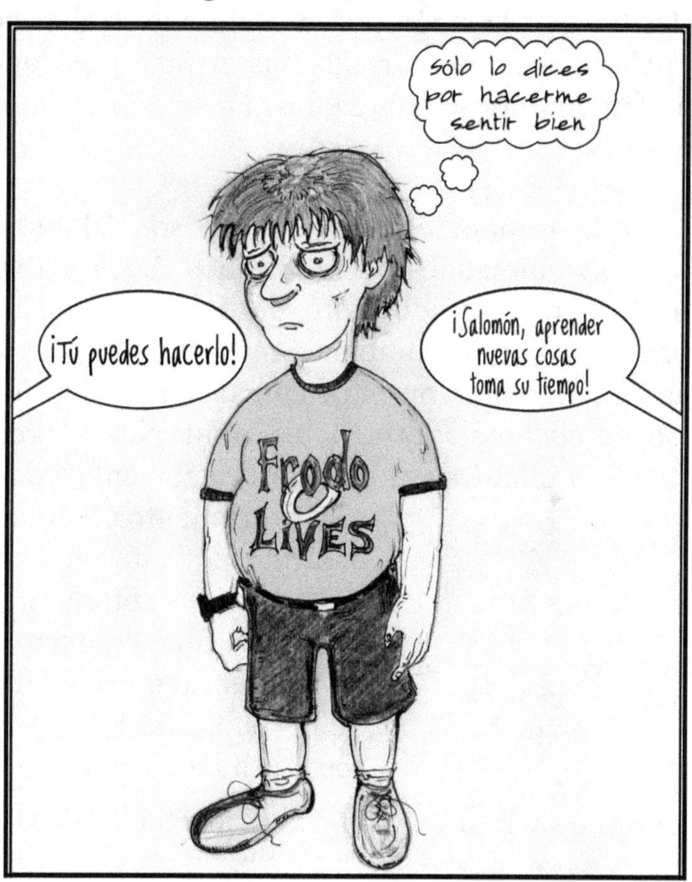

¡Personalízalo!

Trata de encontrar tu propio nombre para este lugar de la estupicondria. Puede ser cualquier cosa que instantáneamente te recuerde estar atorado en algún lugar dando vueltas en círculos en vez de haciendo progresos.

Dado que a Salomón le encantaba la fantasía, cada que empezaba una nueva saga estaba feliz de meterse de lleno en la acción. Su atención se encontraba totalmente disponible para aprender y por eso era capaz de recordar todos esos hechos. Salomón había pasado meses perfeccionando su acento del idioma de los elfos, una señal de que era perfectamente capaz de llevar a cabo la práctica enfocada en la corrección. Pero cuando se trataba de la escuela, se sentía "estúpido" y no había atención disponible para perfeccionar nada. Sentía que estaba invirtiendo un montón de tiempo en las tareas de la escuela y, en realidad, es lo que estaba haciendo. Pero, al analizar los hechos, la razón por la cual no le estaba yendo bien en la escuela era que no corregía sus errores, sino que pasaba su tiempo lamentándose sobre ellos. La solución era de lo más simple.

Si quería romper ese círculo vicioso, Salomón tendría que separar las emociones de los hechos. Él pensaba que era un hecho que era estúpido, pero llegó a esta conclusión tras una desastrosa serie de comparaciones injustas y expectativas poco realistas. Aquellas no eran conclusiones científicas, sino conclusiones emocionales, y no había cabida para ellas en sus días de escuela. Pero mientras su atención estaba enfocada en todos esos sentimientos, Salomón estaba pasando por alto algo que sí era un hecho: su automaticidad y su atención funcionaban bien. Se podría pensar que hablar el idioma de los elfos con fluidez no es una cosa "útil en la vida". De hecho no lo es. Pero el punto aquí es que Salomón había aprendido por sí

Ya eres un experto

Recordar los nombres de las celebridades, las estadísticas de tu equipo deportivo favorito o los pormenores de los videojuegos, todo esto quiere decir que tu cerebro también está listo para automatizar cualquier tema escolar.

mismo un idioma extranjero que hablaba impecablemente. Y si podía automatizar ese idioma, entonces no tendría porqué tener problemas con las clases de español o de matemáticas del primer grado de preparatoria.

Para limpiar su atención de los pensamientos llenos de estupicondria, Salomón iba a necesitar algo que le sirviera como sustituto: un pensamiento que fuera más productivo. Con el botón correcto de REINICIAR, podría evitar la duda y la pena automatizadas y ponerse a trabajar sin más.

Los botones de REINICIAR con frecuencia funcionan mejor cuando son personales: lo más importante es que signifiquen algo claro para ti. Quizás no era de sorprender que el botón de REINICIAR de Salomón fuera el siguiente:

Aparentemente, esa era la frase para "¡Hachas de los Enanos! ¡Los Enanos vienen por ti!". (Bueno, tienes que pensar cuál es la frase que te funcione mejor para ti). Lo maravilloso del botón de REINICIAR que Salomón escogió es que era realmente específico y personal para él, así que siempre sabría cómo sacar el coraje para salir del Semiplano de la Duda.

Con su REINICIAR como piedra de toque, Salomón se volvió imparable. Tan pronto comenzaba a sentirse mal al cometer un error, podía dejar de hacer lo que estaba haciendo y gritar (o susurrar) "¡Hachas de los Enanos! ¡Los Enanos vienen por ti!", para suprimir la emoción inútil antes de que entrara en el Semiplano de la Duda. Diciéndose a sí mismo esa frase, se forzó a tomar control de sus emociones. Usó el botón de REINICIAR una y otra vez y eventualmente su proceso de pensamiento se volvió totalmente diferente. Después de corregir una cantidad suficiente de sus errores, Salomón se dio cuenta de que su cerebro podía manejar cualquier cosa, y sentirse estúpido se volvió algo del pasado.

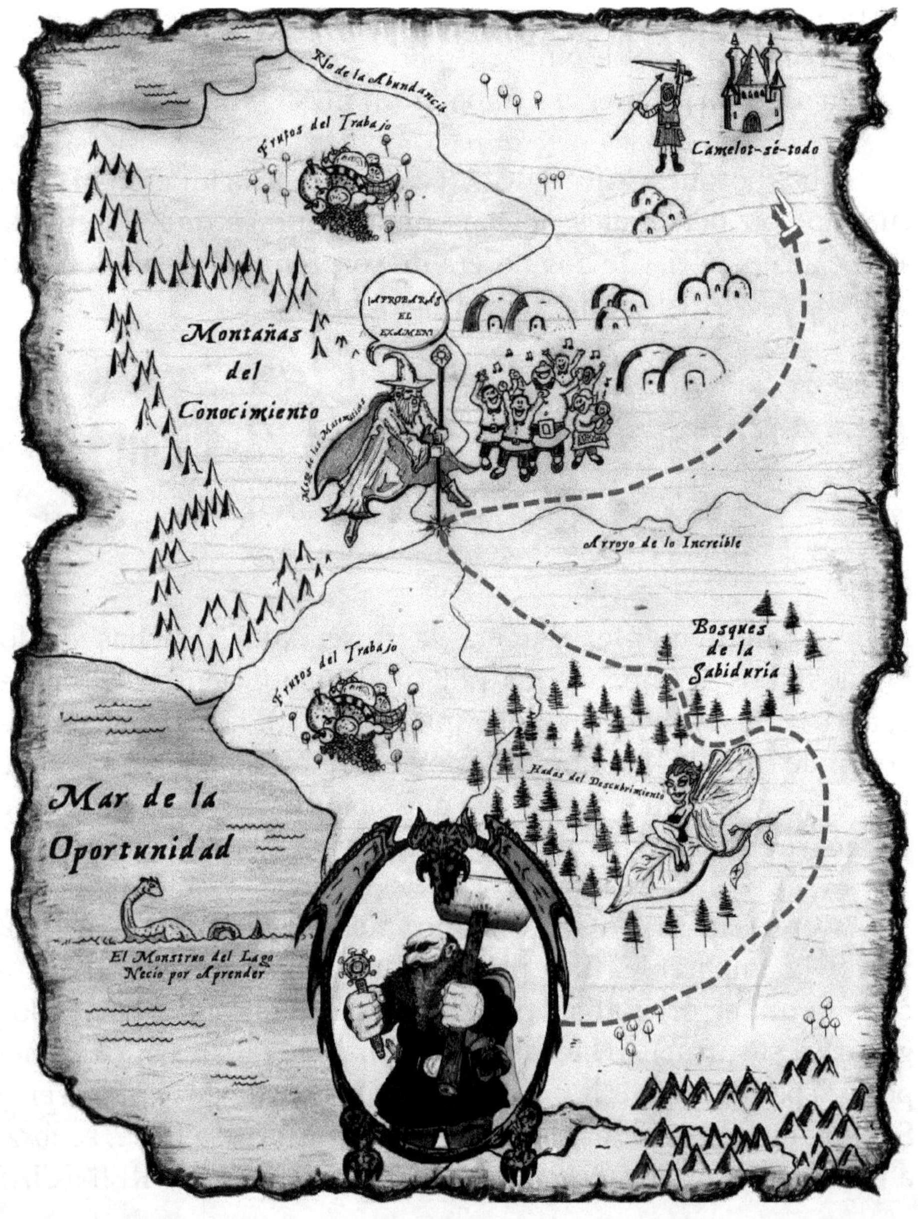

Alex Espinoza: el joven a quien todo le daba igual

Los ataques de estrés, los Semiplanos de la Duda y la cabellera que luce como si hubieras sostenido una pelea con Jackie Chan no son los únicos indicadores de que tus emociones han interferido con tu trabajo escolar. Tenemos a alguien más que debes conocer.

Alex Espinoza era el anti Salomón Kaminski. Mientras que Salomón era nervioso, Alex vivía su vida a un ritmo constantemente relajado. Su voz tenía la sonoridad aterciopelada de un surfista. Usaba pantalones holgados y atrevidos y todos los días desayunaba un enorme sándwich de albóndigas. Tenía un gran sentido del humor y también era básicamente imposible ponerlo a trabajar. Si el día escolar de Salomón era de total emoción, el de Alex era justo lo contrario.

Alex había perfeccionado el arte de cambiarse de cerebro en el momento que pasaba por la puerta de la preparatoria. Era de los que creía que todo lo que se esperaba que aprendiera en la escuela era una pérdida de tiempo. Así que no hacía nada, y ni siquiera lo intentaba. Era fastidioso que sus padres estuvieran tras de él, pero todo lo que hacía era tratar de no oír lo que decían. Cuando el maestro miraba en su dirección, el sólo asentía concienzudamente.

¡Qué rico se siente!

Comer una rica comida o reírte de un chiste es placentero porque tu cerebro libera una sustancia del bienestar llamada dopamina. ¿Adivina qué otra cosa es un disparador de dopamina? Aprender. Es correcto: tu cerebro está cableado para amar el conocimiento.

Al conocer a Alex, uno hubiera podido fácilmente concluir que era uno de esos jóvenes a los que no les importa en absoluto la escuela. Sus malas calificaciones no parecían molestarle. De hecho, y al contrario de Salomón, no parecía albergar emoción alguna respecto a la escuela. Pero ya conocíamos a suficientes chicos como Alex y sabíamos lo que había detrás de su aparente indiferencia.

Alex estaba del todo convencido de que el "no me importa" era parte de su personalidad, y que emocionarse por la escuela no iba con él. Esto no era ninguna sorpresa. Todo el tiempo la gente malinterpreta la actitud de "me da igual" porque piensa que al estudiante nunca le ha importado la escuela. Pero no hay nada más erróneo. En realidad, los seres humanos están diseñados para amar el hecho de aprender cosas, pero los mensajes de la conspiración de las calificaciones perfectas son tan sutilmente poderosos que atacan ese amor por el aprendizaje hasta que los estudiantes llegan a creer que la escuela no tiene sentido. El problema de Salomón era que estaba atorado sintiéndose estúpido. Los estudiantes como Alex generalmente están un paso más allá: han experimentado esos sentimientos de duda, pena y miedo con anterioridad, y han encontrado una manera de evitarlos para siempre.

¿Sabes cómo es que llegas a decir "me da lo mismo" cuando tus padres se quejan de que no hiciste algo que te pidieron? Ese "me da lo mismo" es una estrategia emocional brillante. Al decidir que lo que están diciendo en realidad no importa, no te tienes que sentir mal al no hacerlo. En términos de evitar emociones negativas, "me da lo mismo" es inteligente.

Si piensas en ello, el "me da lo mismo" no tiene su origen en que no te importe, sino que es la manera que eliges para llegar al lugar en que no te importe. Ese lugar en realidad está constituido por una emoción llamada apatía, es decir, no tener emociones respecto a nada. Si eres apático respecto a la escuela, entonces no te emocionará, pero tampoco te molestará. Si tu único objetivo es protegerte de sentirte mal, culpable o desanimado, entonces alcanzar un estado de apatía es una buena e inteligente solución.

Tal como lo imaginábamos, Alex no era sólo un joven al que no le importara la escuela, sino uno que sea había entrenado a sí mismo para que así fuera. Mientras más nos revelaba sobre su historia como estudiante, más claro se veía que había alcanzado el punto de la apatía por una razón. Incluso desde la escuela primaria había sentido que no era tan listo como tenía que ser en matemáticas y en español. Cada que no entendía la materia comenzaba a sentirse estúpido. Trataba de adivinar las respuestas o se estresaba. Desde muy niño, Alex se había convertido en un gran estupicondriaco. Pero en vez de quedarse ahí, como hizo Salomón, Alex había decidido que lo más fácil era retraerse y dejar de poner atención. Sentirse estúpido, sobre todo frente a sus amigos, se sentía horrible, y Alex se dio cuenta muy rápidamente de que si se convencía a sí mismo de que la escuela no importaba, entonces no tendría que preocuparse de si lo hacía bien o no.

¿Por qué dejas todo para después?

La gente no deja las cosas para después por ser perezosa, sino por ser emocional. La pena, el miedo y la auto-devaluación disparan ese deseo de posponer el trabajo.

Si bien evitar del todo el trabajo de la escuela había amortiguado algunas de esas emociones negativas, la apatía también le había traído consecuencias bastante desastrosas. Alex sentía que había estado evitando el trabajo por tanto tiempo que le sería absolutamente imposible ponerse al corriente, así que para qué tomarse la molestia de siquiera intentarlo. Había cambiado sus emociones tan concienzudamente que incluso pedirle hacer una corrección mínima era como pedirle mover una montaña. Esas emociones lo mantenían encerrado en un círculo vicioso tan fuerte como el Semiplano de la Duda de Salomón. Si quería salir de él, evidentemente tendría que darle un vistazo a los hechos.

Podía ser que Alex sintiera que la escuela era una pérdida de tiempo y que de todos modos nunca utilizaría nada de lo que sus maestros le enseñaban ahí. Pero había un hecho que no podía evitar: su papá le había dicho que no podría usar el automóvil hasta que mejorara sus calificaciones. Alex no estaba aún en un lugar donde el "amor por el conocimiento" o la "importancia de preparase para el futuro" fueran a sacarlo de su marasmo emocional (de hecho, cuando la gente mencionaba este tipo de cosas a él le daban ganas de vomitar). Pero lo que sí le importaba era su vida social. Así que simplemente empezó con un botón de REINICIAR que le funcionaba en relación a cómo se sentía en ese momento: "Si quiero usar el coche, tengo que hacer esto". No era muy inspirador, pero de algo servía. Esto hizo que su atención estuviera disponible para la práctica enfocada en la corrección. Momento tras momento, cada que necesitaba un empujón, se recordaba a sí mismo que tenía que continuar repitiendo esa oración.

Al final del semestre, la práctica enfocada en la corrección no sólo le estaba permitiendo usar el auto, sino que estaba rindiendo frutos. A Alex le estaba medio gustando sacar ochos en lugar de cincos. A esas alturas, lo del coche era noticia vieja y su REINICIAR había evolucionado. Ahora, si percibía que estaba evitando ponerse a estudiar, se recordaba que —aunque nunca lo admitiría ante nadie—, siempre se sentía mejor cuando obtenía un diez. Alex no era un joven a quien "no le importaba la escuela", porque los jóvenes así no se dan en la naturaleza. Con frecuencia quienes dicen que les da lo mismo la escuela son quienes más afectados han sido por las calificaciones. Alex se había forzado a restarle importancia a la escuela porque había tenido la idea equivocada respecto a su inteligencia. Una vez que separó las emociones de los hechos y empezó a hacer de nuevo su trabajo, su amor natural por aprender —que había sido aplastado durante diez años— regresó en muy poco tiempo. Puedes aplastarlo. Puedes estrangularlo. Puedes ignorarlo. Puedes concebir todas las maneras de aniquilarlo. Pero tu amor por el conocimiento es una parte tan fundamental del funcionamiento de tu cerebro que, hagas lo que hagas, nunca podrás deshacerte de él.

Lo que Gaby, Salomón y Alex aprendieron a hacer es exactamente lo que tú necesitas. Todos ellos se convirtieron en amos de sus emociones reconociendo cuándo estaban en un modo emocional que secuestraba su atención y aprendiendo a REINICIAR. Entonces tomaban este REINICIAR y lo usaban tan frecuentemente que se volvía automático, hasta que finalmente el miedo, la pena y la apatía desaparecieron completamente. Aquí hay una guía rápida de cuáles emociones son útiles y cuáles dañinas en referencia al aprendizaje. ¡Puedes usarla mientras aprendes a convertirte en un maestro de tus propias emociones y a ser el jefe de tu atención!

Emociones que le ayudan a tu atención	Emociones que secuestran tu atención
Confianza	Desilusión/desesperanza
Alegría/felicidad	Intimidación/ansiedad/miedo
Valor/orgullo	Vergüenza/sentirse estúpido
Curiosidad/asombro/interés	Aburrimiento/apatía
Amor por la materia o la clase	Envidia de tus compañeros
Deseo (tus metas)	Frustración/enojo
Neutral (sin opinión)	Desprecio/odio/molestia

¿Qué necesita mi cerebro de mí? Atrapar la emoción y REINICIAR

Se supone que las emociones son estados temporales, pero si no le das REINICIAR a las emociones negativas, entonces pueden durar un buen tiempo. La razón por la cual la gente alcanza el punto de la estupicondria es porque las emociones hacen que la gente rechace cualquier información que no coincide con lo que están sintiendo: la emoción es tan fuerte que se percibe mucho más verdadera que cualquier argumento lógico que la gente pueda oír. Los estudiantes como Salomón y Alex se aferran a sus emociones negativas durante años, pero la parte loca es que casi no toma tiempo deshacerse de ellas.

Gaby decía que nunca "entendería el cálculo". Salmón pensaba que "ser bueno en el mundo de la fantasía no cuenta". Alex pensaba que no era una persona "hecha para la escuela". Piensa en las teorías de no tener "oído para los idiomas" o ser "malo para los exámenes", las cuales te mostramos en el capítulo uno.

¿Qué está detrás de todas estas teorías en realidad? Las emociones. Claro que estos estudiantes hacían comparaciones injustas y tenían expectativas poco realistas. Y es verdad que una vez que esas cosas los habían fastidiado, le pedían mucho a su atención y no corregían sus errores. De hecho, esta lista de teorías es el producto final de una compleja secuencia de emociones secuestradoras de la atención que consistentemente sabotean nuestro proceso de aprendizaje. La conspiración de las calificaciones perfectas entrena a la gente a tener respuestas emocionales negativas para dudar de su inteligencia y arruinar sus calificaciones. Todos estos pensamientos emocionales, desde "soy malo para esto" hasta "me da igual" bloquean tu atención y de hecho te hacen más tonto, lo cual hace que los demás parezcan más listos a tus ojos.

De entrada no hay nadie a quien "le dé lo mismo" la

escuela. A todos nos importa tanto la escuela y que nos vaya bien en la vida y ser inteligentes, que estas emociones se salen de control y nos estropean las cosas. Si no nos importara qué tan rápida o fácilmente podemos hacer algo bien, entonces sólo nos desharíamos de todos esos errores sin estrés alguno. Si no nos sintiéramos frustrados o avergonzados, entonces no tendríamos razón para darnos por vencidos. Así que ahora lo sabes: no sólo es que la conspiración propague estas mentiras; es que estas mentiras tomaron el control de la parte más profunda y animal de tu cerebro... y entonces se volvieron contra ti. Y el resultado de esto es que sólo vives tu vida pensando que tus emociones te están diciendo la verdad sobre quién eres y sobre lo que puedes hacer.

No puedes dejar que tus emociones determinen quién piensas que eres. Tienes que manejar tus emociones basándote en quién quieres ser. Después de todo, ¿quién está a cargo aquí? Como Gaby, Salomón y Alex descubrieron, la vida que quieres no sólo sucede y ya. Tienes que hacerte cargo y asegurarte de que vaya de la manera que quieres a partir de este momento. Lo que la práctica enfocada en la corrección hará por tus neuronas, el botón de REINICIAR lo hará por tus emociones. Con estas dos herramientas, puedes tomar el control total de tu experiencia en la escuela —y a fin de cuentas de tu experiencia en la vida— de manera cotidiana. Ahora tienes todas las herramientas necesarias para convertirte en el amo de tu cerebro.

Capítulo 5

La Decisión Más Fácil Que Puedes Tomar

Ahora que has llegado hasta aquí... te tenemos una última sorpresa. ¿Estás sentado? Porque quizás te quedes pasmado. No es algo fácil de digerir. Quizás lo mejor sea que respires profundamente.

Para ser un adolescente que se supone debe ser todo el tiempo rebelde, no eres más que una oveja.

Es en serio. No necesariamente el tipo de oveja lanuda con la que se hace un suéter, sino el conformista que va a donde le dicen que vaya y hace lo que le dicen que tiene que hacer. Las ovejas siguen a su rebaño. No cuestionan lo que el pastor les pide hacer ni a dónde las lleva. Su vida es lo que el pastor dice. Ese eres tú, balando.

Piénsalo. Durante toda tu vida te has creído los mensajes

de que la gente nace siendo genial. En todas partes viste que lo que pensabas era evidencia de que algunas personas sólo entendían las cosas más rápidamente y trataste esto como una verdad. Sentiste lo que la conspiración quería que sintieras, hiciste lo que la conspiración quería que hicieras, y nunca cuestionaste nada: sólo te dejaste llevar.

Lo peor de todo es que te volviste contra ti mismo. Te convertiste en tu propio peor enemigo. Te atacaste cuando no te iba bien en las clases y aprendiste a ver tus errores como una muestra de tu falta de inteligencia. En otras palabras, pensaste que había algo malo en ti cuando esto nunca fue cierto.

Pero todo ha cambiado. Ahora conoces la verdad acerca de tu cerebro. Entiendes cómo funciona la automaticidad, sabes lo que tu atención es capaz de lograr y sabes como REINICIAR tus emociones. El hecho de que puedas confiar en tu automaticidad, en tu atención y en tus emociones significa que nunca debes dudar de tu inteligencia. Y esto, a su vez, quiere decir que puedes tener los ojos abiertos. Dondequiera que mires, podrás identificar a aquéllos que promueven las ideas de la conspiración. Verás a tus compañeros de clase, a tus padres e incluso a tus maestros siendo víctimas de ese estilo de pensar de la vieja escuela, siguiendo ciegamente al rebaño.

Es hora de tomar una decisión. Hasta ahora has mantenido una serie de creencias respecto a lo que tu cerebro podría o no hacer, las cuales te llevaron a una posición en la cual sólo deseabas ser la clase de persona que puede obtener mejores calificaciones. Lo que es peor: los sueños que has tenido para tu futuro no son tus sueños, sino que son los que te han impuesto porque tus creencias han limitado lo que crees que puedes lograr. Claro que tienes todo el derecho a seguir viviendo en la realidad distorsionada en la que crees que tus comparaciones son justas, que tus expectativas son realistas y que ya has visto todo lo que tu cerebro puede hacer. Puedes aferrarte a tus antiguas creencias, quedarte siendo un estupicondriaco y un títere de la conspiración el resto de tus días. Tú eliges.

Pero también tienes una gran oportunidad frente a ti. Puedes dejar de ser un conformista. Puedes hacer un "borrón y cuenta nueva". Puedes comprometerte a tirar a la basura todo lo que has aprendido sobre el poder de tu cerebro en el pasado y decidir que eres la clase de persona que puede obtener mejores calificaciones. Finalmente puedes elegir tener el control.

Ahora bien: entendemos que tus creencias antiguas son cómodas. Después de todo, has estado haciendo las cosas de la misma manera durante MUCHO tiempo. La vida de oveja te resulta familiar. Es segura. Pero el asunto es que nadie ha llegado a la cima quedándose en una zona de confort. Es posible que tengas amigos que aún no entiendan el gran potencial de sus cerebros y que por consiguiente no sean capaces de ver el cambio tan emocionante e importante que estás por hacer. Puede ser que tus padres o tus maestros hablen sin darse cuenta de tu "habilidad natural" en algún área. Sé fuerte. Ir en contra de lo que la mayoría de la gente piensa no siempre es fácil, pero es importante. Será gracias a líderes como tú que la conspiración de las calificaciones perfectas terminará sucumbiendo y que la mentalidad de oveja sobre los "genios natos" será destruida. Mientras tanto, estarás viviendo la vida de un genio del siglo XXI... mientras todos los demás continúan pastando tranquilamente.

Así que tienes dos opciones. Por un lado, puedes seguir siendo una oveja. Por el otro lado, puedes tener un nuevo comienzo, un nuevo entendimiento de tu cerebro, y el poder de lograr todo aquello con lo que has soñado. Es totalmente tu decisión. Quizás no estés interesado en tomar el control de tu vida y de aprovechar tu potencial ilimitado. Es tu cerebro y sólo tú puedes decidir qué hacer con él. Pero podemos decirte —como personas que ya han abandonado el rebaño— que ésta debería ser la decisión más fácil que tomes en tu vida.

TERCERA PARTE

LA ESCUELA SIMPLIFICADA

Aparentemente has decidido que la mejor manera de derrotar a la conspiración es dejar de seguir al rebaño y comenzar por ti mismo a obtener excelentes calificaciones. ¡Estamos de acuerdo contigo! Prepárate para ver la escuela de una manera totalmente diferente, una manera que jamás imaginaste fuera posible. Por ejemplo, apostamos que no tenías idea de que el secreto para jamás cometer un error viene en una mezcla de pastel de caja, o que la clave para obtener la nota más alta en cualquier examen se encuentra a unos pasos del Hotel Savoy en Londres. Aquí es donde todo se pone muy divertido.

Te vamos a mostrar las seis técnicas de estudio que te permitirán obtener la calificación más alta en cualquier clase. De la misma manera que automatizaste anteriormente todas esas dudas e inseguridades sobre tu cerebro, ahora necesitas automatizar estas seis maneras de enfrentarte a tu trabajo. El resultado será que la escuela te resultará mucho, pero muchísimo más simple de lo que jamás imaginaste.

En el resto de este libro encontrarás ejemplos de problemas de una gran variedad de temas que cubren todas las típicas asignaturas de la enseñanza media. Como no tenemos idea de lo que ya has estudiado, asumimos que estás viendo estos temas por primera vez. Si ya los has visto antes, de todos modos es fantástico. Así podrás poner toda tu atención en la manera de trabajar. Eso es lo que realmente importa.

En realidad, estas seis técnicas de estudio son sólo seis diferentes clases de práctica enfocada en el arreglo de problemas, cada una de las cuales te ayuda a mejorar un aspecto diferente de tu desempeño. Cualquiera que desee tener éxito en una carrera determinada utiliza diariamente la práctica enfocada en el arreglo de problemas.

¿Cómo crees que un escritor escribe un guión? ¿Cómo crees que un atleta mejora su juego? El lugar en donde te entrenas para convertirte de un campeón de la práctica enfocada en el arreglo de problemas es la escuela. ¡Las altas calificaciones están a la vuelta de la esquina, sólo tienes que ir por ellas!

Capítulo 6

Tan Claro Como Una Receta de Cocina

Tú, tus padres, tus maestros, tus amigos... casi todo el mundo ha sido víctima y, sin saberlo, ha perpetuado la conspiración de las calificaciones perfectas. Pero hay una dama que nunca, nunca sucumbió a las mentiras y engaños. Esta señora se mantiene fuerte y jamás se rinde, pase lo que pase. Ha sido anfitriona de presidentes, ha vendido más libros que Hemingway en el apogeo de su carrera, ha servido durante mucho tiempo como el símbolo de un imperio de millones de dólares ... y también le ha enseñado a la gente que es capaz de mucho más de lo que nunca había imaginado. Esta señora es Betty Crocker, marca registrada.

Ok, Betty técnicamente no es una verdadera dama, sino más bien una mascota corporativa. Pero ese no es el punto. El hecho es que Betty Crocker es un genio de la conspiración, siempre al pie del cañón. ¡En serio! ¿Tienes idea de lo que hizo por los pasteleros de todo el mundo? Antes de Betty Crocker, hacer un pastel era un verdadero calvario. Se trataba de un proceso muy complejo que involucraba una gran cantidad de ingredientes y se llevaba horas. Quedabas con harina en la cara, manchas de chocolate en la ropa y la cocina hecha un desastre. Lo peor de todo, tras todo ese trabajo, si una minucia no se hacía perfectamente, el pastel se echaba a perder al sacarlo del horno.

Afortunadamente, en los años 50 del siglo XX, las cocinas

de Estados Unidos se catapultaron hacia el futuro. Tenían que hacerlo. ¿Qué adulto sensato tenía tiempo de quejarse de las comidas todo el día si había que evitar que los niños escucharan música de rock-and-roll demoníaca, averiguar cómo funcionaba ese nuevo televisor o decidir por cuál presidente votar? Los electrodomésticos como los refrigeradores, las batidoras de mano y las cafeteras automáticas se hicieron cosa de todos los días. Allí estaba la Bebidamática, el Cafemático y la Cortamática. Todo tenía que ser fácil. Cuando les abrías la puerta a tus invitados para la cena, querías que la comida se viera divina, que la mesa luciera radiante, todo esto sin que se te hubiera movido un pelo de la cabeza y sin expeler una sola gota de sudor. "Ah, ¿la tarta bavaroise de tres chocolates? ¡La hice en un apenas un segundo!"

Betty Crocker entendió las necesidades de los pasteleros de 1950 y por eso les dio a los postres un importante cambio de imagen. Las mezclas de pastel de caja llevaban varios años en el mercado, pero Betty Crocker adoptó un enfoque rápido y sencillo y lo trasladó a todos los campos, desde cupcakes hasta galletas y brownies. No importaba lo difícil que fuese la receta original: cuando Betty había terminado, lo había transformado todo con su distintiva simplicidad de 1-2-3. Betty trajo el éxito sin estrés para todos los pasteleros del mundo. Y lo mejor de todo era que, haciéndolo fácil, lo hacía también divertido.

Desde entonces, Los Estados Unidos ha estado obsesionado con Betty Crocker. (En serio: ¿has probado su pastel de zanahoria? ¡Es buenísimo!) Pero todos hemos estado tan obnubilados por la exquisitez de sus pasteles, brownies y glaseados que, durante décadas, no vimos la verdad: **en cada delicioso bocado radica el secreto para hacernos la escuela fácil y libre de errores.**

La razón por la cual los productos Betty Crocker son tan sorprendentes es que los científicos de alimentos de General Mills se han asegurado de que el proceso de horneado sea 100% claro y confiable. Betty **nunca** se tragaría la idea de que algo tiene que ser demasiado difícil de entender, por ello su nombre representa el estándar de oro de las instrucciones claras y los resultados confiables. Imagínate que estás en la cocina y decides hacer uno de sus súper-jugosos pasteles de chocolate. Hay aquí un ejemplo de las instrucciones reales de la parte posterior de la caja de mezcla para pastel de Betty:

* * * * * * * * * * *

Ingredientes:
1 1/3 tazas de agua
½ taza de aceite vegetal
tres huevos.

2. Batir la mezcla, el agua, el aceite y los huevos en un recipiente grande a velocidad baja durante 30 segundos; luego, a velocidad media, otros dos minutos, raspando el recipiente de vez en cuando. Vierta en el molde.

* * * * * * * * * * *

Es como la Capilla Sixtina de las instrucciones. Si no puedes ver la obra maestra que se encuentra en ese paquete de cartón, entonces velo de esta manera. Estas instrucciones son tan específicas y claras que tú, el pastelero de la casa, *no puedes equivocarte*. Si quieres comerte este pastel, no vas a utilizar ocho huevos, no vas a usar una taza llena de aceite vegetal y —con suerte— no vas a añadirle salsa de pescado. Los pasteleros novatos se meten en problemas por una razón muy simple: no comprenden al 100% las instrucciones. Así lo entendió Betty y por ello formuló las instrucciones tan claras y sencillas que cualquiera podía entenderlas. Puede incluso tener hasta quince ingredientes, desde chocolate hasta levadura, y los combina de manera que no tienes que preocuparte de que se trata de "mezcla para pastel".

No sólo te ahorra el tiempo y el esfuerzo de comprar docenas de ingredientes sino que, el mayor beneficio, es que te libera de todo el estrés. Es muy poco probable que hacer este pastel te haga sentir confundido o frustrado. Más bien los disfrutarás porque sabes que, si sigues las reglas, tienes 100% garantizado que te comerás una deliciosa rebanada (o tres) del pastel.

Si el pastel sabe muy seco o se ve muy escurrido simplemente es que no seguiste una de las reglas de Betty. De la misma manera, si algo sale mal en la escuela, entonces es que no has seguido las reglas de la materia. Aunque asignaturas como matemáticas y literatura pueden parecer muy diferentes unas de otras, todos los temas de la escuela se basan en un conjunto de normas bien establecidas. Tu trabajo es asegurarte de analizar las reglas de cada asignatura hasta que sean tan claras y fáciles de seguir como las instrucciones de Betty.

Para entender cómo romper las reglas puede llevarte a cometer errores, imagina que tomas la caja de mezcla para pastel y se ve así:

Ingredientes:
Agua
algún tipo de aceite
¿¿¿Huevos???
cualquier otra cosa que creas que puede servir.

Ya no estamos tan seguros de cómo va a resultarnos este pastel. Hay una gran diferencia entre cero y ocho huevos. Y "cualquier otra cosa que creas que puede servir" no dice absolutamente nada. De hecho, es más posible sacarte la lotería que hacer un pastel perfecto con esta receta. Incluso si casualmente lo logras, difícilmente se repetirá tu éxito.

Betty hizo su recetas tan claras que garantizan un delicioso pastel en todas las ocasiones. Y lo que Betty hizo con las reglas del horneado es lo que tú puedes hacer con las reglas de cualquier asignatura. Muchos estudiantes saben cómo memorizar un montón de reglas. Pero Betty te mostrará que estar familiarizado con las reglas no es lo mismo que convertirlas en receta infalible para la acción. Tu primera jugada con cualquier material nuevo debe ser hacer que las reglas sean tan claras como una receta de cocina.

Receta del Álgebra

Carlitos Valencia era un poco desgarbado. En realidad, era muy desgarbado. Si la torpeza fuera un deporte olímpico, Carlitos hubiera sido el nuevo Michael Phelps. Afortunadamente para su vida social, "Su Valexcelencia" había aprendido a usar su físico a su favor. Se había convertido en el mejor bufón de la clase. Se burlaba de la escuela, de sus maestros, e incluso encontró la manera de reírse de su desastrosa calificación de matemáticas. De hecho, su personaje bromista había hecho creer a muchos de sus compañeros que la escuela le importaba un comino.

Pero, detrás de todas las bromas, Carlitos en realidad se sentía muy mal por sus calificaciones de matemáticas, y cuando éstas llegaron a casa, a sus padres les dio un ataque. Desde ese momento no lo dejaron en paz, y le decían todo el tiempo que podía mejorar sus calificaciones de matemáticas sólo intentando con más determinación. Carlitos encontraba esto sumamente molesto, y sus discusiones siempre terminaban en pleito. Intentó hacerles entender que él no era perezoso —que simplemente no "les entendía" un comino a las matemáticas—, pero sus padres no lo iban a dejar en paz tan fácilmente. En realidad, este drama era del todo gratuito. Carlitos simplemente necesitaba tener un poco de filosofía de horneado para mejorar su vida académica.

Para empezar, si vas a hacer tus reglas claras como receta de cocina, necesitas primero saber qué reglas te están dando problemas. Cuando Katie le preguntó a "Su Valexcelencia" qué le estaba dando problemas, él respondió sin vacilar: " las matemáticas". Estaba siendo muy duro consigo mismo. A pesar de que Carlitos sentía que no tenía cabida en el mundo de las matemáticas, en realidad sabía bastante de ellas, como trabajar con exponentes, fracciones y gráficas. En realidad, su falta de concreción le impedía mejorar sus calificaciones.

Como Carlitos no tenía mucha idea de qué le había salido mal, Katie sugirió buscar en el lugar más obvio: la primera pregunta de la primera prueba de álgebra del semestre.

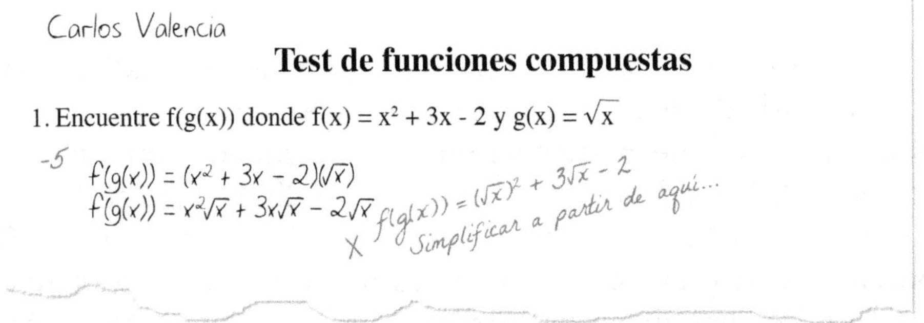

Carlos Valencia

Test de funciones compuestas

1. Encuentre f(g(x)) donde $f(x) = x^2 + 3x - 2$ y $g(x) = \sqrt{x}$

-5

$f(g(x)) = (x^2 + 3x - 2)(\sqrt{x})$

$f(g(x)) = x^2\sqrt{x} + 3x\sqrt{x} - 2\sqrt{x}$

X $f(g(x)) = (\sqrt{x})^2 + 3\sqrt{x} - 2$

Simplificar a partir de aquí...

Katie: Ok, Carlitos, así que estás haciendo funciones compuestas. ¿Cuál fue tu respuesta en la primera pregunta?

Carlitos: En serio, no tengo la menor idea de lo que estoy haciendo. Sólo como que las combiné. En realidad nunca he entendido las funciones compuestas.

Katie: Bueno, en ese caso, vamos a la raíz del problema y asegurémonos de que las funciones compuestas sean tan claras como receta de cocina. Las funciones se ven mucho en las clases de secundaria y preparatoria, así que vale la pena refrescar el concepto y ver que lo has entendido.

Una Receta Para Poner Manos a la Obra

En el primer minuto de la lectura de una receta de pastel de Betty Crocker, uno se siente listo para poner las manos a la obra. Gracias a que las instrucciones son en extremo fáciles de seguir, puedes contestar las dos únicas preguntas que importan: **¿Qué hago? ¿Cuándo lo hago?**

Por ejemplo: ¿Qué hago? *Batir la mezcla para pastel, el agua, el aceite y los huevos en un recipiente grande.*
¿Cuándo lo hago? *Después de precalentar el horno.*

Responder a estas dos preguntas es la clave para hacer que cualquier regla sea tan clara como receta de cocina, no importando contra qué materia estemos luchando. En tu libro de texto, las reglas pueden aparecer de muchas formas diferentes. Necesitas entonces tomar la información que se te da y traducirla en una receta para la acción hasta que sea tan clara, confiable y fácil de usar como las recetas de Betty. Para poner las manos a la obra, démosle un vistazo a la definición de "función" que Katie encontró en el libro de texto de Carlitos:

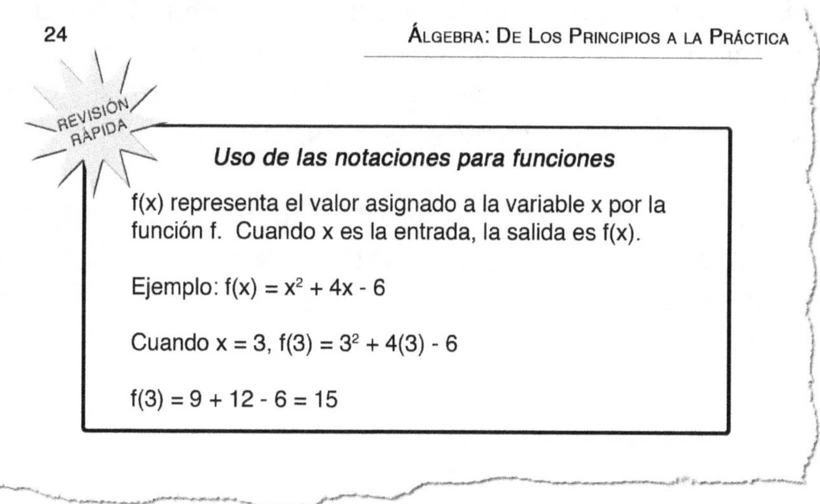
24 ÁLGEBRA: DE LOS PRINCIPIOS A LA PRÁCTICA

REVISIÓN RÁPIDA

Uso de las notaciones para funciones

f(x) representa el valor asignado a la variable x por la función f. Cuando x es la entrada, la salida es f(x).

Ejemplo: $f(x) = x^2 + 4x - 6$

Cuando $x = 3$, $f(3) = 3^2 + 4(3) - 6$

$f(3) = 9 + 12 - 6 = 15$

Katie: Bien, Carlitos, ¿qué significa esa regla?

¡Tú puedes hacerlo realidad!

Sabemos que no todos los maestros te regresan los exámenes y los tests. Si ése es el caso, no le tengas miedo a pedirle a tu profesor que te permita fotocopiar (o incluso transcribir a mano) los problemas que no resolviste correctamente. Si eso no funciona, entonces puedes programar una hora con tu maestro para revisar tus errores. Siempre puedes encontrar una manera de respetar las reglas y salirte con la tuya al mismo tiempo.

Carlitos: Significa que... f (x) representa el valor asignado a la variable x...

Katie. ¡Ok, suficiente! Es una maravillosa manera de repetir como perico. Pero necesitas pensar en cada componente de la regla y analizarla parte por parte hasta que sea algo que realidad puedas hacer. Ahora, puedes empezar explorando las reglas o los ejemplos. Pero, donde sea que comiences, la pregunta que necesitas contestar es: "¿qué hago?". En otras palabras, ¿qué acción se está tomando o qué pasos se están siguiendo?

Katie. ¡Ok, suficiente! Es una maravillosa manera de repetir como perico. Pero necesitas pensar en cada componente de la regla y analizarla parte por parte hasta que sea algo que realidad puedas hacer. Ahora, puedes empezar explorando las reglas o los ejemplos. Pero, donde sea que comiences, la pregunta que necesitas contestar es: "¿qué hago?". En otras palabras, que acción se está tomando o qué pasos se están siguiendo.

A Carlitos, la definición escrita le parecía un jeroglífico, así que empezó con el ejemplo. Después de quedársele viendo un poco, se dio cuenta de que existía un patrón en las primeras dos líneas del ejemplo.

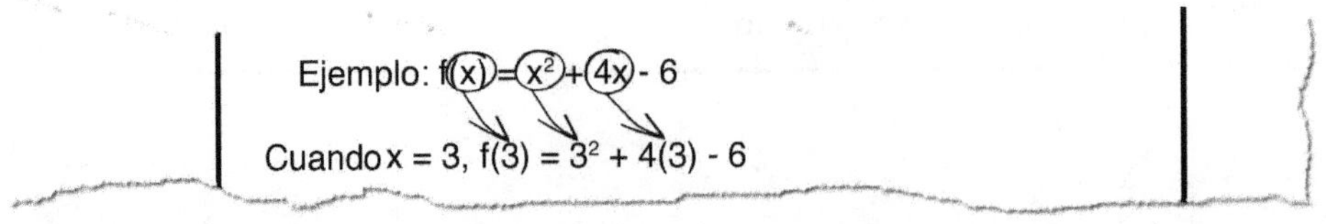

Carlitos: sólo cambiaron todas las x por 3.

Katie: ¡Eso, Carlitos, excelente!

Carlitos sonrió sarcásticamente. “Querrás decir ‘Su Valexcelencia’”.

Sí, claro, Carlitos, como tú quieras. De cualquier manera, la respuesta a la pregunta “¿qué hago?” es tomar cualquier valor que esté remplazando a la x en f(x) y entonces usarlo para remplazar todas las x en la ecuación.

¡Juro que no está ahí!

Cuando están buscando algo, muchos estudiantes deciden pasar y pasar las hojas del libro de manera aleatoria. Entonces, cuando no encuentran lo que buscan, dicen: “pues no está ahí”. Lo que debes hacer es buscar en el índice primero. De esta manera, llegarás a la página que necesitas rápidamente.

Siguiendo estos pasos, Carlitos había hecho la regla clara: ciertamente mucho más que la definición del libro. Pero “claro” no equivale a “suficiente”. La regla tiene que ser así: ponlo detrás de la caja, véndelo en las tiendas en todo el país y hazlo tan fácil que hasta un niño de tres años pueda hacerlo. Necesita ser como un pastel. Así que, ¿de qué otro modo puedes expresar esa frase para que la entienda cualquiera?

Carlitos respondió rápidamente: “Bueno, ni siquiera se trata realmente de matemáticas... es sólo cosa de poner las cosas en los lugares correctos”.

¡Exactamente! Así que, para esta regla, quizás un dibujo sea la opción más clara:

$$f(x) = x^2 + 4x - 6$$

$$f\underline{\quad} = \underline{\quad}^2 + 4\underline{\quad} - 6$$

$$f(3) = (3)^2 + 4(3) - 6$$

Ahora sí es tan claro como receta de cocina. Ciertamente no requiere devanarse los sesos. Toma la expresión completa, paréntesis y todo, y métela en cada caja. Si ése es el caso, ¿entonces cómo se vería f(x)? ¿O qué tal f(10)? ¿Qué tal f (paloma).

$$f(x) = x^2 + 4x - 6$$
$$f(4) = (4)^2 + 4(4) - 6$$
$$f(10) = (10)^2 + 4(10) - 6$$
$$f(\text{paloma}) = (\text{paloma})^2 + 4(\text{paloma}) - 6$$

¡Súper bien! Así que, con este nivel de claridad, tu nueva receta es la siguiente:

Funciones sin errores a la primera...

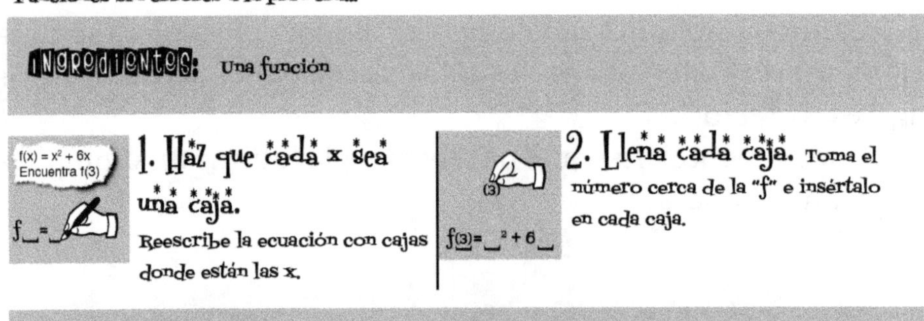

INGREDIENTES: Una función
f(x) = x² + 6x
Encuentra f(3)
1. Haz que cada x sea una caja.
Reescribe la ecuación con cajas donde están las x.
2. Llena cada caja. Toma el número cerca de la "f" e insértalo en cada caja.
f(3)= __² + 6__

Lo que Carlitos había hecho con esta receta era la clave: reescribir la regla de manera que fuera fácil de usar cada vez. ¡Es tan fácil! Ahora hace sentido por qué el libro de texto habla de entradas y salidas. Metes el mismo valor donde sea, y entonces la salida es el resultado. Sólo unos minutos antes, Carlitos se sentía totalmente confundido y odiaba las matemáticas. Sin embargo, después de este proceso, pensó que era tan fácil como rascarse la barriga. Hay una razón muy simple para esto. Todo es muy fácil si sabes lo que estás haciendo. **Si es algo es difícil, no lo has hecho tan claro como una receta de cocina.**

"Espera, si sólo estoy metiendo un número y resolviendo, ¿entonces no es lo mismo que una ecuación del tipo y= x+ 2? Sólo mete un número y resuelve. ¿Entonces por qué tenemos que usar una f y hacerlo ver un millón de veces más difícil de lo que en realidad es?". Carlitos por fin se había dado cuenta de que, en este caso, la función problema era tan fácil de resolver como una ecuación de dos variables, con "x" e "y". A ese nivel era así de sencillo. Pero como Carlitos estaba trabajando funciones compuestas, estaba a punto de ver porqué en algunos casos es más útil usar f(x). Era momento de hacer la regla de las funciones compuestas tan clara como receta de cocina.

Carlitos regresó al libro de texto y encontró la siguiente regla de las funciones compuestas:

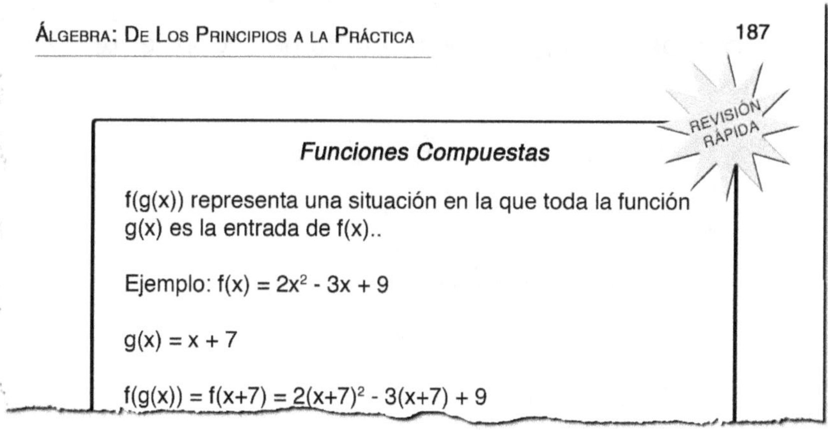
ÁLGEBRA: DE LOS PRINCIPIOS A LA PRÁCTICA 187

Funciones Compuestas

f(g(x)) representa una situación en la que toda la función g(x) es la entrada de f(x)..

Ejemplo: $f(x) = 2x^2 - 3x + 9$

$g(x) = x + 7$

$f(g(x)) = f(x+7) = 2(x+7)^2 - 3(x+7) + 9$

Carlitos se le quedó mirando nuevo ejemplo y se dio cuenta de todo lo que había que hacer era llenar los espacios en blanco. "Es exactamente lo mismo que la anterior, sólo en vez de tener un número como entrada, están usando una función completa como entrada en todas las ocasiones. ¡Es como pavo relleno de matemáticas!

¡Pero qué demonios! ¡Ah, espera, exactamente! Raro ejemplo, pero buen trabajo, Carlitos. Justo como un pavo puede rellenarse con pollo o pato, una función compuesta está rellena de otra función. Es sólo cuestión de llenar las cajas. Introduces otra función, no sólo un número o... un solo pato. La regla seguía siendo esencialmente la misma:

Pavo relleno de matemáticas (funciones compuestas)...

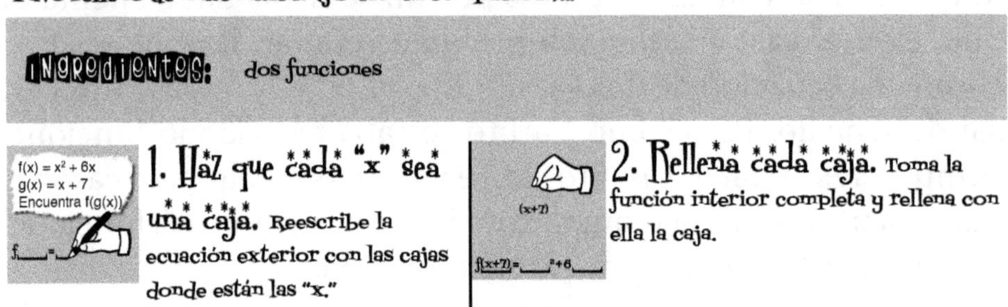

Ingredientes: dos funciones
f(x) = x² + 6x
g(x) = x + 7
Encuentra f(g(x))
1. Haz que cada "x" sea una caja. Reescribe la ecuación exterior con las cajas donde están las "x."
(x+7)
f(x+7)= ²+6
2. Rellena cada caja. Toma la función interior completa y rellena con ella la caja.

Y en ese caso, lo siguiente funciona perfectamente:

$f(x) = 2x^2 + 3x + 9$

$g(x) = x + 7$

Encuentra $f(g(x))$

$f\underline{\quad} = 2\underline{\quad}^2 + 3\underline{\quad} + 9$

$f(g(x)) = 2(g(x))^2 + 3(g(x)) + 9$

pero como $g(x) = x + 7$, podemos decir que:

$f(x + 7) = 2(x + 7)^2 + 3(x + 7) + 9$

Cada vez que Carlitos tuviera que resolver una función, esta regla de reemplazar la letra en la ecuación con cajas y llenarlas funcionaría. Las variables específicas podrían cambiar. Las ecuaciones en sí mismas podían ser más largas y más complicadas dependiendo del nivel de dificultad matemática. Pero la regla siempre sería la misma. Ahora que Carlitos tenía las cosas tan claras como receta de cocina, resolver cualquier ecuación sería fácil de por vida.

> ***Uno nunca sabe...***
>
> Cuando apareció Internet, muchas personas que no estaban interesadas en la computación lo consideraban una simple moda. Nunca concibieron que la red se volvería parte indispensable de la vida de todo mundo. De la misma manera, cuando comienzas a aprender algo en la escuela es difícil apreciar del todo de qué te va a servir en un futuro. Mientras mejor entiendas una cosa más te preguntarás cómo pudiste vivir sin ella.

Como beneficio adicional, ahora Carlitos podía entender porqué las funciones eran necesarias. Estaba bien tener una ecuación simple como y= x+2, pero nunca podrías resolver una ecuación dentro de una ecuación utilizando sólo “x” e “y”. Las funciones están hechas específicamente para hacer posibles este tipo de cómputos de varios niveles.

Ahora que las instrucciones de Carlitos eran tan claras como receta de cocina, era momento de regresar a la ecuación original del test.

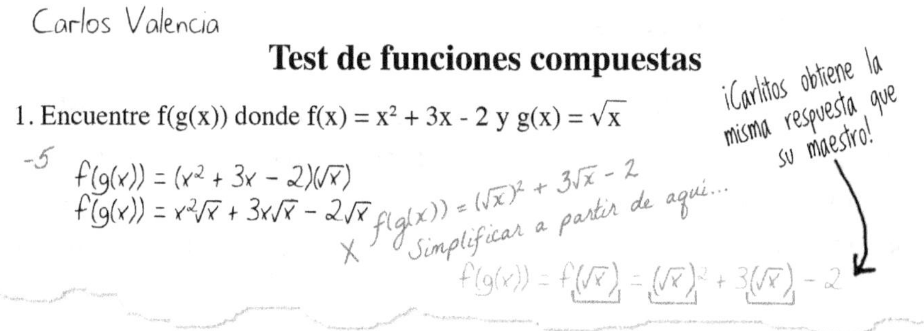

Carlos Valencia

Test de funciones compuestas

1. Encuentre f(g(x)) donde $f(x) = x^2 + 3x - 2$ y $g(x) = \sqrt{x}$

-5

$f(g(x)) = (x^2 + 3x - 2)(\sqrt{x})$

$f(g(x)) = x^2\sqrt{x} + 3x\sqrt{x} - 2\sqrt{x}$

X $f(g(x)) = (\sqrt{x})^2 + 3\sqrt{x} - 2$ Simplificar a partir de aquí...

$f(g(x)) = f(\sqrt{x}) = (\sqrt{x})^2 + 3(\sqrt{x}) - 2$

¡Carlitos obtiene la misma respuesta que su maestro!

Utilizando su receta, Carlitos planteaba el problema de manera fácil de resolver. Para terminarlo, había muchas reglas adicionales que necesitaba conocer, más allá de la regla de las funciones, tales como resolver radicales y exponentes. Sin embargo, dado que ya tenía una idea bastante sólida de estas otras reglas, ¡ahora estaba listo para llegar a la respuesta correcta! Puede ser que ya te hayas aprendido esas otras reglas, dependiendo de tu nivel de matemáticas, pero ahora puedes ver que entender totalmente la regla de una función significa que Carlitos podía plantear los problemas correctamente en todas las ocasiones.

Las matemáticas sólo son eso: un montón de reglas que tienes que seguir. Si las reglas son claras para ti, entonces las matemáticas te serán fáciles. Y la mejor parte es que puedes usar muchas de las mismas reglas una y otra vez. Esto significa que tener una regla sólida en mente puede hacer toda la diferencia en muchos de los problemas. No saber la regla básica de las funciones había confundido a Carlitos casi todo el semestre y le había hecho creer que "nunca la entendería". Con frecuencia, meses de errores son en realidad el resultado de no hacer unas cuantas reglas tan claras como receta de cocina.

Claro que la única manera de saber realmente si dominas una receta es comiéndote el pastel. Es decir, necesitas evaluar el producto final. De la misma manera, una vez que tienes una receta para cualquier asignatura, necesitas ponerla a prueba resolviendo algunos problemas y verificando tus resultados contra las respuestas correctas.

Carlitos revisó el resto de la prueba usando su regla clara como receta de cocina y comparando sus respuestas con las correcciones del maestro. Una vez que hubo verificado la regla lo suficiente para saber que en todas ocasiones le saldría un buen pastel, Carlitos ya se la había aprendido para siempre. Con el tiempo, y conforme aplicaba el método pastelero a todos los problemas de matemáticas, le fue añadiendo reglas a su caja

EL LETRERO DICE: "SIN CAMISA Y SIN ZAPATOS NO HAY SERVICIO"

Muchos restaurantes en Estados Unidos tienen en la entrada un letrero que dice "sin camisa y sin zapatos no hay servicio". Ésta es una regla que se establece para mantener el restaurante limpio y apetitoso. Si entraras en un restaurante de comida rápida sin zapatos y pidieras una hamburguesa, no te la darían porque estás rompiendo la regla. Y si eso sucediera, cuando la persona en el mostrador te señalara enojada el letrero, quizás le contestarías: "No es justo: soy muy malo usando zapatos, no está en mi naturaleza". De la misma manera, si tratas de convencer a un juez de que no tienes el gen para fijarte en los lugares prohibidos para estacionarte, no te va a exculpar de pagar una multa de 60 dólares.

La regla estaba escrita y era tu obligación verla. Pero la rompiste. Es así de simple.

En este capítulo, ya te hemos dicho que todas las asignaturas escolares se tratan básicamente de aprender nuevas reglas y seguirlas. Cuando rompes una regla, algo te sale mal. Es lo mismo que cuando te niegan una hamburguesa por no usar zapatos o te extienden una multa por estacionarte en un lugar prohibido. Lo que la conspiración ha hecho es tergiversar nuestra idea de lo que significa un tache rojo en nuestras tareas y exámenes. En lugar de verlo como una simple relación causa-efecto que podemos arreglar fácilmente, lo vemos como un reflejo que quiénes somos y de lo que somos capaces o no de lograr.

La moraleja es: la próxima vez que quieras una hamburguesa, ponte los zapatos. Y si no quieres una multa, no te estaciones en ese lugar en las horas prohibidas. Y si no quieres fallar en un problema, aclara tus reglas. No tiene sentido que declares fracasados a tu cerebro, a tu persona o a la asignatura sólo porque te equivocaste en algo. Si quieres combatir a la conspiración, trata tus taches rojos como si te hubieran negado una jugosa hamburguesa y *haz algo al respecto* la próxima vez.

de recetas hasta que fue capaz de enfrentar sin problemas casi cualquier ecuación algebraica.

¿CÓMO SABES CUANDO ES TAN CLARO COMO RECETA DE COCINA?

Sabes exactamente que hacer y lo harás correctamente en todas las ocasiones. Si estás siguiendo reglas claras como receta de cocina, nunca te equivocarás en ningún problema.

Receta de la gramática

El enfoque de Betty Crocker para hacer pasteles no sólo funciona para matemáticas. Se aplica a todo lo que tú quieras aprender. Es hora de encontrar otras recetas fáciles para otras asignaturas.

Entender la gramática y la puntuación puede parecer un juego de adivinanzas. Más allá de las cosas obvias como el uso de mayúsculas y los puntos, todo con frecuencia parece medio arbitrario: sólo avientas comas donde parece que se ven bien, evitas a toda costa los dos puntos y te encomiendas a tu santo de preferencia cuando entregas tus tareas. Éste es exactamente el método que Hunter utilizó para la puntuación y la gramática cuando estaba la preparatoria. Su suposición era que, en todo lo referente a gramática, a veces tienes suerte, y a veces el maestro marca errores arbitrariamente.

Este punto de vista está, desde luego, loco de remate.

No hay nada confuso. La gramática y la puntuación, así como

todas las asignaturas escolares, en realidad se basan en reglas claras y evidentes. Y si conviertes esas reglas en recetas puedes estar 100% seguro de que nunca obtendrás malas calificaciones por esas cosas aparentemente insignificantes. Vamos a empezar con sólo una regla de puntuación, Pero justamente con aquella que más suele confundir a la gente. Ciertamente, era justo lo que Hunter no creía que iba a dominar jamás. ¿La lección de hoy? Los dos puntos.

Para la mayoría de la gente, los dos puntos son ese ingrediente loquísimo que sólo los chefs de concursos de televisión utilizan cuando hacen pasteles. Es el ingrediente básico en un pastel de calabaza rellena de melocotones con betún de mantequilla quemada. Es impredecible, no a todo mundo le gusta, y no estás seguro de qué hacer con él. Si lo viste en la alacena, junto con otros ingredientes de pastelería, harás lo mejor que puedas por evitarlo. No vale la pena el riesgo. Y sin embargo, un chef con experiencia y seguro de sí mismo ama ese ingrediente y sabe exactamente cómo usarlo para hacer un postre digno de un gran premio.

Todo se trata de tener muchas opciones y de saber cómo usarlas. Si has tomado la actitud de Hunter en la escuela, entonces no vas a usar más que comas y puntos en tus textos para estar más seguro. ¡QUÉ ABURRIDO! Es como pastel de vainilla todo el tiempo: ¡Vainilla, vainilla y nada más que vainillaaaaaaaa! ¿No estás cansado de tanta vainilla? Los dos puntos no son peligrosos, ni impredecibles, ni intimidantes. El punto decisivo es que siempre es bueno tener más sabores para escoger. Si vamos a beneficiarnos de la amplia variedad de sabores de las figuras puntuación, entonces necesitamos entenderlas mejor. Empezamos revisando las reglas para el uso de los dos puntos y analizándolas con detalle hasta que tengamos una receta para poner las manos a la obra.

Si revisas tu libro de gramática, es muy probable que encuentres diferentes reglas para el uso de los dos puntos. Algunas de ellas son instantáneamente fáciles de seguir. Sólo leyéndolas, puedes convertirlas en una receta. Por ejemplo, lee lo siguiente:

Gramática simplificada de Grenfell: edición de 1912. **63**

Utilice dos puntos después de enunciar al destinatario de una carta formal incluso cuando se dirige a él o ella por su nombre de pila.

Ejemplo: Estimado Juan Valdez:

Cuando la hora se expresa numéricamente, utilice dos puntos entre la hora y los minutos.

Ejemplo: A las 8:10 p.m., el presidente Roosevelt recibió un disparo en el pecho. A pesar de este inconveniente, continuó con sus 90 minutos de discurso ante los asistentes a la conferencia en Milwaukee.

Utilice dos puntos cuando haya que separar el título y el subtítulo de un libro.

Ejemplo: Estoy leyendo Gramática simplificada de Grenfell. No lo recomiendo.

En todos los casos, la regla y el ejemplo relacionado hacen muy fácil entender ese uso particular de los dos puntos (incluso si este libro de gramática es súper antiguo y extraño).

Todo lo que tienes que hacer es memorizar las reglas. Ahora, más allá de la vainilla, es como si tuvieras chocolate, caramelo masticable y zanahoria. Es un gran comienzo, pero existen más sabores para disfrutar. Y hay otros usos de las dos puntos. Éstos requieren un poco más de explicación; la receta para la acción no es inmediatamente obvia en tu libro de texto.

La siguiente regla para el uso de los dos puntos te enseña cómo emplear el equivalente escrito de pastel de chocolate con betún cremoso de caramelo y sal. ¡La puntuación nunca ha sido así de intensa! (o así de apetitosa, francamente). Pero vas a necesitar aclarar las cosas para tener una receta que puedas usar.

64 Gramática simplificada de Grenfell: edición de 1912.

Los dos puntos al final de una oración completa indican que a continuación viene una enumeración de carácter explicativo que especifica o da ejemplos de lo que se dice la oración.
(Nota: no se usen dos puntos cuando aparecen frases introductorias como "incluyendo" o "tales como").

Ejemplo: Para sus vacaciones, Laura trajo lo absolutamente esencial: su traje de baño de lana, una sombrilla, y sus mejores poses de modelo.

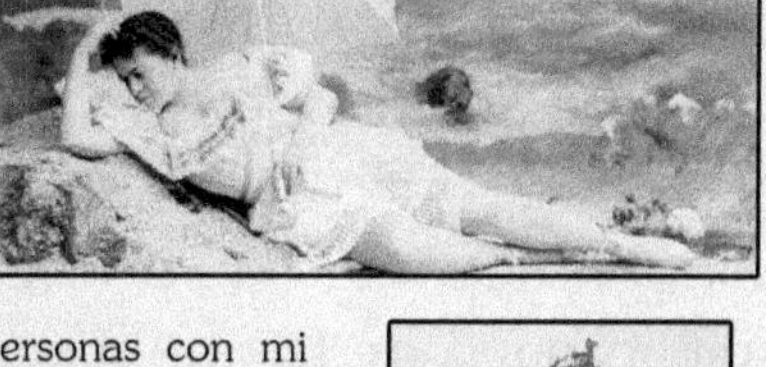

Ejemplo: Yo sólo confiaría tres personas con mi velocípedo: a mi primo, a mi mejor amigo y al gobernador de Nueva Jersey, Woodrow Wilson.

Los dos puntos están incorrectamente utilizados en las siguientes frases:

Ejemplo: Claire estaba desesperada por conseguir autógrafos de: Mary Pickford, Charles Chaplin y la gran cantante estadounidense de origen irlandés Chauncey Olcott.

Ejemplo: Bud tiene muchas aficiones e intereses, tales como: la apicultura, el cuidado de sus bigotes y el boxeo a puño limpio en el bosque.

Ya para este momento, a Hunter se le hubieran caído "accidentalmente" su libros de texto en un lago turbio y hubiera salido corriendo por las colinas. ¡Santo Cielo! (Eso es, más que nada, porque a Hunter lo intimidaban los apicultores bien acicalados). Pero una vez que la entiendes, esta regla no es más difícil que utilizar dos puntos en "8:10 p.m.". Ahora que tienes la regla frente a ti, puedes descomponerla en partes para averiguar lo que la explicación del libro de texto significa en realidad.

¿Todo es tan obvio como la palabra "huevos"?

Aquí hay una reflexión adicional sobre la brillantez de Betty Crocker. Piensa en las palabras que utiliza en su recetas: agua, aceite vegetal, mezcla, huevos. Ninguna receta de Betty necesita mayores explicaciones ... incluso para los más inexpertos creadores de pasteles. Puede que sea la primera vez que hayas hecho un pastel, lo cual realmente no importa, porque cuando ves las instrucciones puedes perfectamente entender la palabra "huevos". Del mismo modo, en la escuela, convertir una regla en un receta es seguir aclarando las cosas hasta que cada parte sea tan obvia como la palabra "huevos". A esto le llamamos "la prueba de los huevos", y constituye la única manera de asegurarse de que has simplificado la regla lo más posible.

Ahora bien, cuando usas el test de los huevos no puedes dar por hecho nada de lo que has visto. Necesitas estar 100% seguro de que sabes exactamente que significa cada término. La regla dice que sólo puedes usar dos puntos después de una oración completa. Es fácil pensar: ¡Pero sí entiendo qué es una oración completa! ¡Es una oración! ¡Y es completa! Aquí es cuando el test de los huevos resulta más útil. ¿Puedes seleccionar una oración completa entre muchas cuasi oraciones? ¿O incluso entre las cosas que están en un refrigerador?

MILK
KETCHUP
Cola
Cola
¡Haciendo todo al mismo tiempo!
Los gnomos viven debajo de las calles.
Este queso huele como.
A pesar de que estaba lloviendo.

En cinco segundos o menos, localiza los huevos y la oración completa.

¿Encontraste los huevos? ¿Y la oración completa? Si a primera vista no estás totalmente seguro de cuál es la oración completa, entonces "oración completa" es una cosa que no ha pasado todavía el test de los huevos. Significa que la definición necesita algo de trabajo antes de que sea clara como receta de cocina. Dale un vistazo al siguiente esquema:

Oración completa
debe tener un sujeto y un predicado
la persona o cosa que realiza la acción
dice algo del sujeto y contiene el verbo
Tiene que ser un pensamiento completo que no necesite más información.

Con una mejor idea de exactamente qué componentes requiere una oración completa se vuelve más fácil identificarla en el refrigerador. Para calificar, necesitará tener un sujeto y un predicado... y tiene que ser una idea completa que no requiera más información.

"A pesar de que estaba lloviendo afuera." No es una idea completa.

"¡Haciendo todo al mismo tiempo!" No hay sujeto. ¿Qué o quién realiza la acción?

"Este queso huele como a." ¿Como a qué? No es una idea completa. Si le dijeras esto a algún amigo tuyo, se quedaría esperando el resto de la información.

"El gnomo vive en la calle. " Sujeto (✓) Predicado (✓) Idea completa (✓)

Ten en cuenta que, hasta que este proceso se vuelva automático, seguirás requiriendo pensar un poco para verificar esos componentes. Finalmente aprenderás a reconocer cómo se ve una oración completa tan rápidamente como reconoces los huevos.

Ahora, veamos esto en términos de la regla más larga de los dos puntos que tratas de clarificar. Si te encontraras con esta regla, descomponer en sus partes la frase "oración completa" sería una de las cosas que tendrías que hacer. Pero incluso las partes de la regla que parecen ya estar claras merecen algo de atención. Por ejemplo, "enumeración" no es confuso porque sabes que tiene que ver con una "lista de cosas". No obstante, necesitas tomarte unos momentos para pensar qué significan realmente esas partes en el contexto de esta regla particular para que tu receta esté lista.

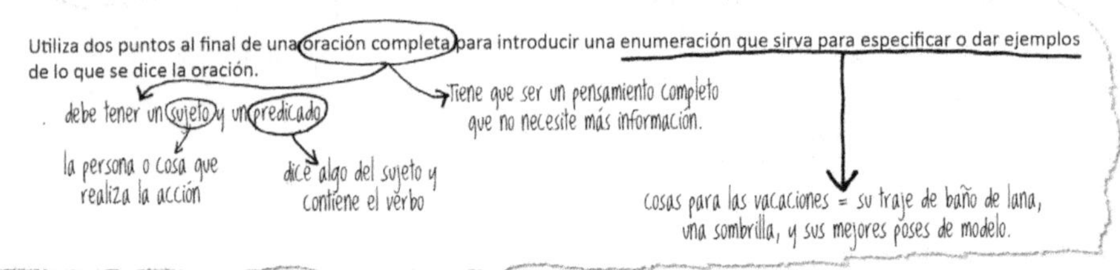

Utiliza dos puntos al final de una oración completa para introducir una enumeración que sirva para especificar o dar ejemplos de lo que se dice la oración.
debe tener un sujeto y un predicado
la persona o cosa que realiza la acción
dice algo del sujeto y contiene el verbo
Tiene que ser un pensamiento completo que no necesite más información.
cosas para las vacaciones = su traje de baño de lana, una sombrilla, y sus mejores poses de modelo.

Ahora todas las partes de esta regla pasan el test de los huevos y ya estás listo para poner las manos a la obra.

Haciendo la receta y poniendo las manos a la obra

Cuando se trata de las reglas de gramática y puntuación, la respuesta a la pregunta ¿qué hago? es muy fácil. ¿Qué hay que hacer? Pues usar dos puntos.

(¡Uy, eso sí que estuvo cansado! ¡Oye, necesito un descanso! Bueno, ya, regresamos). Saber qué hacer es haber ganado la mitad de la batalla. Pero el verdadero problema de la gramática –ése que es más difícil para los estudiantes como Hunter– es saber cuándo hacerlo. ¿Cuándo usas estos dos puntos en particular?

Basándonos en el análisis, parece que el "cuándo" para esta regla requiere las siguientes condiciones.

1) Una oración completa (sujeto, predicado, pensamiento completo antes de los dos puntos).

2) Enumeración que da ejemplos o aclara algo.
3) No tener palabras como "incluyendo" o "tales como".

Con esta revelación en mente, regresemos a los ejemplos del libro de gramática y asegurémonos tener claro por qué eran correctos o incorrectos. Esto significa que necesitamos verificar las condiciones requeridas.

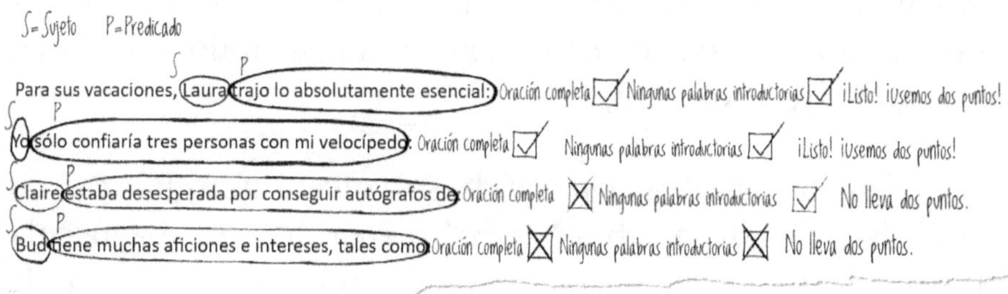

S=Sujeto P=Predicado
Para sus vacaciones, Laura trajo lo absolutamente esencial: Oración completa Ningunas palabras introductorias ¡Listo! ¡Usemos dos puntos!
Yo sólo confiaría tres personas con mi velocípedo: Oración completa Ningunas palabras introductorias ¡Listo! ¡Usemos dos puntos!
Claire estaba desesperada por conseguir autógrafos de: Oración completa Ningunas palabras introductorias No lleva dos puntos.
Bud tiene muchas aficiones e intereses, tales como: Oración completa Ningunas palabras introductorias No lleva dos puntos.

Descomponer en partes la definición nos dio un buen grado de claridad. Pero usando los ejemplos para poner a prueba esa claridad, podemos asegurarnos de que nuestro entendimiento es del 100%. Aquí, los dos ejemplos del final eran incorrectos porque no cumplían con todas las condiciones requeridas de la pregunta: ¿cuándo lo hago?

Con esa claridad que ahora tienes, es tiempo de escribir una receta:

Para listas endiabladamente dramáticas

INGREDIENTES: una oración completa, no palabras introductorias, una lista de ejemplos, gusto por el drama.

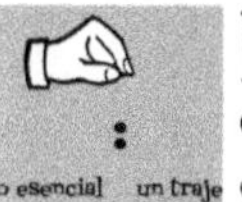

1. Añada dos puntos. Colóquelos entre la oración completa y la lista de ejemplos.

2. Remueva las palabras introductorias No se pueden usar dos puntos después de palabras como "tales como" o "incluyendo".

Todo lo que hay que hacer es seguir la receta la pie de la letra. Si no tienes todos los ingredientes, entonces no es hora de usar dos puntos. Claro que, las primeras veces que uses esta receta quizás tendrás que revisar los ingredientes realmente: qué haces y cuándo lo haces. Si estás escribiendo un ensayo o haciendo una tarea de literatura, es posible que no haya respuestas en un libro de texto con las cuales verificar el correcto uso de los dos puntos. Pero al entregar tu trabajo y recibir realimentación del maestro puedes continuar refinando tu regla hasta que todo se vuelva más rápido, exacto y confiable.

Con la práctica, esta regla se volverá automática, tanto como deletrear la palabra "perro" o escribir con mayúscula la primera palabra de una oración. Y finalmente estarás usando la puntuación correctamente –dos puntos, guiones, puntos y comas– sin siquiera pensar en ello y tal como tu maestro lo hace.

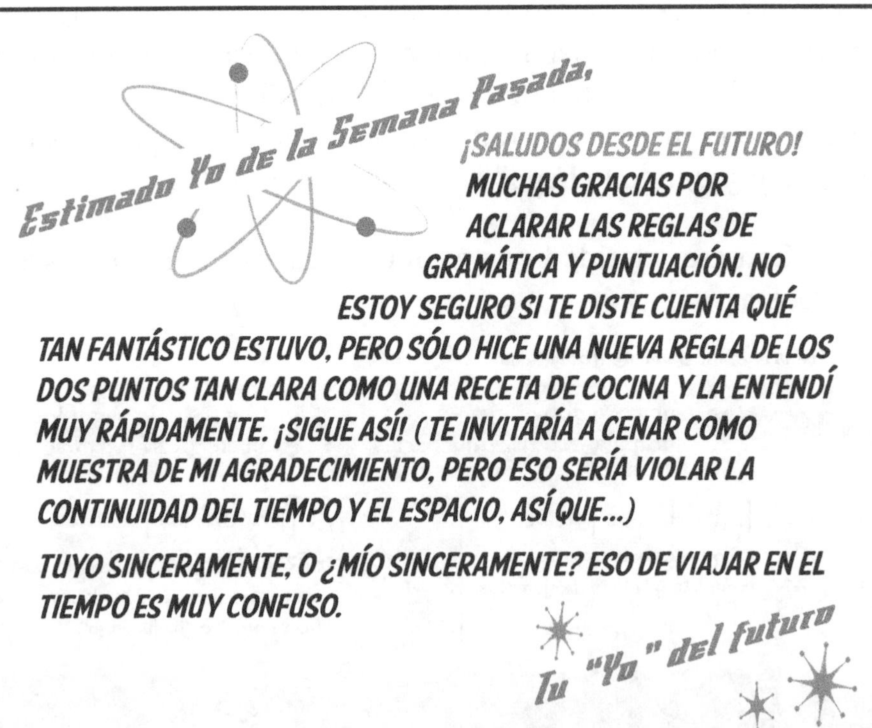

Estimado Yo de la Semana Pasada,
¡SALUDOS DESDE EL FUTURO!
MUCHAS GRACIAS POR ACLARAR LAS REGLAS DE GRAMÁTICA Y PUNTUACIÓN. NO ESTOY SEGURO SI TE DISTE CUENTA QUÉ TAN FANTÁSTICO ESTUVO, PERO SÓLO HICE UNA NUEVA REGLA DE LOS DOS PUNTOS TAN CLARA COMO UNA RECETA DE COCINA Y LA ENTENDÍ MUY RÁPIDAMENTE. ¡SIGUE ASÍ! (TE INVITARÍA A CENAR COMO MUESTRA DE MI AGRADECIMIENTO, PERO ESO SERÍA VIOLAR LA CONTINUIDAD DEL TIEMPO Y EL ESPACIO, ASÍ QUE...)
TUYO SINCERAMENTE, O ¿MÍO SINCERAMENTE? ESO DE VIAJAR EN EL TIEMPO ES MUY CONFUSO.
Tu "Yo" del futuro

Tu "Yo" del futuro tiene razón. Al principio toma un poco de trabajo hacer una regla clara como receta de cocina. Pero mientras más lo practiques, más fácil te será aprender cosas nuevas de aquí en adelante. Por una parte, estás adquiriendo un vocabulario más útil con el cual trabajar. Al conocer palabras como "predicado" y "exponente" podrás identificar rápidamente una idea muy específica. Hay una razón por la cual los expertos en cada campo del conocimiento, desde la gramática hasta las matemáticas y la ciencia, tienen terminología especial. A la larga, conocer este vocabulario especial de cada tema te ahorrará un montón de tiempo.

¡Estás listo para el examen!

El proceso de hacer las cosas claras como receta de cocina es la mejor manera de estudiar. Tu atención está tan atrapada en desentrañar el material que realmente estás haciendo un gran trabajo de automatización. Si aclaras todo desde ahora, quizás te encuentres con que casi no tienes que estudiar antes del examen.

Pero espera, aún no hemos terminado. Así como aclarar una regla sobre los dos puntos te ayudará a aprender la siguiente regla, entender las funciones regulares hará que las funciones compuestas sean tan fáciles como respirar. Mientras más cosas aprendas, más te das cuenta que las nuevas cosas están basadas en esas ideas anteriores. Si tienes bases tan claras como receta de cocina entonces podrás aprender nuevas reglas en muy poco tiempo.

Y mientras más y más práctica tengas con tus reglas, serás capaz de hacerlas todavía más cortas o incluso combinarlas de otras maneras. Por ejemplo, cuando en la secundaria Katie estudiaba las reglas de los dos puntos, primero las aprendió individualmente. Pero en preparatoria ya las había usado suficientes veces para darse cuenta de que los dos puntos siempre parecían servir para introducir algo importante. Era como un programa de preguntas y respuestas... o un resultado dramático. En lugar de preocuparse de todas las partes de la regla, se dio cuenta de que podía concebir los dos puntos como una sola cosa: una fanfarria. ¡Tantatatáaaaaaan! Si esa oración merecía una fanfarria, entonces había que utilizar los dos puntos. "Para las vacaciones, Laura trajo lo absolutamente esencial...¡Tantatatáaaaaaan!... su traje de baño de lana, una sombrilla, y sus mejores poses de modelo. (¿Y no había suficiente "drama"?). Esto hizo que la regla de los dos puntos fuera mucho más divertida y así a Katie no le daba miedo utilizarla en ningún momento. Como en este párrafo. Y en todo este libro. ¡Verifícalo tú mismo!

Puntuación: cada pieza cuenta

Una sola falta de puntuación puede cambiar completamente el significado de una oración. Lee las siguientes oraciones y trata de ver qué tan importante es la coma:

¡Vamos a comer, abuelo!
¡Vamos a comer abuelo!

Obviamente esas dos frases no significan lo mismo, sobre todo para tu abuelo. En la primera oración quieres que te acompañe a comer; en la segunda, quieres que él sea tu cena. La puntuación le informa a tu lector exactamente cómo quieres que se lean las palabras que escribes. Tienes que poner esos signos de manera que nadie te malinterprete... y comience a marinar a uno de tus seres queridos.

Al hacer tus reglas de gramática de puntuación tan claras como receta de cocina estás trabajando para aprender todas las situaciones diferentes que pueden surgir cuando estás escribiendo y lo que requiere cada situación. Cuando te diriges a alguien directamente, utiliza una coma. Para mostrar que alguien está hablando, añade comillas, y para preguntar utiliza signos de interrogación. No tiene tanto que ver con las reglas en sí mismas sino con utilizar bien la puntuación para expresarte de la manera más clara en cualquier situación. De esta manera, tienes opciones. Por ejemplo, podrías escribir la siguiente oración utilizando comas:

Mezcla de Tortas

Todas las lenguas están basadas en reglas, sea la que sea: japonés, francés, chino, español, inglés y probablemente el idioma de los elfos. Para dominar un idioma tienes que automatizar las reglas una por una.

Juan tenía una sola regla en la vida, y era que no puedes confiar en los franceses.

Así funciona perfectamente bien, entendemos la idea, pero ahora tenemos más que sólo comas. ¡Tenemos opciones! Y, si tenemos que escoger, preferimos tener algo de DRAMA. Todos sabemos lo que eso significa:

Juan tenía una sola regla en la vida: nunca confíes en nadie de Francia.

¡Wow! ¡Esto es drama de telenovela con gemelas malvadas, bofetadas y gente desmayándose. ¿Ves esa pausa? ¿Oyes ese final? ¡No te parece que esos dos puntos hicieron la oración mucho más emocionante! Es decir: más te vale no poner a Juan en la misma habitación que Charlotte, ni François ni nadie que coq au vin porque se les va a ir encima. Mediante el uso de los dos puntos, vas directamente al grano. No queremos oír vaguedades, queremos sólo los detalles importantes de la escena.

Ahora ves que tener a los dos puntos en tu arsenal gramatical resulta súper útil. De hecho, mientras más y más cómodo te vas sintiendo con este signo, vas a empezar a encontrarle propiedades adictivas, lo cual se aplica para todas las nuevas reglas que aprendas. Mientras más reglas de puntuación conozcas, más emocionante se volverá tu estilo de escritura. ¿Por qué seguir comiendo pastel de vainilla todos los días? Ahora puedes sentirte totalmente seguro usando todos los sabores, desde pastel rectangular con betún de nueces caramelizadas hasta pastel ángel arcoíris.

Pastel a doble espacio

Además de las reglas que te encuentras en el libro de texto — las reglas de la asignatura—, hay otra serie de reglas que tienes que hacer claras como receta de cocina. Son las reglas propias de la asignatura. Puedes entender el material, pero si tu maestro dice que tienes que usar doble espacio o entregar tu tarea de matemáticas y no lo haces, entonces no te sorprendas si obtienes una baja calificación.

Y ahora, el punto más importante: la gramática no es arbitraria. No se basa en lo que te suena o se ve mejor. Está tan claramente definida como cualquier cosa que hagas en matemáticas, ciencias o cualquier otra asignatura. A Hunter le tomó muchos años darse cuenta de eso. En la preparatoria, la estupicondria de Hunter le mostraba su cara más fea cuando había que escribir algo. Cualquier tarea que involucrara escribir algo era suficiente para que empezara con una retahíla sarcástica sobre lo inútiles que eran las gramática y la puntuación. ("¡Yo estoy aprendiendo ciencia, los misterios del universo, no tengo tiempo para algo tan insulso como una coma!"). El resultado de su reticencia a aceptar que no entendía cómo funcionaba la puntuación, que se negaba a aprenderla y que francamente no pensaba que pudiera hacerlo, fueron años de frustración innecesaria bajas calificaciones en sus ensayos. Años después, de hecho de manera relativamente reciente, Hunter se dio cuenta de la molesta ironía de ese periodo entero de su vida. Todo eso que había dejado de aprender —predicados, aposiciones y todo lo demás— era exactamente de lo que se constituía la lógica de la gramática y de la puntuación. Gracias al cielo, esta revelación sucedió antes de que Hunter comenzara su carrera de escritor. De...otra manera/este libro: ¿sería muy difícil? De en...tender para ¡ti!

Si vas entendiendo cada una de estas reglas llegará un momento en que domines todas las reglas de gramática o puntuación al 100%. Conforme vayas automatizando la manera correcta de utilizar cada regla gramatical estarás cada vez más cerca de poder utilizarlas a la velocidad de la luz. Y lo mejor de todo es que aprenderte estas pequeñas reglas es la manera más fácil de mejorar notablemente tus calificaciones.

Receta de cocina a la máxima potencia

Para Carlitos, revisar tests y exámenes pasados era una buena manera de averiguar qué reglas necesitaba hacer claras como receta de cocina. Mediante este proceso pudo evitar cometer los mismos errores en sus siguientes tareas. Pero, en realidad, no tienes que esperar hasta después del examen para hacer tus reglas claras como receta de cocina; tienen que ser así de claras desde el principio. No importa qué tan difícil parezca el material, siempre estará basado en reglas que puedes encontrar y aclarar. Eso es lo que Daniela descubrió en la clase más difícil de todas.

Daniela era una dulce y amable estudiante de secundaria que había pasado el último año leyendo y oyendo acerca del extraordinario programa de literatura de la Universidad Complutense. Estaba convencida de que era el lugar perfecto para ella; ahora sólo tenía que asegurarse de que fuera la mejor candidata posible. Cuando Hunter la conoció, Daniela había comenzado su curso de estadística, y tenía miedo de obtener una mala calificación Y que esto le afectará para entrar a la universidad de sus sueños. Al mismo tiempo, Daniela nunca le pidió al maestro que explicara de nuevo las partes de estadística que le parecían confusas porque no quería verse como la tonta de la clase. Daniela sentía que podía ingeniárselas para entender estadística ella sola. Estadística estaba llena de símbolos raros y términos extraños y era muy difícil saber dónde empezar. Daniela realmente esperaba que Hunter le ayudara con la materia. Hunter tenía una mejor idea: no ayudarla en absoluto.

Daniela: Este, eh, bueno, tenemos tarea y se supone que tengo que encontrar la desviación estándar (*Daniela se le quedó viendo a Hunter, esperanzada*).

Hunter: ¿Y?

Daniela: Bueno, pues me preguntaba si, me podrías decir...es que la verdad no sé qué es una desviación estándar.

Hunter: ¿Te has puesto a investigar qué es?

Daniela: No.

Hunter: Pues empieza por ahí.

Daniela: Ok. (*Daniela buscó qué era una desviación estándar y leyó la definición. Otra vez se le quedó viendo a Hunter, quien no se inmutó*). Realmente no entiendo qué es. ¿Me lo puedes explicar?

Hunter: ¿Qué parte no entiendes?

Daniela: Dice que la desviación estándar es la variación en una distribución. Y no sé qué es la variación en una distribución.

Hunter: ¿Qué es una distribución?

Daniela: No estoy segura.

Hunter: ¡Ajá!

Daniela: ¿Lo busco?

Daniela había entendido que Hunter iba a tener mano dura con ella. Era claro que no le iba a decir las respuestas porque se beneficiaría más entendiendo ella misma, parte por parte... con algún empujón ocasional de Hunter. Al final de la sesión, Daniela había preguntado y respondido tantas de sus propias preguntas que sabía exactamente qué era una desviación estándar y cuándo usarla. Para darte una idea de lo que tuvo que hacer, démosle un vistazo a cómo lucía la ecuación de la desviación estándar después de que hizo todas las piezas tan claras como "huevos".

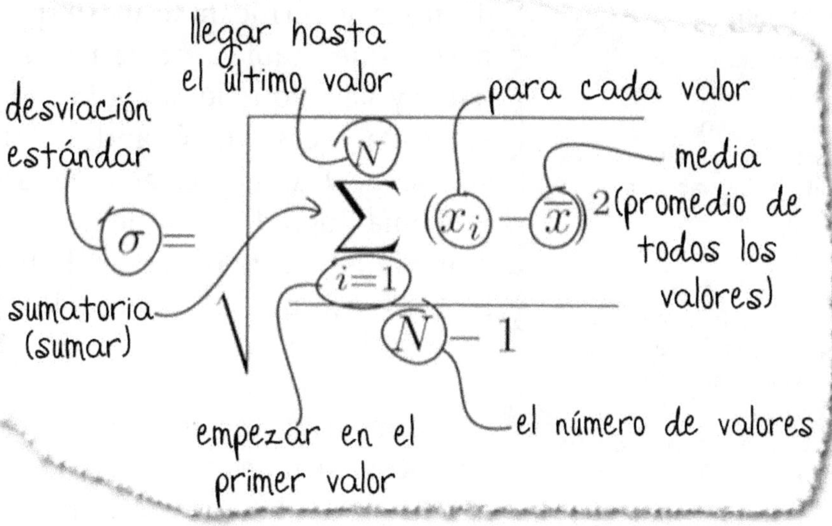

Obviamente, si no sabes que ∑ significa "sumar" entonces tiene cero esperanza de hacer lo que la ecuación te pide. No vamos explicarte todas las partes esta ecuación aquí. De lo que es importante darse cuenta es de que Daniela primero tuvo que irse a la parte más pequeña de la ecuación que no entendía y descifrarla. Conforme fue comprendiendo las partes más pequeñas entonces pudo empezar a entender los conceptos más generales hasta que descifró el sentido completo de la ecuación. Se aseguró de que cada pieza pasara el test de los huevos antes de moverse al siguiente nivel. ¿Y cómo cerciorarse de que su receta no sólo era clara sino también confiable? Continuó

> ***¡Espera, aún hay más!***
>
> ¿Cómo sacarle el mayor provecho al test de los huevos? Imagina que estás estudiando genética para un examen de biología. Si tienes que saber qué significa ADN, entonces puedes encontrar que ADN quiere decir ácido desoxirribonucleico. Eso es ADN, pero saberlo no te aclara nada. Ese nuevo término no es tan claro como "huevos". Sigue recolectando información. El test de los huevos puede requerir que investigues lo que algo hace, o cómo se ve, o cómo está relacionado con el resto de lo que estás aprendiendo. Encontrar una definición no te garantiza inmediatamente que has hecho algo tan claro como "huevos".

Aclarando el campo de la medicina

Los médicos con frecuencia parecen sorprendentes. Es como si tuvieran un don, pero lo que los hace realmente especiales es que se han aprendido todas esas piezas una por una. Por ejemplo, "infarto al miocardio" es el término médico para "ataque cardiaco". Acabas de ganarte una millonésima parte del título de doctor en medicina.

resolviendo los problemas de su libro de texto y verificando sus respuestas hasta que sabía exactamente que hacer y hasta que lo había hecho bien en cada ocasión. Cuando terminó su tarea, Daniela estaba en shock: lo había logrado. También se sintió maravillosamente bien cuando Hunter le hizo ver que realmente lo había entendido ella sola.

Con esta técnica, no necesitas un tutor, ni maestro, ni nadie que te ayude. Todo lo que necesitas es un libro. Daniela entendió por sí misma todos los vericuetos de su clase más temida. Ahora que sabía que podía entender lo que fuera, no había nada que la detuviese. Le perdió todo el miedo a la estadística y comenzó a obtener excelentes calificaciones. Y lo mejor de todo, cuando Hunter la vio unos meses después, había obtenido sólo calificaciones perfectas y además su confianza estaba por las nubes. Lo expresó de la siguiente manera: "entender las cosas ahora me parece súper obvio, pero antes, cuando no me sentía tan inteligente, ni siquiera se me ocurría".

ENTENDER LAS COSAS POR TU CUENTA INCLUYE UN GRAN PREMIO: UNA INYECCIÓN DE CONFIANZA EN TU PROPIA INTELIGENCIA.

Mézclalo hasta que esté perfecto

1) La única razón por la cual algo podría no salirte bien en la escuela es porque no seguiste una regla o porque no entendiste un dato.

2) Puedes hacer cada regla o cada dato tan claros como una receta de cocina.

Esto es lo que siempre tienes que recordarte cuando cometas un error. Piensa en Carlitos. Pasó *años* haciéndolo pésimo en sus exámenes y tareas y sintiéndose horrible consigo mismo. Y, en realidad, estaba cometiendo los mismos errores simples una y otra vez. Tan pronto como esclareció las reglas tuvo la garantía de nunca volver a ver esos taches rojos otra vez.

La mejor sesión de estudio del mundo

¿Hacer un pastel de Betty Crocker cuenta como estudio? ¡Sí! La próxima vez que compres una caja de mezcla para pasteles o para galletas o para brownies, ponle realmente atención al proceso simple y a prueba de tontos que estás siguiendo. Y luego date cuenta de qué tan rico es el producto. Es la mejor sesión de estudio del mundo.

Una vez que empezó a crear recetas fáciles, Carlitos se convirtió en una máquina de hacer tareas. No tenía que pensar dos veces en ningún problema y no se sentía en absoluto estresado. Lo mejor de todo, se quitó a sus padres de encima. Sus calificaciones mejoraron porque ya no dejaba nada confuso. Y Daniela se ganó el premio mayor porque, al tomarse el tiempo de esclarecer las reglas conforme las iba aprendiendo, al mismo tiempo estaba haciendo mucho del trabajo necesario para automatizar esas reglas. Después de una o dos veces de usarlas, ya eran automáticas, y casi no necesitaba ninguna práctica.

De hecho, olvídate de Carlitos y Daniela. El que importa eres TÚ. Estamos seguros de que has hecho ciertas cosas que te han ocasionado obtener taches rojos una y otra vez, y también sabemos que no tienen nada de divertido. Pero no te olvides de que esos taches rojos sólo significan una cosa: no seguiste una regla. Todo este tiempo, la respuesta ha sido súper clara. Si no puedes resolver esos problemas es porque tus reglas son confusas. A partir de hoy, elaborar recetas claras puede garantizarte que todo lo harás bien.

Y mientras hagas más y más recetas claras llegará un

momento en el que cada vez que quieras aprender algo nuevo tendrás ya muchas de las recetas necesarias a tu disposición, y listas para usarse. Esto se convierte en una *enorme* ventaja al avanzar en la escuela. Mientras más claras hagas las cosas ahora, tu Yo del Futuro tendrá que soportar menos trabajo y menos confusión.

Los estudiantes más exitosos son aquellos que siempre están aclarando sus reglas. No confunden estar *algo familiarizados* con un concepto con estar *totalmente claros* sobre un concepto. En lugar de ello, utilizan sus errores a su favor cuando están practicando de manera que nunca se equivoquen en los momentos decisivos. Claro que estos estudiantes se frustran como todos los demás. Pero también entienden que si algo es fácil es porque comprenden las reglas, y si algo se siente difícil es porque las reglas no son todavía tan claras como receta de cocina. Y lo mejor de todo, una vez que se aclaran todas las reglas, sucede algo maravilloso: el trabajo se vuelve divertido y libre de estrés, tal como hornear un pastel de Betty.

Puedes hacer cualquier regla, de cualquier asignatura, tan clara como una receta de Betty Crocker. Todo lo que tienes que hacer es preguntarte lo siguiente:

1) ¿TODO ES TAN CLARO COMO “HUEVOS”?
2) ¿QUÉ TENGO QUE HACER? ¿CUÁNDO LO TENGO QUE HACER?
3) ¿FUNCIONA? (VERIFICA CONTRA LAS RESPUESTAS QUE SABES QUE SON CORRECTAS).

Poniéndolo en práctica

Hay toneladas y toneladas de reglas que te encontrarás durante tu carrera escolar. Y sabemos que puede parecer que tomará una eternidad desentrañar muchas de ellas y hacerlas claras como receta de cocina. Con todo esto en mente, ¿por dónde empezar? Es fácil. Sólo comprométete a buscar en un diccionario todas las palabras que no entiendes. Una vez que todas las palabras sean tan claras como "huevos", será fácil hacer todas las reglas claras como receta de cocina. Más pronto de lo que te imaginas tendrás el hábito de descomponer en partes cada cosa nueva que tienes que aprender.

Capítulo 7

Desentreña el Misterio de Tus Lecturas

Ni siquiera todos los sofisticados e inteligentísimos personajes de CSI juntos pueden competir con la brillantez de un solo hombre: el señor Sherlock Holmes, el detective más famoso que la historia haya conocido. Si no lo ubicas, luce más o menos así:

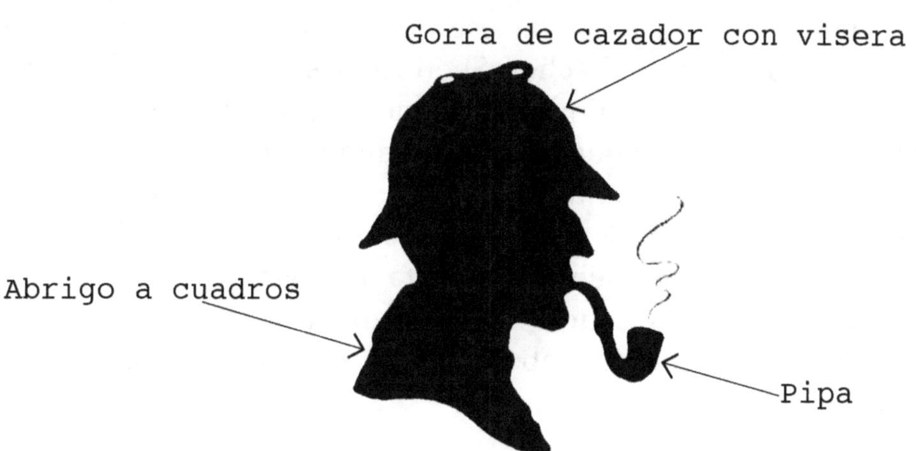

Pero no es sólo su vestimenta llamativa la que lo hace tan famoso. Es que resuelve los casos que todo mundo considera imposibles de resolver y trabaja con las pistas hasta que ha desentrañado el misterio de todos y cada uno de ellos. A Sherlock no se le va ninguna pista, para él ningún hecho es insignificante y todo mundo es sospechoso hasta que se demuestre lo contrario. A diferencia de los más ordinarios investigadores que encuentra a su paso, Sherlock nunca llega a ninguna conclusión sobre lo sucedido, independientemente de qué tan fascinante sea el caso, sino hasta que ha examinado rigurosamente todos los hechos.

"Es un error capital teorizar antes de tener los datos. Tontamente, uno empieza a hacer que los hechos casen con las teorías, en lugar de que las teorías casen con los hechos."

—Sherlock Holmes, *Escándalo en Bohemia*

A veces, Sherlock llega a la escena del crimen sólo para encontrar que el inspector Lestrade —su algo torpe contacto en el departamento de policía— ya ha arrestado a la esposa de la víctima alegando que "tiene que ser la asesina porque era la única otra persona en la habitación" Cuando surge un caso, Lestrade siempre quiere atrapar a un criminal inmediatamente. Llega súbitamente a las conclusiones sin ver las pistas contradictorias y sus respuestas son siempre muy simples. Sherlock, por el contrario, insiste en ignorar ese tipo de juicio apresurado y se enfoca en analizar los hechos. Sherlock se sienta en su silla, fuma su pipa y repasa mentalmente la evidencia, tratando de averiguar qué otro significado puede tener. Cuando se ha hecho una idea, puede formar fácilmente su propia teoría porque ha eliminado las demás posibilidades. Incluso cuando la policía ha declarado el caso "irresoluble" debido a la falta de evidencia, —un cuerpo desaparecido, la ausencia de un arma homicida—, Sherlock nunca está de acuerdo. Sabe que siempre hay pistas suficientes para resolver cualquier crimen.

Si bien quizás nunca necesitarás las habilidades de Sherlock Holmes para resolver un asesinato o un robo a mano armada, sí que necesitas sus habilidades en la escuela: cada vez que tienes un texto en las manos. Así es: Sherlock Holmes tiene que enseñarte a leer.

"¿Qué? ¡Oye, pero sí yo ya sé leer. Después de todo estoy leyendo esta oración ahora mismo. Eso lo prueba". Sí, sí, sabemos que sabes cómo leer las palabras y entender qué significan. Pero, ¿alguna vez has llegado al final de un pasaje sin entender absolutamente nada? ¿O qué tal cuando tu profesor de literatura lee una nueva novela y uno de tus compañeros hace un comentario del estilo: "¡Ah sí, amo cómo el autor utiliza esta metáfora extendida para señalar los peligros del comunismo!". Y entonces te viene a la mente: "¿cuál comunismo? ¿ no es que el libro habla sobre una granja de animales?".

Todos alguna vez hemos sentido que no entendemos absolutamente nada en un pasaje de un texto. Y dado que somos extraordinarios leyendo palabras y oraciones, frecuentemente tenemos la idea errónea de cuál es el proceso de lectura. La mayoría de los estudiantes lee de la misma manera que un personaje de caricatura se come una mazorca de maíz. A la velocidad del rayo devoran una línea, robóticamente se mueven a la siguiente y así van de línea en línea, ñam, ñam, ñam, ñam, hasta que la línea está terminada y ya no hay retorno. Van como bólidos a lo largo del pasaje, llegan al final, y entonces se preguntan por qué su cerebro no ha digerido el material.

La lectura tipo mazorca funciona muy bien para un correo electrónico informal o para un post de Facebook: en otras palabras, si ya has automatizado todas las pequeñas piezas e ideas. De hecho, puedes usar la lectura mazorca para muchas secciones de este libro porque está escrito con el lenguaje que usas todo el tiempo. Pero en la escuela, la lectura de mazorca hace que te dé bloqueo de escritor en tus ensayos y que tengas montañas de cosas que memorizar antes del examen. Leer algo nuevo no es ir directamente del principio al final, y ciertamente la reflexión no va a llegar sólo porque has leído todas las palabras y oraciones.

Tienes que ser un detective. Una vez que has convertido los hechos en una receta de cocina tienes que sacar lo mejor de Sherlock que haya en ti. Con este enfoque, está garantizado que resolverás el misterio y que llegarás al corazón de lo que el pasaje en realidad dice. Si desde el principio lees como Sherlock, entonces encontrarás que todo hace mucho más sentido y mucho del trabajo escolar desaparecerá como por arte de magia.

Desentrañando el misterio imposible

"Los buenos libros no revelan todos sus secretos de una sola vez."

—Stephen King

Una de las razones por las que Sherlock es capaz de resolver cualquier caso es porque jamás se deja intimidar. Ningún crimen es ni muy aterrador ni muy desafiante para él. Eso es esencial, porque Sherlock ha tenido casos en los que llega a una casa y los únicos "hechos" son que el mayordomo y la mucama han desaparecido. La mayoría de los investigadores se rinde porque trata de lidiar con todos los detalles poco familiares a la vez, y nada parece ser un punto sólido para empezar. Éste es un problema que todos los estudiantes enfrentan todo el tiempo y sucede la mayoría de las veces cuando empiezan a leer a Shakespeare.

¡Si, lo dijimos! Shakespeare. Esa sucia y temida palabra de las clases de literatura en todo el mundo. A los maestros les encanta. ¿Sabes a quién también le encanta? A tu amígdala. Shakespeare tiene la reputación, en todas las secundarias y preparatorias del mundo, de ser aterrorizante e imposible. Pero se trata de una conclusión infundada porque la mayoría de los estudiantes se topan con esa lengua antigua y la juzgan inmediatamente como difícil, aburrida o intimidante sin siquiera haber indagado un poco para tratar de resolver el misterio. Afortunadamente, Sherlock puede llegar a las entrañas del caso más difícil.

Piérdele el miedo a Shakespeare: el caso del soneto inmisericorde

Iker Antúnez se había quedado mirando la pantalla de la computadora durante una hora. El pequeño cursor había estado parpadeado en el mismo lugar todo ese tiempo. Se suponía que tenía que escribir un ensayo sobre esa cosilla de Shakespeare para la clase de literatura, y no tenía pero ni la menor idea de qué decir. Tenía que entregarla al día siguiente y entonces ya podía presuponer que iba a ser una noche muuuuuuy larga.

Iker odiaba la clase de literatura porque sentía que aquellos a los que les iba bien sólo inventaban cosas del libro que habían leído. "Bueno, cuando se yuxtaponen las múltiples alusiones a las obras de Dante con la sutil imaginería de las cucharas en el capítulo tres, es evidente que el autor hace referencia a la sociedad post-victoriana". Iker nunca veía ese tipo de cosas. ¿Cómo se suponía que iba a adivinar lo que su maestro quería oír acerca de este poema de Shakespeare? En su mente, las matemáticas y las clases de ciencia eran fáciles porque tenían sentido y eran lógicas. Pero, leer libros, escribir, literatura... ¿quién tenía tiempo para tales gansadas?

Katie apareció en escena, esperando revisar el primer borrador de Iker junto con él. Pero no había tal borrador. Hasta ahora, su ensayo decía lo siguiente: "Iker Antúnez, literatura, 11B". Él suspiró y dijo: "no tengo idea de qué decir de este tonto poema. ¡Qué asco! Sólo quiero que esto termine". Katie entendía perfectamente

El uso correcto de las versiones abreviadas para estudiantes

Las versiones abreviadas para estudiantes pueden ser útiles sólo si se usan de la manera correcta. Lo que hacen es reducir un libro a las "pistas" más importantes de manera que puedas notarlas cuando estás leyendo el texto completo. Pero si sólo te quedas con esa visión general, cómo esperas encontrar todas esas citas especificas e ideas jugosas y bien sustentadas para escribir un ensayo. "Ahorrar tiempo" en la lectura sólo te lleva a "perder tiempo" a la hora de escribir.

cómo se sentía. Pero había algo importante que Iker no veía. Si Iker estaba en blanco a la hora de escribir su ensayo era porque no sabía de qué se trataba el poema. Lo único que necesitaba hacer era leer realmente el poema.

Iker no era fan de este tipo de análisis. "Ya lo leí, lo vi unas 100 veces y además parece que está escrito en otro idioma". Seguro, Iker había leído el poema estilo mazorca. Pero si se tomaba la molestia de dedicar unos treinta minutos al poema y analizarlo a la manera de Sherlock Holmes, entonces se ahorraría unas dos o tres horas durante el proceso de escritura. Mejor aún, ya sabría exactamente lo que quería decir, así que nunca se quedaría mirando la pantalla de la computadora.

Iker no estaba seguro de que el estilo Sherlock le fuera a ayudar. "No, claro que no, mira, escribir de todas maneras toma miles de años, así que si paso más tiempo leyendo nunca voy a hacer nada". (Iker tomó una hoja de papel y dibujó unas sofisticadas barras para mostrar a qué se refería):

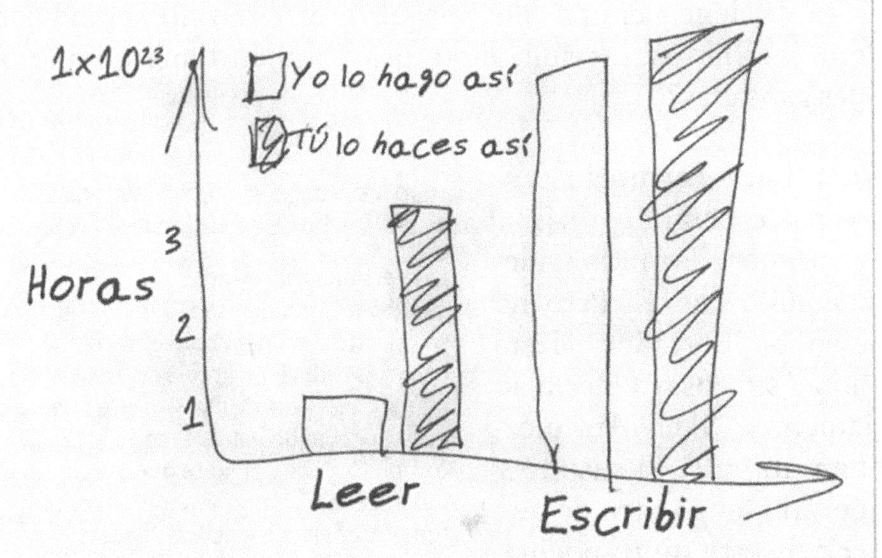

Iker estaba convencido de que el estilo Sherlock sólo le iba a quitar más tiempo, pero realmente se iba a sorprender como nunca cuando se diera cuenta qué tan más fácil hace el proceso de escritura. Puede ser que escribir ensayos antes le tomara una eternidad, pero en definitiva no tenía que ser así. Y esto le funciona a todo el mundo. En todo momento que estés atorado y no sepas qué decir en un ensayo, entonces es la pista perfecta para saber que necesitas un poco de Sherlock en tu vida. Así que volvamos a Iker y a su poema.

De mala gana, Iker hurgó en su mochila, sacó un legajo de papeles y se los extendió a Katie para que los viera. Era hora de los sonetos. Katie le pidió que empezara a leer. (Iker suspiró, viró los ojos hacia arriba y carraspeó): "Los ojos de mi amada..."

"¿Junto al sol no son nada? Ah, el soneto 130. Un clásico. Te hubiera podido ayudar, Iker". El súper nerd hermano de Iker, Manolo, había entrado a la habitación y a Iker le salía humo de los oídos. "¡¡¡¡¡Manolo, te voy a matar!!!!!!", gritó. Entonces miró a Katie y le dijo calmadamente: "Por favor dile que se vaya de aquí".

Afortunadamente, Manolo se esfumó y entonces pudieron continuar. Sabiendo que este era un soneto, y que los sonetos generalmente son de amor, Iker hizo su mejor esfuerzo: "es una cosa sobre el amor y qué cosa tan maravillosa es y qué bonita es la chica y esas cosas".

Katie no se la creyó. "¿Dónde ves eso en el poema, Iker?". La conclusión de Iker

¡Dios mío, Shakespeare, por qué no escribías normal!

¡¿Qué demonios, Shakespeare, por qué no podías hablar como todas las personas?! Bueno, en su tiempo, Shakespeare estaba hablando normalmente. Escribía sus obras para que las entendiera tanto la Reina como los campesinos. Así que se aseguraba de que sus chistes fueran comunes y corrientes y de que su lenguaje fuera totalmente normal para todo mundo en esa época. No es que lo haya hecho difícil, sino que nuestra lengua evolucionó. Sólo piensa lo siguiente: si le enviaras a Shakespeare un mensaje de texto como este: OMG, k t pasa? Lol! estaría más que confundido. Él también tendría que trabajar mucho para que cada pedazo de ese texto fuera tan claro como unos "huevos".

era clara evidencia de su creencia de se puede aprobar literatura sólo inventando cosas. De hecho, la lectura de comprensión es tan lógica como la ciencia y por eso las habilidades de un Sherlock son fundamentales cuando de análisis literario se trata. "Mira, la verdad es que no tengo ni idea, ¿por qué no mejor me dices de qué se trata y yo sólo lo escribo?". Una voz familiar tronó desde la cocina: "Te estoy oyendo, y si haces eso le voy a decir a mis papás". ¿Es que Manolo estaba en todas partes? Sin muchas ganas, Iker

Soneto CXXX
Los ojos de mi amada junto al sol no son nada,
El coral es más bermejo que sus labios.
La nieve es blanca, mas su pecho bruno;
Su cabello, negro hilo de hebras de hierro.
He visto rosas damascenas: blancas,
y carmesíes, pero nunca en sus mejillas;
y hay más deleite en los perfumes
que en el hálito de mi amada.
Me cautiva su voz, mas concedo
que más hermoso son hay en la música.
Que jamás vi andar a una diosa, es cierto:
mi amada, al caminar, no pisa más que tierra;
y aun así la concibo más rara y extraordinaria
que aquellas otras embaucadas con metáforas.

se refiere a
las novias de otros poetas

leyó el poema completo:

Antes de que ningún proceso a la Sherlock Holmes pudiera llevarse a cabo, Iker tenía que asegurarse de que Betty viera con buenos ojos ese poema. La nota al final de la última línea del poema era una pista que el maestro le había dado a la clase. Así que quedaba clarísimo quiénes eran "aquellas otras". A continuación, Iker leyó el poema e hizo todas las palabras extrañas tan claras como receta de cocina, de manera que pudiera tener todos los

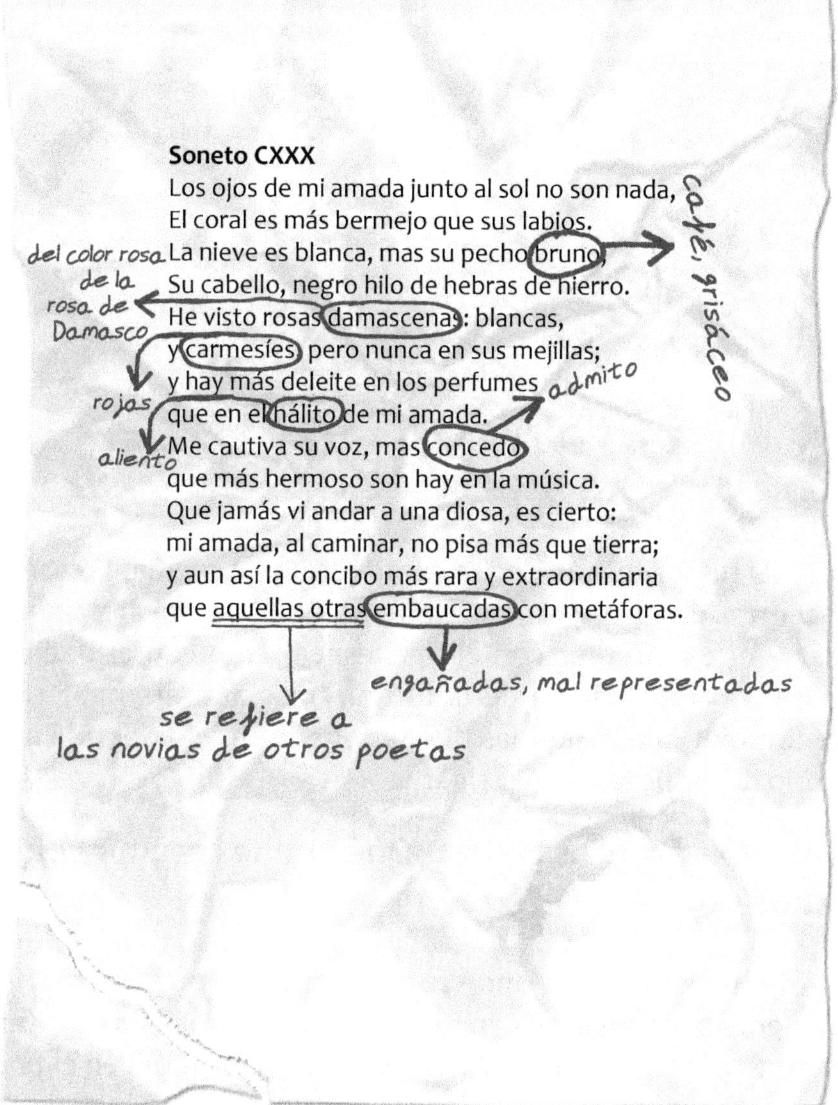

Soneto CXXX

Los ojos de mi amada junto al sol no son nada,
El coral es más bermejo que sus labios.
La nieve es blanca, mas su pecho bruno,
Su cabello, negro hilo de hebras de hierro.
He visto rosas damascenas: blancas,
y carmesíes pero nunca en sus mejillas;
y hay más deleite en los perfumes
que en el hálito de mi amada.
Me cautiva su voz, mas concedo
que más hermoso son hay en la música.
Que jamás vi andar a una diosa, es cierto:
mi amada, al caminar, no pisa más que tierra;
y aun así la concibo más rara y extraordinaria
que aquellas otras embaucadas con metáforas.

hechos antes de empezar a examinarlos:

Entonces, justo como Daniela hizo con la estadística, una vez que terminó con el diccionario, Iker tradujo el soneto línea por línea en sus propias palabras:

Los ojos de mi novia no se parecen al sol
El coral (¿cómo el del pescado, bueno, lo que sea) es
mucho más rojo que sus labios o sea que sus labios no son
rojos. Deben ser como descoloridos.
Si la nieve es blanca, entonces sus bubis son entre cafés
y grises (¡qué asco!).
Y su pelo es negro y alguna cosa sobre los hilos de algo.
He visto muchas rosas rosas, rojas y blancas. Pero no he
visto ninguna que tenga el color de sus mejillas
(entonces, su mejillas no son muy sonrosadas que
digamos).
Y cualquier perfume es preferible a su mal aliento.
Me gusta oírla hablar pero la verdad es que
hay canciones que son mucho mejores.
Y voy a admitir que nunca he visto caminar a una diosa
(sigo sin entender qué tiene que ver).
Mi novia camina sobre el piso (¡Sepa Dios!).
Pero incluso con todo eso, me parece que está súper y
que es única igual que las otras novias de los poetas
que están mal representadas con falsas comparaciones.

Al reescribir cada línea como receta de cocina, Iker se pudo concentrar en el mensaje del poema de Shakespeare, en vez de tenerse que enfrentar con el Shakespearismo con el que estaba escrito. La importancia de la última frase aún era misteriosa, e Iker también tenía algunas dudas sobre el inicio del poema. Era tiempo de empezar a investigar.

Paso 1: Examina las pistas: ¿Qué puedes asumir como un hecho?

Sherlock Holmes no se deja llevar por suposiciones: solamente basa sus casos en hechos fríos y duros. Así que Katie le preguntó a Iker: "¿De lo que hemos visto hasta ahora en el poema, qué podemos asumir como un hecho?".

Iker espetó: "Sus bubis son grises y le apesta la boca". ¡Muy bien! "Eh, no, eso está asqueroso. La verdad no entiendo. ¿Por qué diría eso? ¿Quiere decir que su novia es fea? Hombre porque si yo fuera ella terminaría con Shakespeare inmediatamente. ¡Exactamente! Iker ahora se daba cuenta de por qué era tan peligroso llegar súbitamente a la conclusión de "se trata de una chica realmente hermosa". Todo lo que podía dar como un hecho era que Shakespeare quería echar pestes de su novia. ¿Podía utilizar esto para tener idea de qué iban las otras líneas?

No sólo para garabatear

Tomar notas de las definiciones y las nuevas ideas puede aparentar que toma mucho tiempo. Pero no es así. Lo que sí toma mucho tiempo es buscar la misma palabra una y otra vez. ¿La moraleja? Simplemente, utiliza un bolígrafo.

Katie e Iker decidieron empezar por el principio. Los ojos de mi amada junto al sol no son nada. La respuesta inmediata de Iker fue: "Ay, pero qué estupidez. Los ojos no se parecen al sol. El sol es amarillo y es todo de fuego". Cierto, cierto, pero si Shakespeare quería criticar a su novia, ¿por qué le escribiría tal cosa?. "Bueno, supongo que el sol es bonito y brillante". ¡Exacto! ¡Y así es como quieres que sean los ojos de alguien! "Pero no son así". Exactamente. ¿Qué sigue?

"¡Ja! Sus labios no son tan rojos como el coral y los labios rojos son sexys, así que quiere decir que sus labios son feos". Ok, ahora estábamos llegando a algún lado.

Paso 2: Busca patrones entre las pistas

Iker releyó el poema línea por línea y se dio cuenta de que el narrador establece un patrón de decir cosas bonitas que su novia no tiene. El narrador finalmente cambia eso, pero sólo hasta el final. Cuando lees algo en la escuela —un poema, una obra de teatro o una novela— puedes apostar a que cada palabra está ahí por una buena razón. Entonces, si el poema de Iker tenía catorce líneas, y doce de ellas decían que la novia del poeta no era tan bonita como muchas otras cosas, entonces era seguro apostarle a que era una idea importante:

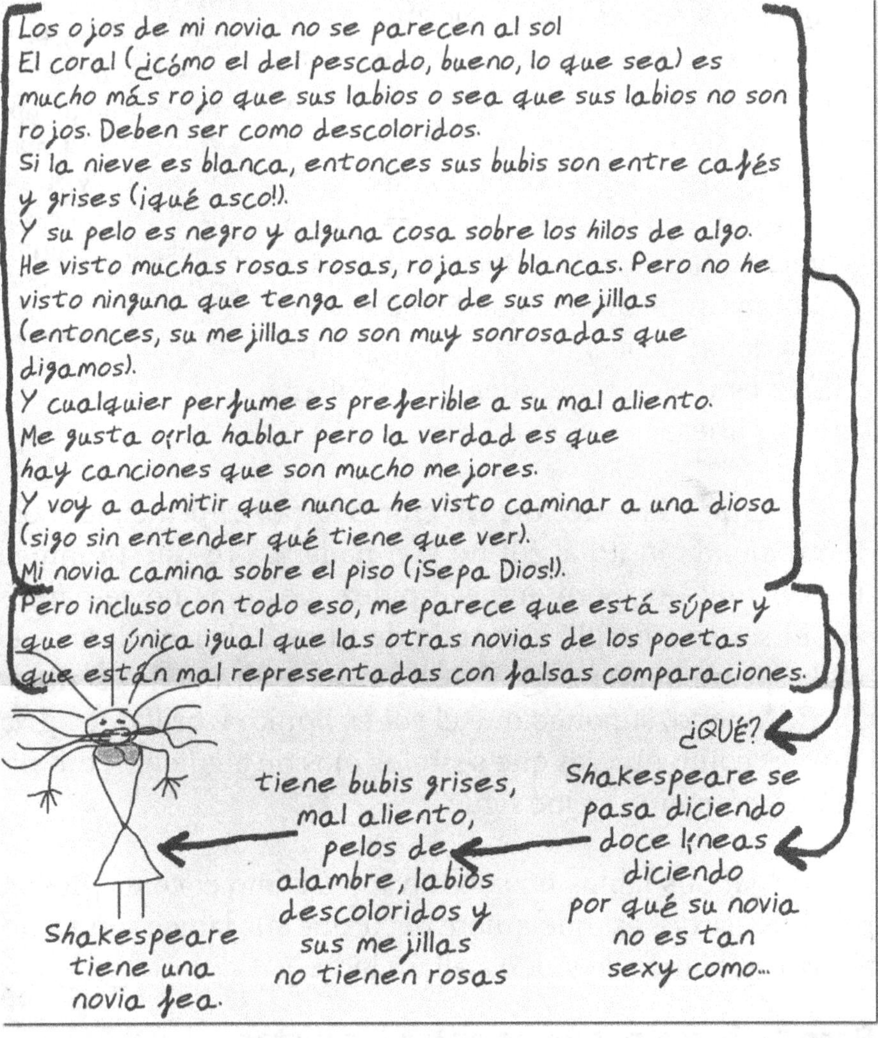
Los ojos de mi novia no se parecen al sol
El coral (¿cómo el del pescado, bueno, lo que sea) es mucho más rojo que sus labios o sea que sus labios no son rojos. Deben ser como descoloridos.
Si la nieve es blanca, entonces sus bubis son entre cafés y grises (¡qué asco!).
Y su pelo es negro y alguna cosa sobre los hilos de algo.
He visto muchas rosas rosas, rojas y blancas. Pero no he visto ninguna que tenga el color de sus mejillas (entonces, su mejillas no son muy sonrosadas que digamos).
Y cualquier perfume es preferible a su mal aliento.
Me gusta oírla hablar pero la verdad es que hay canciones que son mucho mejores.
Y voy a admitir que nunca he visto caminar a una diosa (sigo sin entender qué tiene que ver).
Mi novia camina sobre el piso (¡Sepa Dios!).
Pero incluso con todo eso, me parece que está súper y que es única igual que las otras novias de los poetas que están mal representadas con falsas comparaciones.
¿QUÉ?
Shakespeare se pasa diciendo doce líneas diciendo por qué su novia no es tan sexy como...
tiene bubis grises, mal aliento, pelos de alambre, labios descoloridos y sus mejillas no tienen rosas
Shakespeare tiene una novia fea.

Cuando leas cualquier obra literaria, ya sea para la clase de literatura o para otros fines, si se repite una palabra, frase o idea, puedes estar seguro de que el autor REALMENTE quiere que te des cuenta. Y dado que este soneto es tan corto, es fácil ver la repetición de ideas en una columna. Pero en una novela, es posible que te encuentres con imágenes, palabras o ideas que se repiten una vez o más cada cierta cantidad de capítulos. Aunque es más espaciado, sigue siendo una marca importante. Darse cuenta de las repeticiones es la clave para entender las ideas centrales o temas de cualquier obra. Si un sospechoso en particular está presente cada vez que se comete un crimen, entonces definitivamente es una persona que nos interesa. Con suficientes apariciones se vuelve muy obvio que se trata de un drama policiaco.

Date cuenta del hecho de Iker no aplicó el sistema lectura de mazorca en el poema. Después de leerlo una vez, rápidamente hizo que todas las diferentes palabras del pasaje fueran tan claras como "huevos". Entonces recolectó las pistas que lo llevarían al punto de partida más útil y claro, que en este caso eran la tercera y la octava línea del poema. Iker continuó así y llenó la información de esas pistas. Trataba aquí de confiscar cualesquiera que fuesen las piezas misteriosas finales del poema, no importando en qué parte de éste se encontraran. La idea principal — el culpable— podía estar acechando en cualquier parte de la lectura. Los grandes detectives nunca pretenden trabajar directamente del principio al final. Se trata más bien de cercar al sospechoso.

Paso 3: ¿Dónde están los huecos en mi teoría?

Iker había llegado a las ideas centrales de las primeras doce líneas. Pero las últimas dos aún resultaban confusas porque definitivamente no parecían encajar en el patrón de un poeta que se dedicaba a decir que su la dueña de su corazón no era muy sexy. En esto es en lo que Iker tenía que trabajar:

Mi novia no es muy sexy (líneas 1-12)
Pero incluso con todo eso, me parece que está súper y que es única, igual que las otras novias de los poetas que están mal representadas con falsas comparaciones. (¿¿¿???).

Otra cosa que Iker notó fue que estas líneas finales empezaban con un pero (o un aún en el original). Ésa era la señal de que las líneas contenían algún tipo de mensaje que iba a cambiar un poco las cosas. Lo que es más, después de decir todas esas cosas horribles de la dueña de su corazón, el poeta decía que era "rara" ... lo cual era bueno, como decir que era "extraordinaria" y "única". Así que, basado en eso, ¿qué podía concluir el lector? "Podemos concluir que a pesar de que su chica se ve medio fea, él aun así la ama y la aprecia". ¡Qué lindo! Iker le había dado al clavo.

Pero, el verdadero truco estaba en la línea final. ¿Por qué valía la pena escribir un poema al respecto? "Aquellas otras embaucadas con metáforas". Basado en la traducción de Iker, Shakespeare está diciendo que las novias de los otros poetas están "mal representadas" mediante comparaciones falsas. Así que, las comparaban con cosas, pero, ¿esas comparaciones no eran del todo ciertas?

"¡Puaf! Esto es una tontería. ¿Por qué los poetas no pueden sólo decir lo que quieren decir y ya? Si piensa que su novia está defectuosa, ¡pues sólo que lo diga y ya! ¡De otra forma sólo se tarda y se tarda! Iker se sentía frustrado, y lo que siguió después lo hizo sentirse aún más frustrado:

"Iker, no es necesario que me lo pidas, ya sabes que siempre estoy en la mejor disposición de ayudarte con tu tarea..." (Manolo estaba de vuelta).

¡VETE DE AQUÍ O ACABO CONTIGO!

Iker le aventó su goma de borrar a Manolo, quien melodramáticamente dijo, antes de retirarse: "Eso sí que dolió, voy a contárselo a mamá". Cuando Manolo se fue, Iker y Katie regresaron a trabajar.

Ok, estos otros poetas comparan a sus novias con cosas, pero las comparaciones no son realmente ciertas. Así que, por lo menos, este tipo le dice a su novia exactamente cómo se ve. Los otros poetas exageran. El mensaje fundamental del poema sería algo como así:

Mi novia no es muy sexy (líneas 1-12)

Pero incluso con todo eso, me parece que está súper y que es igual que las otras novias de los otros poetas, sólo que ellos exageran sobre sus atributos.

Obviamente, la versión final de Shakespeare es ligeramente más atractiva e impresionante que la de Iker. Pero aclarando el mensaje, a Iker empezaba a hacerle más sentido por qué Shakespeare había escogido específicamente esas comparaciones y esas palabras para componer esas primeras doce líneas. Pensándolo bien, todos los atributos que su novia no tenía, como las mejillas rosas y brillantes y los ojos luminosos eran justamente las cosas que todos los poetas dirían que sus novias tienen. Básicamente está diciendo: "¡Los he descubierto, mentirosos!".

¿QUÉ ES LA CONFUSIÓN?

El caracter chino que equivale a la palabra "confusión" representa un hombre deshaciendo un nudo. Siglos atrás, la gente veía la confusión como un proceso perfectamente normal a través del cual todo mundo tenía que pasar si quería llegar a un resultado ideal.

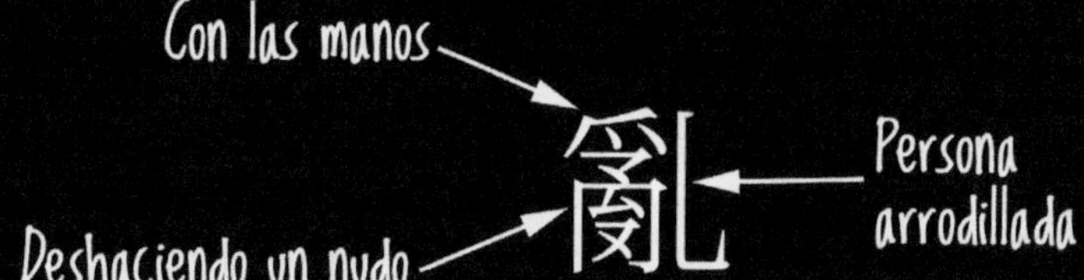

Pero gracias a la conspiración, nuestra idea de confusión ha cambiado. ¿Con qué asocias la sensación de confusión? ¿Con frustración? ¿Con desesperanza? La mayoría de nosotros sentimos que estar confundido significa que no entendemos nada de aquello en lo que estamos trabajando. Probablemente también significa que nunca lo entenderemos. En realidad, la confusión es una parte esencial del proceso.

Nadie realmente tiene las mejillas como rosas y nadie tiene en realidad ninguna voz musical. Mi novia es humana, y a veces tiene mal aliento, pero aun así pienso que está súper". Puede ser que no sea exactamente lo que quiere oír, pero sólo está diciendo la verdad.

Paso 4: ¿Cómo se relaciona todo esto con tu experiencia como ser humano?

La mejor técnica de Sherlock para analizar las pistas es relacionarlas con la manera en que la gente se comporta. Sherlock está fascinado con el comportamiento humano. Finalmente, la vida de todo mundo es diferente, y sin embargo hay ciertas experiencias comunes a todos.

Esto es importante porque la razón por la cual ciertas obras literarias se vuelven "clásicos" es porque hablan acerca de experiencias universales que todos entendemos, como la emoción de tu primer gran amor. Es cierto que Iker no había usado la palabra "embaucar" frecuentemente, pero lo que sí es que vivía en el mundo y era un ser humano. Por lo tanto, había cosas que sabía que eran verdad.

> ***La clave es el dístico***
>
> Todos los sonetos son poemas de catorce líneas. Pero los sonetos de Shakespeare tienen una estructura muy específica. Las primeras doce líneas son una especie de introducción. Puedes pensar en el dístico final –el par de líneas que riman una con otra– como la "recompensa". Estas voltean de cabeza la introducción o bien la concluyen de alguna manera. Es generalmente en la relación entre la introducción y la recompensa donde encuentras el mensaje real.

HECHO: La mayoría de los poemas acaramelados sólo halagan a una persona.

HECHO: A la gente no le gusta oír que tiene mal aliento.

HECHO: Probablemente la novia de Shakespeare se enojó mucho la primera vez que leyó el poema.

HECHO: Es agradable oír

halagos desproporcionados en algunas ocasiones, pero es mejor que a uno lo quieran por lo que uno es.

HECHO: A fin de cuentas, el poema de Shakespeare es raramente romántico porque es honesto. La ama a pesar de sus defectos.

A estas alturas, Iker comenzaba a cambiar su tono: "Ok, es bastante cool, sí lo entiendo: Shakespeare la amaba, pero está haciéndose el gracioso". Es correcto, es una especie de poema amoroso anti-amoroso. Y poniendo este poema en el contexto de lo que Iker ya sabía sobre la vida podía finalmente ver el valor del poema. Miró el soneto avergonzado y admitió que realmente le estaba gustando Shakespeare.

Entonces, ¿Iker sólo "inventó" sus conclusiones sobre el soneto? Finalmente era lo que decía que todos sus compañeros buenos en literatura hacían. ¡Desde luego que no! Sólo parece que la gente "inventa cosas" cuando uno no ve todas las etapas involucradas. Literatura es una materia lógica, como lo es cualquiera otra. El entendimiento de Iker vino de hacer investigación real sobre el poema, así que cada una de sus conclusiones estaba basada en hechos.

Dado que hizo esa investigación, Iker podía hablar de lo que el poema decía y de por qué era interesante no sólo que Shakespeare se atreviera a decir que su novia no era sexy, sino que también estuviera dispuesto a llamar a los otros poetas exagerados. Iker podía hablar de cómo la aproximación de Shakespeare al "poema de amor" era diferente a la de los demás poetas. En realidad podía hablar de muchas cosas porque finalmente tenía un real entendimiento de qué sucedía en ese texto. No sólo esta media hora de lectura le ahorró horas al escribir en ensayo, sino que estaba en condiciones de hacer un mucho mejor ensayo.

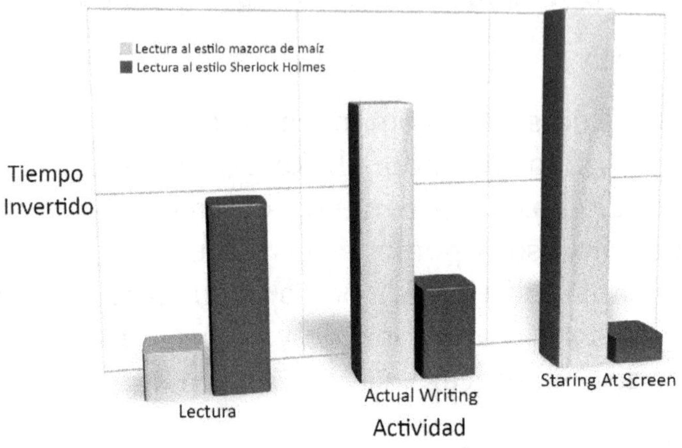

Iker ahora entendía bien el poema y no tenía por qué bloquearse al redactar su ensayo. Desde luego, Sherlock Holmes no acababa aquí: había mucho más que descubrir en este poema. Por ejemplo, hay detalles de la selección de palabras que afectan el tono y muestran qué técnicas literarias utiliza Shakespeare. Quizás averiguar más sobre la propia vida de Shakespeare le daría más significado al poema. Siempre hay más preguntas que hacerse para entender mejor un misterio. Mientras más profundo indagues en lo que lees, tu proceso se volverá más automático. Con suficiente práctica, cosas como los significados de las palabras del inglés isabelino o la habilidad de reconocer técnicas literarias se volverán automáticas para ti.

¡Diantres! ¡Pero si es igual a mí!

Tal como Iker se dio cuenta de que había llegado hasta el fondo del mensaje de Shakespeare, es posible que te sorprenda con cuantos clásicos te puedes identificar. Trata de ver más allá de las modas extrañas y el idioma anticuado y encontrarás que el héroe o la heroína de tiempos atrás enfrenta los mismos dilemas que tú.

Iker también pensó que tenía que entender el poema inmediatamente. Cuando eso no sucedió, decidió que investigar sería una pérdida de tiempo. “Trabajar” es molesto, pero armar rompecabezas es divertido. Explorando, y sin preocuparse de cuánto tiempo tomaría el proceso, Iker pasó de odiar a Shakespeare a medio disfrutarlo. La apreciación viene del entendimiento. Mientras más entiendas algo, más emocionante se vuelve y más apreciarás qué tiene de importante (y más te divertirás haciendo lo que tengas que hacer).

Conocer el motivo les da vida a las pistas

El método de lectura de Sherlock es fascinante porque sirve para cualquier pasaje de cualquier tema, en cualquier momento y el cualquier lugar. Algunos de los casos de Sherlock son como el soneto de Shakespeare de Iker: a otro detective le parecería inaccesible e imposible de resolver. Pero Sherlock sabe que, con suficiente investigación, puede entender incluso las pistas más intimidantes.

Pero hay otro tipo de casos que hacen famoso a Sherlock Holmes. Se trata de los casos engañosos que, a primera vista, parece que no son casos en sí. La mayoría de los detectives ven las pistas y les parece que son de lo más normales, evidentes y hasta aburridas. Encuentran una explicación razonable porque el caso parece tan claro como el agua. No hay nada que investigar. Pero Sherlock nunca está contento hasta que entiende porqué el sospechoso ha cometido el crimen. La insistencia por entender cada aspecto del caso es la razón por la cual es el único detective capaz de atrapar al verdadero criminal.

En *La aventura de los seis napoleones*, a Sherlock lo llaman para investigar una serie de allanamientos en los cuales nada es robado. De hecho, en cada situación, sólo una cosa se considera fuera de lo ordinario: una estatua de Napoleón ha sido destruida. Cuando el inspector Lestrade ve la evidencia, llega a una conclusión en tiempo récord: evidentemente, alguien odia a Napoleón muchísimo. Caso cerrado, ¿cierto? No para Sherlock.

Él necesita conocer el motivo del criminal: lo que es más, necesita encontrar un motivo que sea realmente satisfactorio: en otras palabras, necesita saber la razón por la que un ser humano real y, de no ser por ello, normal, cometería un crimen.

Para Sherlock, odiar sólo porque sí a una figura histórica que vivió 84 años atrás no es razón suficiente para que alguien normal se arriesgue a ir a la cárcel por allanar casas y tiendas. Tiene que haber algo más tras todo esto.

De hecho, conforme el caso progresa, Sherlock descubre que todas esas estatuas de Napoleón vienen de un mismo molde del que se rumora contiene un tesoro. Ahora hay un motivo más entendible. La mayoría de las personas no se arriesgaría a allanar una tienda sólo porque están enojadas con Napoleón. ¿Pero si ello significara obtener un tesoro? Eso es más creíble. Al continuar indagando sobre el motivo, Sherlock encuentra más pistas que lo ayudan a resolver el caso.

Lo divertido de ser detective es la investigación: ver lo que otras personas no ven. Así que cuando un caso parece obvio, la mayoría de los detectives se aburre. ¡Qué pereza! No hay nada aquí. Éste es el otro error que muchos de los estudiantes cometen con la lectura. Aparentemente no hay mucho que descubrir en los libros de texto, así que los estudiantes

Sherlock no discrimina

Sólo porque Sherlock es un personaje literario no significa que únicamente sea útil para tu clase de literatura. Su manera de solucionar los casos es la clave para resolver uno de los más complicados problemas de matemáticas: los problemas de palabras. La mayoría de los estudiantes utiliza el sistema de lectura de mazorca de maíz y entonces avienta una ecuación del tipo Lestrade. En vez de ello, justo como Iker analizó el poema línea por línea, así necesitas tú resolver cualquier problema de palabras: línea por línea: 1) Averigua exactamente qué tipo de caso estás tratando de resolver; 2) Separa los hechos de la paja, busca las pistas relevantes e ignora los hechos irrelevantes; 3) Ahora que tienes los datos finos, trata de ver cómo se relacionan unos con otros. 4) Úsalos para definir y resolver una ecuación. Los problemas de palabras no son más difíciles, sólo requieren una investigación inicial para dar con las pistas relevantes.

se convierten en todo un Lestrade y los tratan como un caso sin nada más que ofrecer. Y esto es especialmente cierto en los libros de texto de historia, los campeones mundiales indisputados del aburrimiento factoide.

Sé honesto. ¿Cuántas veces en realidad lees tus libros de historia en la noche? O, mejor todavía, ¿qué tan frecuentemente no los lees con la técnica de la mazorca de maíz? Bla, bla, bla, Congreso Continental, bla, bla, bla, Winston Churchill, bla, bla, bla... momento, ¿me perdí de algo? Bueno, lo que sea. Bla, bla, 1957, bla, bla, Martin Luther King, Jr., bla, bla, bla, invención del internet... ¡Listo! Es un clásico decir: "estos sólo son millones de hechos sobre gente que ya murió. Es molesto, pero si los memorizo estaré del otro lado". Este método puede salvarte de uno o dos exámenes, pero si encuentras la historia "aburrida" o "inútil" entonces eso significa que te estás aproximando a la clase de historia de la peor manera posible.

El problema no es que la historia sea aburrida. El problema es que es demasiado, pero demasiado interesante. A nivel práctico, considera este pequeño dato:

DE TODAS LAS BILLONES DE COSAS QUE HAN PASADO EN LA HISTORIA DE LA HUMANIDAD, LAS QUE ESTÁN EN EL LIBRO DE HISTORIA HAN SIDO ESCOGIDAS A MANO COMO LAS MÁS IMPORTANTES DE TODAS.

Civilizaciones enteras han vivido, día tras día, durante miles de años. En todo esos días, todas las personas de todas esas civilizaciones hicieron muchísimas cosas. Y, sin embargo, sólo unas 400 páginas de eventos llegan a estar en un libro de historia promedio. Así que, si algo llega a ser un párrafo entero, página o capítulo en tu libro, puedes tener la seguridad de que es mucho más importante e interesante que 99.9% de todas las cosas que les han sucedido a los seres humanos.

Lo que es más, incluso respecto a las personas y los eventos que llegan a los libros de historia, NUNCA vas a tener la historia completa. Eso debido a que la historia es extremadamente controversial. Cuando se trata de eventos históricos, la gente suele tener opiniones encontradas de quién tenía razón, quién fue culpable y si las acciones estaban o no justificadas. Como probablemente habrás adivinado, esas opiniones raramente encajan. Lo que es más, tal y como aprendiste de los mitos de los genios en el capítulo uno, las personas tienen una manera muy sesgada de contar las historias de sus propias vidas y logros (o fracasos). Básicamente, si eres un escritor de libros de texto, te estás metiendo en aguas infestadas de tiburones. La única manera de escribir un libro de texto sin hacer enojar a nadie es apegándose a los hechos y sólo a los hechos: los quiénes, los qué, los cuándo y los dónde.

Entonces, ¿a qué nos lleva todo esto? Bueno, tener sólo los hechos... es... aburrido. Estas absolutamente en lo cierto cuando piensas que un montón de hechos directos no son divertidos de leer. Pero te equivocas al pensar que lo que hay en tu libro de texto es todo lo que necesitas en la clase de historia.

La gurú del tutú

Katie se encontraba una vez en el ballet de Los Ángeles sentada detrás de un padre y su hija de seis años, quien llevaba un tutú impresionante. Cuando el padre le preguntó a su hija si no se aburriría durará la función de ballet, la niña vio a su papá y le dijo francamente: "papá, sólo la gente aburrida se aburre". El mejor consejo de la vida. Aprende la lección de esa bailarina de seis años. Si estás aburrido, ¿de quién es la culpa?

En los libros de historia, los aspectos realmente interesantes –los porqués y los cómo– son justamente los que faltan. Y son éstos los que hacen a la historia tan increíblemente fascinante. La historia de verdad es apasionante. Pero tienes que investigar qué hay tras los hechos en el texto para encontrar los motivos que trajeron a colación esos eventos. Las cosas importantes de la vida suelen estar motivadas por emociones intensas, grandes dramas, enormes riesgos y acciones súper controversiales. La gente siempre ha hecho cosas locas, pero las hacen por razones reales. Tomate el tiempo para pensar porqué las personas en la historia hicieron lo que hicieron – investiga los motivos– y no tendrás problema en leer el libro.

Para enseñarte qué pasa cuando aplicas el método de Sherlock a los textos de historia, veamos un ejemplo de un pasaje extremadamente árido de un libro de texto. Este pasaje en particular es un gran ejemplo, porque incluso cuando sucedió muchísimo tiempo atrás, podemos sentir que todavía es relevante. También, lo hizo este personaje:

Éste es Martín Lutero. ¿Cuánto sientes que te puede identificar con él? Ya de entrada, es poco motivador. Pero si te conviertes en un Lestrade cualquiera, es fácil subvalorar la grandeza de Lutero.

67 CAPÍTULO TRES: LA REFORMA

Para financiar una campaña de reconstrucción para la Basílica de San Pedro en Roma, el Papa León X autorizó indulgencias a la sala plenaria. Una indulgencia plenaria era un pedazo de papel que los católicos podrían comprar a cambio de la absolución de sus pecados. Martín Lutero, un sacerdote católico de Alemania, no estaba de acuerdo con esta práctica y el 31 de octubre de 1517 clavó 95 tesis en la puerta de la iglesia de Wittenberg. Estas tesis eran una lista de sus preocupaciones acerca del estado actual de la Iglesia, y la esperanza de Lutero era que encendiera la chispa del debate. Hicieron mucho más que eso. Martín Lutero fue excomulgado y comenzó la Reforma.

Europa del Siglo XVI

¿Qué llevó a que sucediera este evento? ¿Cuáles eran los motivos de Martín Lutero? Toma los hechos duros de tu libro y encuentra el significado, la importancia, y las conexiones que muestran porqué este evento importó y todavía importa tanto.

Este pasaje, como la mayoría de los pasajes de los libros de texto, ya está muy cerca de ser una receta de cocina. Sólo asegurémonos de que cada término pase el test de los huevos.

Paso 1: Evalúa las pistas. ¿Qué puedes decir con plena seguridad?

Se explica por sí sola

La palabra "historia" en realidad viene del griego historein que significa investigar.

En historia, el primer paso es generalmente muy claro, porque muchos de los datos superficiales se presentan de una manera evidente. Ahora que todo en este pasaje es tan claro como la palabra "huevos", puedes

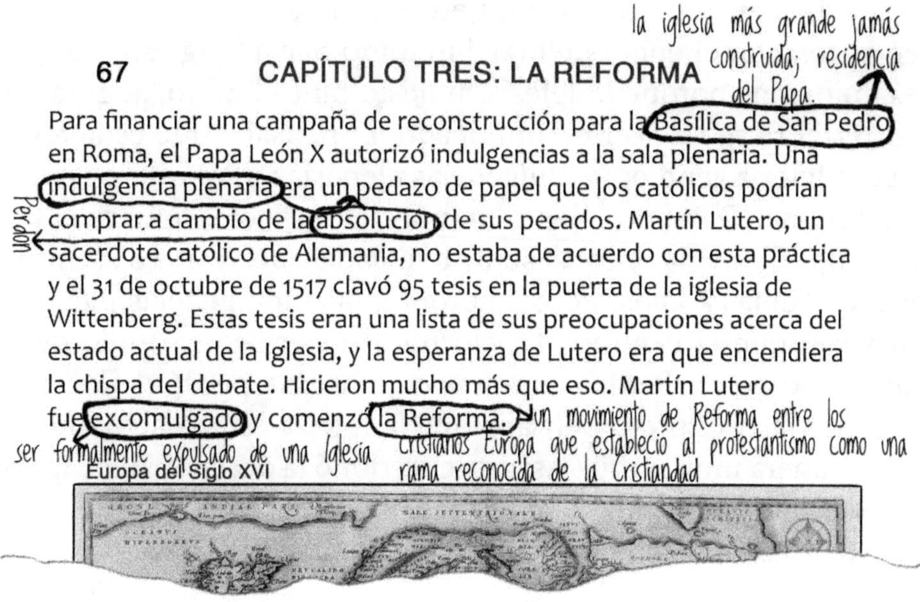

67 CAPÍTULO TRES: LA REFORMA

Para financiar una campaña de reconstrucción para la Basílica de San Pedro en Roma, el Papa León X autorizó indulgencias a la sala plenaria. Una indulgencia plenaria era un pedazo de papel que los católicos podrían comprar a cambio de la absolución de sus pecados. Martín Lutero, un sacerdote católico de Alemania, no estaba de acuerdo con esta práctica y el 31 de octubre de 1517 clavó 95 tesis en la puerta de la iglesia de Wittenberg. Estas tesis eran una lista de sus preocupaciones acerca del estado actual de la Iglesia, y la esperanza de Lutero era que encendiera la chispa del debate. Hicieron mucho más que eso. Martín Lutero fue excomulgado y comenzó la Reforma.

Europa del Siglo XVI

hacer una lista de lo que sabes de cierto:

1. El Papa quiere reunir dinero para construir la mayor iglesia de la historia.
2. Para pagar esa iglesia, le permite a la gente comprar el perdón de sus pecados.
3. Martín Lutero cree que eso no está bien.
4. Elabora una lista de las cosas que la iglesia está haciendo mal y la coloca en la puerta de la iglesia local.
5. Es expulsado de la Iglesia.
6. Empieza una nueva rama de la Cristiandad.

Paso 2: Busca patrones entre las pistas.

A pesar de que puedes apreciar que estos eventos sucedieron este orden, es una cosa totalmente diferente entender realmente las conexiones entre aquellos eventos y por qué uno causó el otro.

Los eventos que condujeron a la Reforma comenzaron, en parte, con el enojo de Martín Lutero hacia la Iglesia. Así que examinemos porqué la Iglesia molestó tanto Lutero, al grado de correr el riesgo de ser excomulgado. Él pensaba que estaba mal que la Iglesia vendiera indulgencias plenarias. ¿Por qué? ¿Por qué era tan malo? Bueno, piensa un poco al respecto. Lutero era un sacerdote, su vida entera estaba dedicada a acercarse a sí mismo y a los demás a Dios. Pero de pronto, las indulgencias plenarias hicieron que el camino al cielo no estuviera constituido de fe, sino de dinero. ¡Podías comprar cupones de perdón! Con toda razón, Martín Lutero pensaba que la Iglesia estaba actuando de una manera muy turbia. Así que cuestionó la decisión del Papa de vender indulgencias y trajo a colación un montón de otras cosas que pensaba que la Iglesia estaba haciendo mal.

Así que, ahora entiendes porqué Martín Lutero escribió sus 95 tesis. Pero, para realmente darle al evento un contexto relevante, también necesitas saber qué pasó después y cuál fue el resultado de todo ello. Bueno, Martín Lutero quería encender un debate al interior de la Iglesia. Pero no hubo debate y fue excomulgado. A nivel superficial, parecería que su plan reviró en su contra. Lutero permaneció dentro de Iglesia Católica ni la mejoró. Sin embargo, sus acciones aun así tuvieron un enorme efecto, porque finalmente llevaron a la Reforma Protestante: no una nueva versión de la Iglesia Católica, sino una totalmente Iglesia totalmente nueva.

Paso 3: ¿Dónde están los huecos en mi teoría?

En la lectura de los libros de historia, la mayoría de las oraciones son a primera vista muy entendibles. Pero eso no significa que no haya nada que "rellenar". Es casi imposible apreciar un evento histórico aislado. Si quiere saber porque algo que ocurrió es fascinante, entonces formúlate las siguientes preguntas: ¿Cómo esto cambió el curso de los eventos? ¿Qué eventos previos dieron lugar a ello? ¿Qué eventos futuros sucedieron gracias a esto? ¿Cómo era vivir en esa época? ¿Cuáles eran las condiciones por entonces?

Es importante entender cómo era Europa en esa época. La Iglesia Católica había sido la entidad más grande y más poderosa de Europa durante cientos y cientos de años. Todo mundo en Europa era católico, Y la Iglesia podía hacer lo que le viniera en gana. Sólo para darte una idea de qué tan en serio iba esto, cuando Enrique IV– el Santo Emperador Romano– fue excomulgado, fue de rodillas a suplicarle al Papa que revocara su excomunión. (Cuando un emperador se arrodilla para suplicarte algo, significa que eres muy poderoso). Si la Iglesia Católica decía que la Tierra estaba en el centro del sistema solar, entonces todo mundo decía que era cierto. Casi nadie cuestionaba la iglesia porque la gente creía que el papa era el representante elegido de Dios en la tierra. Eso significa que cuando el Papa decía algo, era como si el mismo Dios lo hubiera dicho.

¿Cómo se sentiría?

¿Dónde encuentras los porqués y los cómos? Hay muchas maneras de ver más allá de los hechos. Puedes encontrar otros libros o artículos simplemente hacer una búsqueda en Google. Cualquier información adicional ayuda. Puede ser que encuentres opiniones encontradas, lo cual es incluso mejor, porque esto te ayudará a resolver el rompecabezas. Pero de nuevo, puedes acercarte mucho más a los motivos sólo pensando realmente que dice en el libro. ¿Qué significa realmente que 12 millones de personas hayan muerto en el Holocausto? ¿Realmente te has detenido pensar lo masivo que es esto? De manera alternativa, ¿cómo sería sentirse tan fuertemente adherido a una idea que estuvieras dispuesto a dar tu vida por ella? ¿O cómo se sentiría realmente estar en una guerra? ¿O ser el comandante y tener que tomar las decisiones de lo que le sucede a los soldados? A veces, sólo enfocándose realmente en un hecho lograrás ver qué tan importante e impactante es.

Y si vivías en Europa, no tenías opciones: o eras católico o... en realidad no había otra opción. Eras católico. Si estabas o no de acuerdo con los métodos de la Iglesia, no te quedaba más que callarte la boca y aceptarlo. Si no lo estabas, las autoridades te amarraban a un poste, te arrojaban paja y te prendían FUEGO. Entre la falta de opciones y la reticencia de la Iglesia Católica a cambiar, no era de sorprender que hubiera otras personas por ahí que estaban poco satisfechas y que querían una nueva rama de la Cristiandad. Esa condición era importante para hacer la Reforma posible.

Ahora hablemos de las consecuencias. Para entender la importancia de este mensajito al Papa, tienes que investigar las repercusiones. ¿Qué sucedió como resultado de esa acción? ¿Qué pasó con este asunto del protestantismo? ¿Por qué la Reforma importa para futuros eventos? Bueno, la Reforma básicamente dividió a Europa en dos. La mitad de Europa permaneció católica y otra se volvió protestante. Tan sólo este cambio en la práctica religiosa fue enorme. Pero una vez que la gente empezó a cuestionar a la Iglesia, algo más grande sucedió: empezaron a cuestionar otras cosas también. A pesar de que es poco probable que esta fuera la intención inicial de Martín Lutero, algunos historiadores sostienen que la reforma Protestante creó una cultura de cuestionamiento que jugó un papel crucial en el desarrollo de la Revolución Científica.

Paso 4: ¿Cómo se relaciona todo esto con tu experiencia como ser humano?

Desde luego, Sherlock no se detendría sólo al haber aprendido los hechos de la puerta de la iglesia, las 95 tesis y la excomunión. Sherlock siempre quiere saber qué motiva a la gente, e investigar ese aspecto de un hecho histórico es lo que realmente te hará entenderlo y recordarlo. Finalmente, los libros de historia están constituidos sólo de las hazañas más impresionantes... gente que enfrenta los retos más grandes y toma las decisiones más audaces. Así que, lo que debes preguntarte en el paso final es porqué esta era una jugada tan importante para una persona en particular. En otras palabras, ¿qué impulsó a Martín Lutero a hacer lo que hizo? ¿En contra de qué estaba y porque su actuar fue tan extraordinario?

Así que pongámonos en los zapatos de Martín Lutero. Has sacrificado tu vida entera sirviendo a la iglesia como sacerdote. Poco a poco, te das cuenta que las cosas en la Iglesia se hacen de una manera con la que no estás de acuerdo. Éstas cada vez son más, pero te mantienes fiel a tu promesa ante la Iglesia y te haces de la vista gorda. Pero una vez que comienza la venta de indulgencias plenarias, ya no puedes soportarlo más. Sientes que tienes que hacer algo, pero ¿qué harás? Sabes bien qué le pasa a la gente que se insubordina ante la autoridad del Papa (la queman en leña verde). Pero sientes que tienes toda la razón y esa sensación es tan fuerte que vas y pegas una nota en lo que esencialmente es la puerta de Dios. Obviamente, sabes que no vas a recibir de vuelta una carta de agradecimiento. Martín Lutero estaba plenamente consciente de que corría un gran riesgo, pero al mismo tiempo sabía que era algo que tenía que hacer.

Cuando miras las 95 tesis de Lutero desde esa perspectiva, puedes lograr un nivel de apreciación totalmente nuevo de lo que hizo y de por qué fue una jugada de muy, muy alto nivel. Arriesgó mucho, pero para él, la recompensa también fue muy grande: finalmente obtuvo una Iglesia en la que realmente podía creer.

¿Y cómo te ayuda a ti eso hoy? Después de la jugada de Martín Lutero, por primera vez, la gente en Europa podía abiertamente disentir, debatir, y cuestionar. Se habían derrumbado los grilletes intelectuales. Este hecho jugó un papel determinante en el crecimiento exponencial de la tecnología, el arte y la ciencia. Gracias en parte a esa pequeña nota al Papa, no eres un campesino, no tienes que preocuparte de la peste bubónica y no tienes que vaciar tu bacinica en las alcantarillas. ¡Gracias, Martín Lutero!

Con las habilidades del Sherlock, puedes ver más allá de la superficie de los hechos y armar una historia completa de las cosas que sucedieron el pasado. Y cuando empiezas a hacer esto, la historia no es sólo una clase donde tienes que memorizar un millón de tontos detallitos aislados de cosas que ya pasaron. En lugar de esto, al entender realmente la lectura, también puedes ver porqué las cosas que aprendes en la clase de historia son extremadamente importantes Y porqué gente realmente tan fascinante como Sherlock concuerda con esto. El objetivo de la clase de historia no es aprender historia sino aprender de la historia. Al igual que la literatura, la historia nos brinda una manera de entendernos mejor a nosotros mismos. La historia nos permite a todos aprender y cuestionar las decisiones que la gente tomó en el pasado, de manera que podamos ver porqué nuestro mundo está en la posición en la que está hoy día. Mientras más actuemos como Sherlock, mayores oportunidades tendremos de asegurarnos de no repetir los errores de las generaciones pasadas. Sólo entendiendo como llegamos aquí podemos averiguar en dónde esperamos estar.

¿Eres Sherlock Holmes o el Inspector Lestrade?

Hay dos maneras de acercarte a la lectura. La mayoría de los estudiantes escogen la ruta del inspector Lestrade. Como realmente no tiene método de investigación, termina dando vueltas en círculos y llegando precipitadamente a conclusiones que no lo conducen a ningún arresto. Su "proceso" también es estresante porque no sabe exactamente qué está haciendo. De la misma manera, los estudiantes que leen con la técnica mazorca de maíz tratan de adivinar el verdadero significado del texto, y entonces escriben el ensayo. El único resultado es estar atrapado muchas horas extras en el proceso de escritura sin tener nada que decir. Lo que es más, esos estudiantes nunca sienten que el caso está cerrado, porque nunca llegan a ninguna conclusión interesante o emocionante en lo que leen. El método del inspector Lestrade, quedarse con la explicación superficial, parece fácil, pero al final toma más tiempo y es mucho menos satisfactorio y exitoso.

Te hemos dado una muestra de lo que el método de Sherlock puede hacer realmente. Al principio puede parecer tomará más tiempo. Después de todo, requiere más paciencia y más atención al detalle... e incluso algo de investigación. Pero su método te permitirá ahorrar un montón de tiempo en todos esos ensayos y exámenes que vienen tras la lectura. El bloqueo de escritor ya no será un problema y todas tus lecturas se volverán más memorables. Eso significa menos tiempo estudiando para tus exámenes y menos estrés cuando los haces.

Y lo mejor de todo es poder usar el método de Sherlock para que todas tus clases sean más interesantes. Sherlock Holmes nunca se aburre. Y como estudiante de secundaria o preparatoria, esencialmente ya te han dado una lista de los más grandes éxitos de la literatura y la historia. Todo lo que tienes que hacer es investigar porqué pasaron la prueba del tiempo. La apreciación viene del entendimiento.

Al aproximarte a los textos como Sherlock, puedes garantizar que nunca te quedarás viendo la manecilla del reloj por aburrimiento; tu trabajo fluirá y no tendrás más remedio que encontrarlo fascinante. ¿Así que, Sherlock o Lestrade?

Bueno, mi querido amigo, las decisión es elemental.

> ***Una ventaja distintiva***
>
> Mientras más leas a la manera de Sherlock más rápidamente encontrarás conexiones fascinantes cuando leas algo nuevo. Por ejemplo, si has leído así la historia de Martín Lutero, entonces sabrás que no fue la primera persona que intentó este tipo de Reforma. También te darás cuenta porqué fue la más exitosa: vivió en la época de la imprenta. Antes de la época de Lutero, si querías cambiar la manera de pensar de las personas, sólo tenías a tu disposición unos cuantos documentos copiados a mano, o bien la difusión boca a boca. Gracias a la imprenta, sólo 80 años después de pegar sus 95 tesis, Lutero y sus seguidores habían inundado Europa con 3 millones de panfletos y libros.

Poniéndolo en práctica

Dependiendo de tu nivel de familiaridad con el texto, leer a la manera de Sherlock puede tomarte o bien sólo poco o bien nada de tiempo. Incluso si no te sientes capaz de explorar a profundidad un pasaje tal como lo hemos hecho anteriormente, el mejor lugar para empezar es dándote cuenta si estás o no leyendo estilo mazorca de maíz. Pon atención y detente cuando empieces a usar ese ritmo de izquierda derecha. Puede ser una vez por cada par de oraciones, una vez por párrafo, o una vez por página, pero si empiezas a poner atención a cómo lees, obtendrás más de lo que lees.

Capítulo 8

Escribe un Ensayo que sea un Éxito de Taquilla

Miras el reloj. Son las 9:15 p.m. Escribiste dos párrafos. ¿Y ahora qué sigue? ¡Veamos, algo del estilo de ... ¿por qué a Romeo le gustaba Julieta? ¿Dónde están todas la citas de este libro? Pasas y pasas las páginas y llegas a 43. No hay nada ahí. Suspiras. ¿Por qué los ensayos toman una eternidad?

9:33 p.m.
Voy a hacer la letra más grande. ¿Se dará cuenta el profesor si paso de 12.2 a 12.3 puntos? Así está mejor. También voy a hacer los márgenes más estrechos, pero no mucho.

9:40 p.m.
Ahora voy a hacer el título MÁS GRANDE y en **NEGRITAS**. Y **SUBRAYADO**. Muy bien. Casi termino la página uno. Necesito un descanso.

10:12 p.m.
Mejor me voy a dormir y me levanto temprano.

10:13 p.m.
Mejor sigo escribiendo lo que sea.

10:35 p.m.
Oficialmente, ésta es la peor noche de mi vida.

De todas las cosas que se les pide a los estudiantes que hagan en la escuela, escribir un ensayo es la más temida. Todos los estudiantes saben que los ensayos toman muchísimo tiempo. La sola mención de la palabra "ensayo" evoca imágenes de interminable y extremo aburrimiento nocturno que no se pueden describir con otras palabras. Soportas horas y horas de tortura mental al finales de las cuales, con suerte, tendrás un buen ensayo.

Ahora, pregúntate lo siguiente: has visto alguna vez un buen ensayo? ¿Es decir, en la vida real? Muy pocos estudiantes lo han hecho. En realidad, los buenos ensayos son como Pie Grande. Y la escuela no es su hábitat natural. Por esta razón, la mayoría de los estudiantes están seguros de que un buen ensayo —uno que realmente se te antoje leer— no existe. Bien, estamos aquí para probarte lo contrario. Sí existe un buen ensayo pero probablemente luzca muy diferente a como te lo hayas imaginado. Entonces, ¿qué constituye un "buen ensayo"? O mejor aún, ¿cómo se hace un ensayo extraordinario? La respuesta se está proyectando en este momento en tu sala de cine favorita.

Escribe para el consumo de masas, no para consumir (de aburrimiento) a las masas.

Un gran ensayo debería ser como una gran película. Y no cualquier película, sino un éxito de taquilla. O sea, la clase de película en la cual, con una sola explosión, el héroe o la heroína evitan que los alienígenas, monstruos, zombis y/o robots se apoderen del mundo. Todos en la familia pueden disfrutar de un éxito de taquilla porque es una experiencia de dos horas llena de emoción con una historia de amor épica. Estas películas son entretenimiento puro de las tardes dominicales. Los productores de cine invierten años y años de trabajo —y millones y millones de dólares— para que, cuando te sientes en la butaca del cine, sepas que vas a ver una película emocionante, interesante y, lo más importante, fácil de ver.

Piensa en *La guerra de las galaxias, Tiburón, Indiana Jones, Parque Jurásico, Los vengadores, Piratas del caribe, Avatar*... éstos son algunos de los éxitos de taquilla que se convertirán en clásicos por su alcance universal. Sería increíble si todos los ensayos que tú y tus compañeros de clase escriben fueran tan divertidos como ver *Iron Man*. Desafortunadamente, la mayoría de los escritores de secundaria y preparatoria piensa que un ensayo tiene que ser como una película muda bizarra en blanco y negro. El escritor utiliza el vocabulario más raro posible y tiene unas ideas tan profundas que tienes que ser un crítico de arte neo post surrealista francés para entenderlas. El producto final deja a los lectores tan confundidos y perplejos que sólo pueden asumir que algo muy inteligente acaba de suceder.

La pregunta es: ¿realmente querrías leer un ensayo así? ¡Claro que no! ¡Suena espantoso! Ese tipo de ensayos no valen ni el papel en que están impresos, y sus escritores deberían tener prohibido usar un teclado. Así que, la próxima vez que te encuentres en el camino de la pretensión literaria, considera lo siguiente: si tú mismo no quieres leer tu ensayo, ¿cómo puedes esperar que a tu maestro le emocione?

Imagina si Steven Spielberg o George Lucas decidieran que el objetivo de una película no es satisfacer a la audiencia sino olvidarse de ella y sólo lucir realmente inteligente. Entonces tendrías una nueva versión de *Tiburón* donde éste sólo se viera una vez mientras que, la mayoría del tiempo, el Sheriff Brody se sentara solo en una esquina oscura, murmurando para sí mismo y diciendo: "el tiburón es una metáfora, el tiburón es una metáfora", y entonces todo mundo muriera... por cuestiones no relacionadas con ningún tiburón. Y, a la mitad de *La guerra de las galaxias*, habría un montaje de 10 minutos con música instrumental extraña, en la cual vieras una lluvia intensa a través de una ventana, y luego una cebolla pelándose a sí misma y luego Yoda se expresara mediante danza interpretativa. Con películas así, los cineastas quizás lucirían inteligentes, pero nadie más que ellos querrían verlas.

Tal como un éxito de taquilla, un ensayo bien escrito está exclusivamente dirigido a la audicencia. Te atrapa desde el principio, mantiene tu atención hasta el final, tiene situaciones y momentos inesperados, y termina de una manera satisfactoria. Claro que no estás invirtiendo cientos de millones de dólares, pero sí estás invirtiendo buena parte de tu tiempo. Los ensayos siempre van a consumir más tiempo y van a ser más pesados que otras tareas: ésa es su naturaleza. Pero un ensayo definitivamente no tiene que ser aburrido, ni para ti ni para la audiencia.

La clave para escribir ensayos exitosos es cambiar totalmente tu noción de lo que es un ensayo. Necesitas empezar a escribir ensayos para tu audiencia. Si tu ensayo te aburre, lo más posible es que quien lo revise también lo encuentre aburrido. Afortunadamente, ver qué tanto te entusiasma tu ensayo, es decir, verificar constantemente qué tanto lo encuentras "absorbente" y "cautivador" es la mejor manera de asegurarse de que sea bueno. Necesitas aprender a escribir un ensayo que pagarías por leer.

Un éxito de taquilla puede salvarte el verano

Todos estamos familiarizados con la pesadilla de un ensayo avanzada la noche, mirando la pantalla en blanco descrita al principio de este capítulo. Sin embargo, hablaremos de cómo nuestra estudiante Carolina Alvarado se enfrentó exitosamente con Romeo y Julieta de Shakespeare. Era una alta y esbelta estudiante de pelo ondulado que hubiera sido una niña súper hippie de flores en el pelo de no haber sido por que nació en la década de 1990. Normalmente, Carolina estaba contenta y de buen humor. Era "una con el universo" y todo lo encontraba "lindo". De hecho iba a terminar su segundo año de preparatoria en una semana y se iría entonces a trabajar como consejera en un campamento de verano artístico en California del Norte. Sería el mejor verano de toda su vida. Sólo que había un problema.

Carolina necesitaba que le fuera bien en su ensayo final de literatura, o si no tendría que tomar clases durante el verano en vez de ir al campamento. Ya había pasado por una de esas tortuosas noches de desvelo para tratar de saber qué tendría que decir su ensayo. Para complicar las cosas, sabía que su maestro iba a ser duro al calificarla porque siempre le hacía comentarios del tipo "tienes que tener más evidencias para justificar tus puntos" o bien "aquí no hay análisis...tienes que tener ideas originales y específicas". Pero, ¡por Dios! ¿Cómo se suponía que Carolina iba a tener algo original que decir sobre una obra que le gente llevaba leyendo unos 500 años?

Carolina aún no tenía que aceptar su destino trágico de verano. Si iba a hacer de su ensayo el éxito de taquilla que le salvaría el verano, entonces tenía que empezar a pensar como una productora cinematográfica.

¿Por qué es más difícil escribir un ensayo inclinado?

Al leer, el deseo de los estudiantes por apresurarse en sus tareas los hace tomar el enfoque "mazorca de maíz", el cual ahora bien sabes que no reditúa. Este fenómeno se cuela hasta el proceso de escribir un ensayo. Los estudiantes escogen un tema, omiten la investigación, abren un documento en blanco y empiezan a teclear. El resultado es algo que denominamos un "Ensayo Torre de Pisa".

Quizás hayas oído hablar de la Torre de Pisa. Es muy famosa, sobre todo por su inclinación. Cuando la torre fue construida en el siglo XII, los constructores llegaron al tercer piso y entonces se dieron cuenta de que había un pequeño problema. No habían hecho unos cimientos suficientemente profundos para el tipo de suelo sobre el que se edificaría la torre, así que un lado se estaba hundiendo. La torre ya nunca estaría derecha. Aproximadamente un siglo después, cuando la construcción se puso de nuevo en marcha, los arquitectos tuvieron que tomar una decisión: empezar todo desde cero y hacerlo de manera correcta o bien continuar y hacer que funcionara como fuera. Decidieron seguir construyendo, pero mientras la torre se tornaba más alta, más se inclinaba. Llegó un momento en que se ladeó tanto que trataron de compensar este hecho inclinando cada nuevo piso que se construía. Y al final, la torre estaba inclinada y curvada. Todos estos problemas se hubieran evitado fácilmente si los arquitectos y constructores hubieran planeado cada parte del proyecto antes de darle "luz verde".

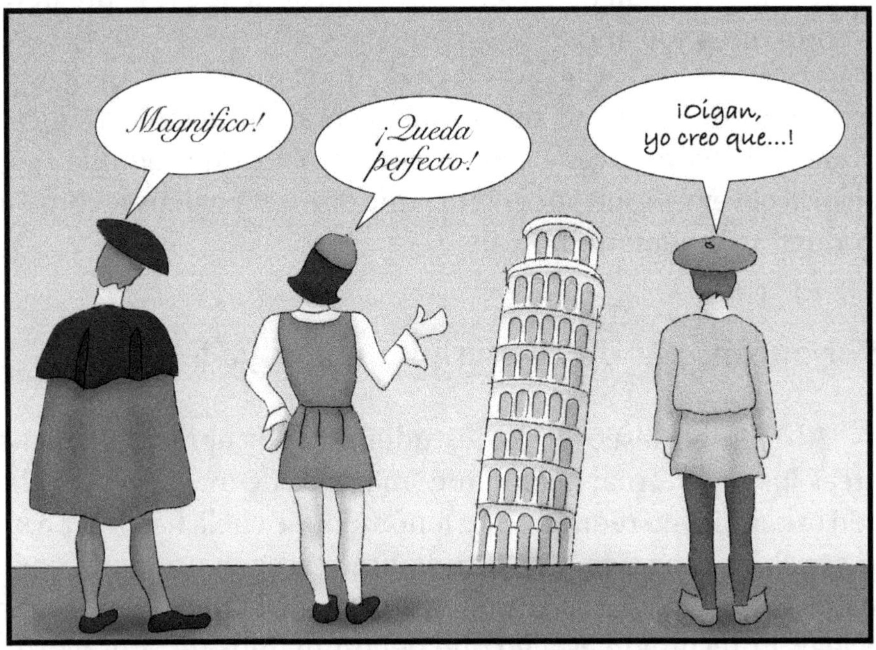

La mayoría de los estudiantes trata de escribir sus ensayos como si estuvieran construyendo la Torre de Pisa. Se apresuran a escribir antes de haberse asegurado de que los cimientos de su ensayo sean suficientemente sólidos. Hay siete reglas básicas para escribir un ensayo, pero a los estudiantes les encanta brincarse las primeras para comenzar a apilar oraciones cuanto antes.

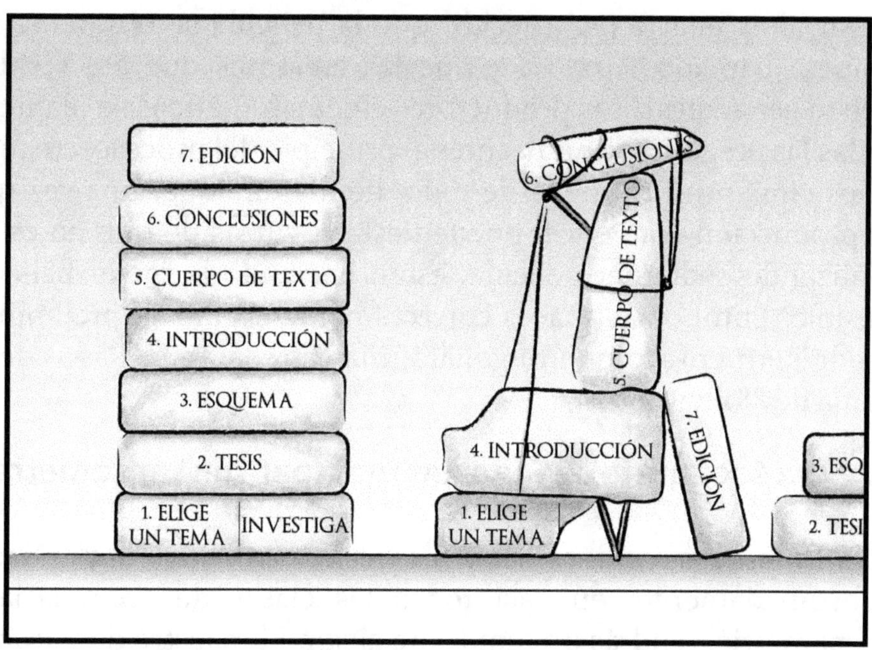

Quizás al final del primer o segundo párrafo, los estudiantes ya podrían saber si realmente están haciendo lo posible por traer a colación nuevas ideas. Pero sólo continúan añadiendo frases y apresurándose para llegar a las conclusiones. En cada etapa, el trabajo se torna cada vez más difícil, como les sucedió a los arquitectos de la torre. Al eliminar las etapas de planeación, los estudiantes se condenan a sí mismos a soportar horas y horas de devanarse los sesos para encontrar más maneras de decir lo mismo una y otra vez. ¿Y el resultado? Siempre un argumento inestable, repetitivo y totalmente gris. Omitir los cimientos hace que el ensayo no sea divertido de escribir y que la calificación sea, por consecuencia, baja.

Hagamos un éxito de taquilla

Los directores de cine famosos son lo opuesto a los constructores de la Torre de Pisa. Ellos nunca comenzarán a filmar de la nada. En las películas más exitosas, hay años y años de trabajo de por medio antes de que se encienda la primera cámara. ¿O realmente crees que James Cameron se espera hasta llegar al escenario para decidir que la película se tratará de un planeta llamado Pandora y que las creaturas que ahí residen deben ser azules? Los productores cinematográficos se plantean todas las preguntas importantes al principio del proceso, creando unos cimientos a prueba de todo, de manera que, una vez que la producción comience, pueden estar seguros de que no están realizando cualquier película: están haciendo la mejor película posible. Entonces, si haces correctamente el trabajo preliminar, tendrás un ensayo que te ganará una estrella en el Paseo de la Fama de Hollywood.

PASO 1: Asegúrate de Tener un Tema para un Largometraje

Todos los ensayos tienen que empezar en algún lado. Afortunadamente, en casi todas las clases de secundaria o preparatoria, tendrás un tema para elegir. El maestro de Carolina le había dado a la clase cuatro temas posibles, y Carolina le echó un vistazo al número dos. Éste era el tema:

> 2. Al final de Romeo y Julieta de William Shakespeare, el príncipe dice: "La mañana trae consigo una paz lúgubre; el sol, apenado, no asoma su cabeza". Ante las consecuencias de la muerte de los enamorados, los personajes notan que la tragedia es tan grande que incluso el sol no brillará. De hecho, las imágenes de luz y oscuridad están presentes en toda la obra de Romeo y Julieta. ¿Cómo usa Shakespeare estos motivos para aumentar nuestra comprensión de este trágico amor?

"¡Claro que el sol no va a asomar su cabeza porque hay que escribir un ensayo de literatura!". (Carolina estaba lejos de estar chispeando de entusiasmo, pero se determinó a seguir adelante). "Hagámoslo, entonces".

No tan rápido. Hunter le dijo a Carolina que primero, antes de que pasara mucho tiempo trabajando en este tema, tenía que asegurarse de que se tratara de un largometraje. En otras palabras, tenía que asegurarse de que había suficiente información en el texto — ejemplos y citas— para llevarla a tener un argumento hasta la última página de su ensayo. Para comenzar, Carolina tenía que tener una idea clara de lo que estaba buscando en los ejemplos de la obra. Después de que el tema quedó tan claro como receta de cocina, lucía así:

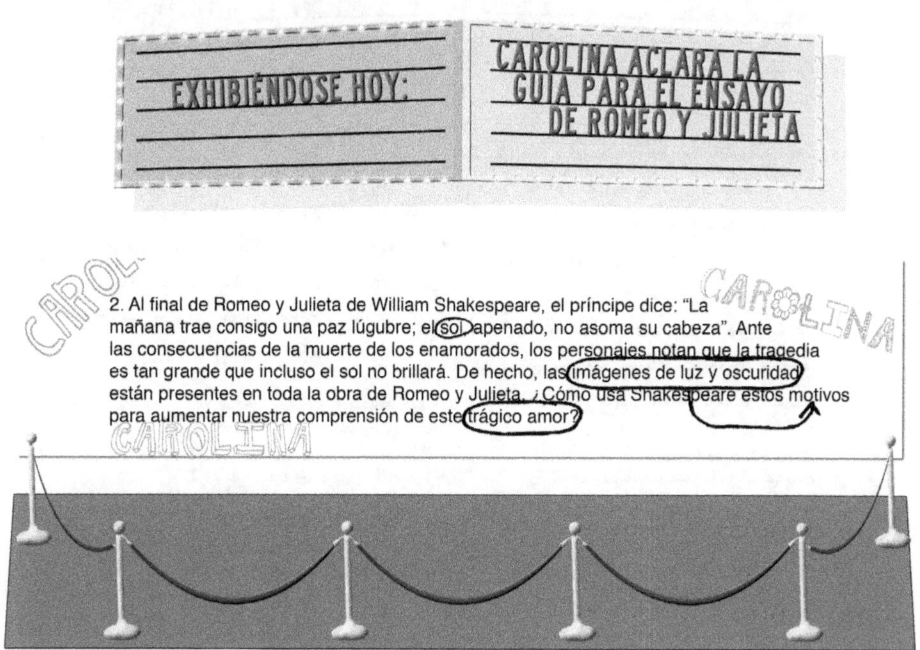
EXHIBIÉNDOSE HOY:
CAROLINA ACLARA LA GUÍA PARA EL ENSAYO DE ROMEO Y JULIETA
CAROL
CAROLINA
2. Al final de Romeo y Julieta de William Shakespeare, el príncipe dice: "La mañana trae consigo una paz lúgubre; el sol apenado, no asoma su cabeza". Ante las consecuencias de la muerte de los enamorados, los personajes notan que la tragedia es tan grande que incluso el sol no brillará. De hecho, las imágenes de luz y oscuridad están presentes en toda la obra de Romeo y Julieta. ¿Cómo usa Shakespeare estos motivos para aumentar nuestra comprensión de este trágico amor?
CAROLINA

El maestro de Carolina le había dado, en la guía para el ensayo, un ejemplo de cómo la "luz" se manifiesta en la obra. Eso significaba que las otras citas acerca de la "luz" también estarían en línea con la guía, al igual que las citas que tenían la palabra "oscuridad". Era un buen comienzo, pero Carolina tenía que asegurarse de encontrar todas las buenas citas relacionadas con esta idea. Necesitaba generar una lista de palabras clave que pudiera buscar, es decir, imágenes que Shakespeare pudiera haber utilizado para hablar acerca de la "luz" y la "oscuridad". Carolina buscó en toda la obra y reunió todas las citas donde Shakespeare no sólo utilizaba alguna de sus palabras clave, sino que específicamente las relacionaba con el amor trágico mencionado en la guía. Tras reunir las citas, estaba segura de que tendría suficiente material para escribir porque tenía muchas más citas para fundamentar un ensayo de tres a cinco páginas. Su brillante ensayo se hallaba en algún lugar de la selección de estas citas.

HOY EXHIBIÉNDOSE:
CAROLINA,
EN BUSCA DE UNA
INVESTIGACIÓN
TAQUILLERA

Mas, cuando apenas resplandece el sol
y corre, en los confines del Oriente,
el opaco dosel del lecho de la aurora
huye, sombrío, de la luz y vuelve a casa,
y se encierra en su cuarto,
atraca las ventanas, cierra la puerta del día,
y en torno suyo hace una noche artificial.
(Montesco, sobre Romeo, I. i. 131-137)

¿Qué luz es la que asoma por aquella ventana?
¡Es el oriente! ¡Y Julieta es el sol!
Amanece tú, sol, mata la envidiosa luna.
Está enferma, y cómo palidece de dolor,
Pues que tú, su doncella, en primor aventajas.
(Romeo, sobre Julieta, II. ii. 2-6)

¿Más hermosa que la que amo?
Nunca el sol, que lo ve todo,
tal encontró desde que el mundo existe.
(Romeo, sobre Rosalina, I, ii. 94-96)

Dos estrellas del cielo entre las más hermosas
han rogado a sus ojos que en su ausencia
brillen en las esferas hasta su regreso.
¡Oh, si allí sus ojos estuvieran! ¡
Y si habitaran su rostro las estrellas
la luz de sus mejillas podría sonrojarlas
como hace el sol con una llama!
(Romeo, sobre Julieta, II. ii. 15-20)

Dame una antorcha. No estoy para bailes.
Que bien cuadra la cruz a quien anda sombrío
(Romeo I. iv. 11-12)

¿Quién eres tú, cubierto por la noche,
que me sorprendes en mis confidencias?
(Julieta sobre Romeo, II. ii. 52-53).

Hasta las antorchas, de ella, aprenden a brillar.
Se diría que adorna el rostro de la noche
como preciado colgante que portara una etíope.
(Romeo, sobre Julieta, I. v. 42-44)

Malditas sean las mil si me falta tu luz!
(Romeo a Julieta, II. ii. 155)

No jures por la luna, no, la luna inconsistente,
que cambia cada mes en su órbita redonda,
no sea que tu amor, como ella, se vuelva caprichoso
(Julieta a Romeo, II. ii. 110-112).

Vamos. Se habrá ocultado entre los árboles
buscando compañía de una noche tan húmeda.
Su amor es ciego y quiere oscuridad.
(Benevolio, sobre Romeo, II. i. 30-32)

¡Oh, feliz, bendita noche! Sólo temo
que todo sea esta noche un sueño sólo
demasiado dulce para ser verdad
(Romeo, II. ii. 139-141)

HOY EXHIBIÉNDOSE:
CAROLINA, EN BUSCA DE UNA INVESTIGACIÓN TAQUILLERA

Y si vivo, ¿no sucederá que, al despertar,
el mismo pensamiento de la muerte y la noche,
además del horror del lugar mismo
(Julieta IV. iii. 36-38)

¿Tumba? Oh, no, no, sino
luminaria. ¡Oh, tú, joven
asesinado...! Pues en ella está
Julieta y su hermosura
convierte esta fosa en
radiante presencia de luz
(Rome, sobre Julieta, V. iii. 84-86)

¡Oh, día! Día lamentable, funesto día,
el más triste de cuantos he vivido
Día funesto, día funesto
¡Oh, día funesto, funesto, funesto!
Día lamentable, día infeliz, el peor
De cuantos llegué a ver
(Julieta IV. v. 49-54)

El alba de los ojos grises
se burla de la torva noche;
Los rayos de luz doran
las nubes de Oriente,
(Fray Lorenzo, II. iii. 1-2)

La mañana trae consigo
una paz lúgubre;
el sol, apenado, no asoma
su cabeza.
(El Príncipe, sobre sus muertes,
V. iii. 305-306).

¡Corred veloces, caballos de pies de fuego!
Galopad donde Febo duerme. El látigo de Faetón,
el auriga, ya os habrá llevado hasta el Ocaso
y me habría traído las nubes de la noche
¡Extiende tu negro manto, oh noche protectora
del amor! ¡Y tú, sol, cierra tus ojos ya!
Que Romeo venga, inadvertido, en silencio, a mis brazos.
Los amantes celebran sus amorosos ritos
con la sola luz de su belleza, pues siendo ciego
busca el amor de la noche. Ven, noche oscura,
ven matrona sabiamente enlutada,
y enséñame a perder un fácil juego,
ése que juegan dos virginidades inocentes.
Cubre la sangre indómita que arde en mis mejillas
con manto de tinieblas, hasta que el tímido amor
se decida, y amar no sea sino pura inocencia.
Ven, noche; ven, Romeo; ven tú, día de la noche.
Tú que yaces sobre las alas nocturnas, y en ellas
Más blanco apareces que la nieve sobre el cuervo.
¡Ven, dulce noche, amor de negro rostro!
Dame a mi Romeo y, cuando muera, tómalo,
y haz de sus pedazos estrellas diminutas
que iluminen el rostro del Cielo de tal forma
que el mundo entero ame la noche
y nadie rendirá tributo al sol radiante.
(Julieta III. ii. 1-25)

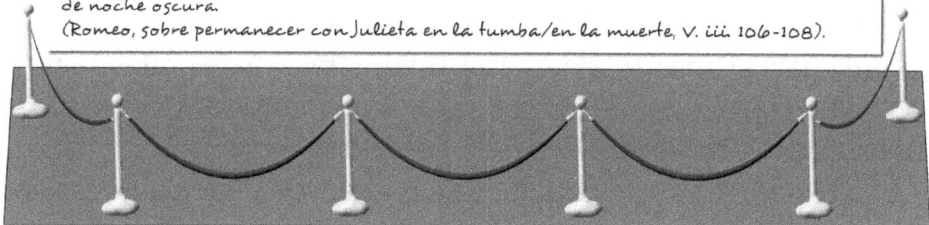

Por el temor de esto he de quedarme aquí
para nunca más marchar de este palacio
de noche oscura.
(Romeo, sobre permanecer con Julieta en la tumba/en la muerte, V. iii. 106-108).

PASO 2: ENCUENTRA UNA TESIS QUE TE DEJE CON LA BOCA ABIERTA

Ahora que era el momento de encontrar una tesis, el instinto de Torre de Pisa de Carolina tomó el control...otra vez. "Ok, súper bien. 'Las imágenes de luz y oscuridad aparecen en toda la obra de *Romeo y Julieta*'".

¡Sí, qué bestia! Es tan cierto como que el cielo es azul y que son cuatro las estaciones. El problema es que todo mundo sabe eso. Recuerda, se supone que tu tesis debe ser un argumento muy personal y único. Entonces, ¿puedes profundizar un poco, por favor?

"Sí, ok. 'Las imágenes de luz y oscuridad se utilizan para... mostrar el aspecto trágico del amor en la obra *Romeo y Julieta* de William Shakespeare'".

Bien, eso tiene más detalles. Pero todavía le falta. Qué tal...

"No, espera, ya lo tengo. Aquí te va: 'En la gran obra de William Shakespeare, *Romeo y Julieta*, la imaginería de la luz y la oscuridad se utiliza para ilustrar la naturaleza trágica del amor... para estos personajes'". Carolina se levantó del asiento, feliz de haber tenido esta revelación.

CAROLINA: ÉSA NO ES UNA TESIS

¿En serio? ¿Por qué no? Pues nada más y nada menos que porque *es la pregunta*. Cualquier persona en el mundo que tenga la guía para el ensayo podría escribir esa frase. No es nueva y no es controversial. Tu maestro *escribió la pregunta*, así que *claramente sabe* que las imágenes de luz y oscuridad están *presentes* en la obra. Eso no lo va a sorprender. La manera más rápida de saber si una tesis funciona es poniéndose en los zapatos de la audiencia. Entonces, Carolina, ¿la tesis que tienes te deja híper entusiasmada? ¿Ya *no puedes esperar* ni un minuto más por leer lo que sigue? ¿Te parece novedosísima?

Carolina se le quedó viendo a Hunter, pasmada.

Yo creo que no. Carolina, si tú no estás entusiasmada, tu *audiencia* tampoco lo estará. Tu tesis no debe ser una exposición de un tema general, sino que tiene que usar los hechos del texto para tener una nueva perspectiva sobre el tema. Debes presentar algo que otra persona que haya leído la novela no haya descubierto por sí misma. Y dado que la tesis es algo que la mayoría de la gente no ha visto ni apreciado del todo a simple vista, no es posible que la primera cosa que se te ocurre sea la mejor opción de tesis.

Una Buena Tesis es Oro

En Hollywood, ser el "hombre de la idea" es realmente un negocio lucrativo. La siguiente vez que vayas al cine, mira más de cerca los créditos. Con frecuencia, además del el crédito de "escrito por" está el de "basado en una historia de". Este último significa que a alguien más que el guionista le pagaron un montón de dinero sólo por tener una idea de una película. Así de valiosa puede ser una tesis.

Carolina siempre había tratado de inventar una tesis de la nada para luego buscar las citas que la justificaran. Misión imposible. Entonces, ¿cómo encuentras una tesis que sea novedosa y entusiasmante? **Una tesis que te deje con la boca abierta es resultado de la investigación.** Durante la investigación *encuentras* las citas, pero mediante la investigación haces que *éstas tengan sentido*. Sumérgete en la evidencia que has recolectado durante la investigación y entonces descubrirás todos los detalles que te harán escribir un argumento tan explosivo que tu maestro se sorprenderá.

"Ah, vale, vale, ¡entonces donde dice que Julieta es el sol! Esa escena me encantó". Ahora Carolina tenía que dejarse guiar por Sherlock y usar las pistas para averiguar porqué las "luz" era tan importante aquí.

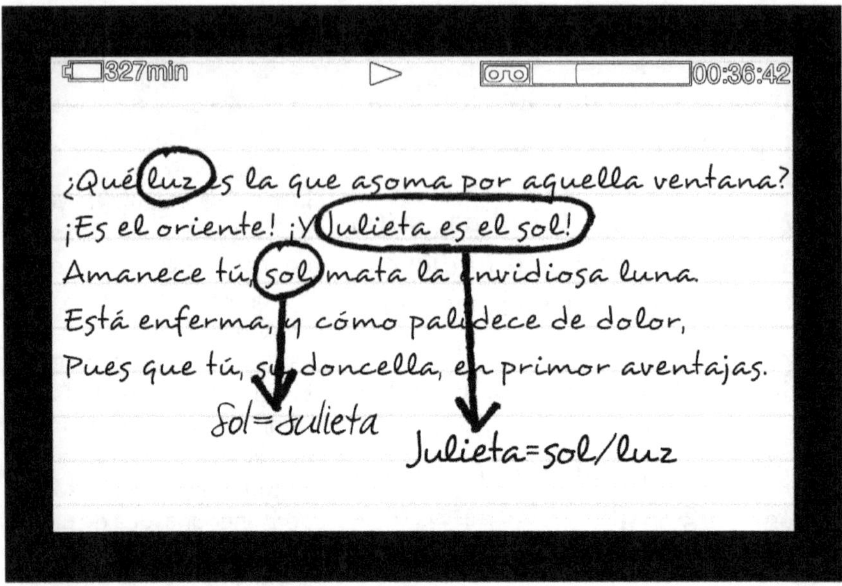

Así que, en esta cita, Carolina determinó que la luz representa a Julieta. Aun mejor, en otras de las citas esto también parecía ser cierto. Julieta era comparada con una "antorcha" a la mitad de la obra. Quizás Carolina había encontrado algo.

Pero ¿qué pasaba con Romeo? Después de todo, para tener una romance trágico que termine en un doble suicidio se necesitan dos. Carolina encontró esta cita acerca de Romeo:

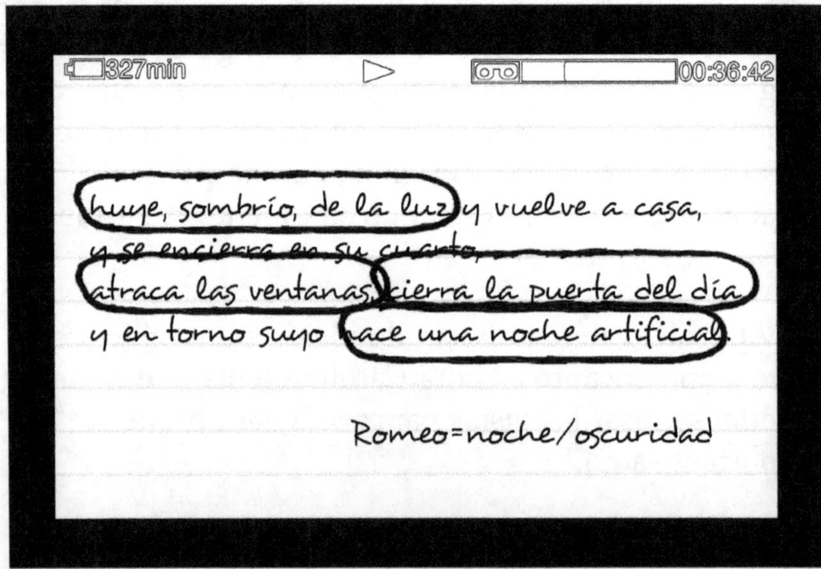

Así como la luz parecía representar a Julieta, en esta cita, Romeo se asociaba con toda clase de cosas relacionadas con la oscuridad: ventanas cerradas, puerta que no deja pasar al día y noche artificial. Ahora Carolina estaba realmente en camino de tener algo original que decir. Pero aún le faltaba un poco. Quizás Julieta siempre era la luz y Romeo siempre la oscuridad, pero incluso si fuera cierto, ¿entonces qué? ¿Por qué tendría que importarle a la audiencia?

El test de ¿Y ENTONCES QUÉ?

"¿Y entonces qué?" es la pregunta que los estudiantes *siempre* olvidan hacerse cuando elaboran una tesis. Puedes usar el ¿Y ENTONCES QUÉ? como test, forzándote a ser más ya más específico, hasta que tengas una tesis que sea realmente novedosa.

Piensa en términos cinematográficos. Si alguien estuviera tratando de convencerte de que vale la pena ver la película *127 horas*, pasaría algo como lo siguiente:

Entonces el alpinista se cae en una grieta en las rocas y se queda atrapado.

¿Y ENTONCES QUÉ?
Y se queda ahí días y días y no puede salir de ninguna manera.
¿Y ENTONCES QUÉ?
Y entonces, para liberarse (es en serio), se corta su propio brazo.
¿QUÉ? ¡Qué asco! **Tengo que ir a verla.**

Usando el test **¿Y ENTONCES QUÉ?** logras ser más y más específico hasta que es obvio que la película es totalmente única y suficientemente emocionante para que inviertas dos horas de tu vida viéndola.

Entonces Julieta es la luz y Romeo la oscuridad... **¿Y ENTONCES QUÉ?** Carolina en realidad no tenía una respuesta todavía. Para llegar a ella, Carolina tenía que averiguar por qué Shakespeare había escogido esas imágenes en específico. ¿Por qué Romeo no decía que Julieta era una "rosa" o un "arcoíris" o una "bacinica"? Si el papá de Romeo dice que su hijo se esconde en su cuarto todo el día, por qué no comparar a Romeo con una tortuga que se mete en su caparazón? ¿Por qué luz y oscuridad? Para entender más las intenciones de Shakespeare, Carolina comparó su idea de luz y oscuridad con la siguiente lista de preguntas:

Preguntas para ayudarte a pasar el test de ¿Y ENTONCES QUÉ?

¿Esto qué tiene de especial?

¿Por qué es lo opuesto a lo que uno esperaría?

¿Por qué se sale de lo común?

¿Qué tiene la idea de cierta que pueda decir algo sobre los personajes o los temas?

¿Por qué el autor escogió esta opción y no otra?

Nada parecía extraño ni inesperado respecto a decirle a la chica que amas que es tan hermosa como el sol, así que Carolina revisó la lista de nuevo. Entonces empezó a pensar más en la idea de la guía para el ensayo. ¿Qué es cierto de la luz y de la oscuridad, incluso en los niveles más básicos? "Bueno, la luz y la oscuridad son dos polos opuestos". Muy bien. Ahora cómo se relaciona eso con el "amor trágico"? "Bueno, 'amor trágico' significa que los amantes nunca pueden estar juntos. Así como si estuvieran malditos". Maravilloso. Ahora, ¿por qué la luz y la oscuridad los representarían? "¡Ah, porque si la luz y la oscuridad son dos opuestos, no pueden estar juntos! Cuando viene la luz se tiene que ir la oscuridad. A ver, un momento: entonces ¿ésta es mi tesis? ¡Shakespeare hace a Romeo y a Julieta como la "luz" y la "oscuridad" porque son opuestos, y es así como el lector sabe desde el principio que nunca pueden estar juntos! ¡Wooooooow! ¡Qué *loco*! Shakespeare es tan sutil. Básicamente le está diciendo a la audiencia cuál es el final de la obra —en código—, *cada vez que los personajes aparecen*. ¡Se pasa!

La tesis de Carolina definitivamente pasó el test **¿Y ENTONCES QUÉ?** Más importante, era una idea que en realidad había dejado intrigada a Carolina. Por primera vez en la vida podía ver que era posible elaborar una tesis *emocionante e interesante.* Y si a Carolina le emocionaba, significaba que a al audiencia también le emocionaría.

Ahora, esta no tenía que ser la versión final de la tesis de Carolina. Pero definitivamente había encontrado algo que podía sorprender a la audiencia. Con una tesis que los podía dejar boquiabiertos podía estar segura de que los a los lectores les emocionaría su ensayo. Pero, ¿cómo podía asegurarse de que podía mantener su atención de principio a fin?

PASO 3: Crea una esquema que te mantenga al filo del asiento

Todo mundo sabe que los éxitos de taquilla del verano son las películas que más se exhiben en los cines. ¿Y qué las hace tan divertidas?

Las explosiones.

Grandes, pequeñas, feroces...tren, automóvil, edificio, nave espacial, lo que sea. Hay algo muy satisfactorio cuando uno ve una explosión a la mitad de una historia.

Las explosiones son una manera particularmente satisfactoria de aumentar la tensión en una película. En otras palabras, hacen las cosas *más* urgentes, *más* difíciles o *más* problemáticas para el héroe. Los buenos corren al edificio donde están los expedientes... pero justo cuando están a cinco metros de la puerta y todos sus problemas están por resolverse...

¡¡¡¡¡¡¡UNA EXPLOSIÓN!!!!!!!!

El edificio explota y ahora nunca van a conseguir esos expedientes. Eso significa que van a necesitar otra manera de encontrar el escondite del villano. Los productores de películas saben que al público le encanta estar al filo del asiento.

Si tienes la mala suerte de quedarte viendo una película donde no pasa nada sorprendente, ¿entonces qué haces? Te recargas y pones los pies en el asiento de enfrente y te enfocas más en las golosinas que estás comiendo que en lo que está pasando en la película. En el otro extremo del espectro, una película que consiste *sólo* de explosiones pierde su encanto rápidamente y también te manda de regreso con las golosinas. Las buenas películas mezclan una y otra cosa: te dan un secuencia de acción seguida por un flashback sentimental acerca de la esposa del héroe (asesinada por el villano) y entonces otra secuencia que lleva a un ataque donde los buenos están a punto de ganar... sólo que sus planes se arruinan por... ¡OTRA EXPLOSIÓN! Algo muy épico.

Figurárselas para espaciar esas explosiones de manera que todas sean igualmente sorpresivas es la clave para un éxito de taquilla. El proceso de editar una de esas películas que mantienen a todos al filo de sus asientos es un trabajo de meses y meses. Para tu fortuna, puedes trabajar con un esquema que ha sido aprobado por todos los maestros y escritores del mundo por generaciones. Probablemente ya tengas este esquema en algún lado de tus apuntes. Se ve más o menos así:

Introducción
-Gancho
-2 o 3 oraciones que lleven al lector al tema central
-Planteamiento de la tesis
Primer párrafo
-Transición
-Argumento que apoye la tesis
-Dos o tres piezas de evidencia más un análisis (mínimo 4-6 oraciones)
Segundo párrafo
-Transición
-Segundo argumento que apoye la tesis

-Dos o tres piezas de evidencia más un análisis (mínimo 4-6 oraciones)
Tercer párrafo
Transición
-Tercer argumento que apoye la tesis
-Dos o tres piezas de evidencia más un análisis (mínimo 4-6 oraciones)
Conclusión
-Replanteamiento de la tesis
-Dos o tres oraciones para mostrar la mayor relevancia y cierre.

Sabemos que es difícil ver cómo este esquema tan archiaburrido puede convertirse en un ¡¡¡¡ATAQUE EXPLOSIVO DEL TIBURÓN MONSTRUO ALIENÍGENA!!!!, pero en realidad un esquema así puede darle a tu ensayo un perfecto balance de emoción, reflexión, suspenso y grandes rendimientos. Tus temas proporcionan las grandes explosiones del ensayo. Éstos dejan a la audiencia en ascuas, pero entonces avasallas con la evidencia al pasar cierto tiempo dentro de la vida interior de las citas. Entonces, cuando el lector está empezando a sentirse cómodo con el último punto que esbozaste, creas una ¡EXPLOSIÓN! Traes un nuevo tema a colación y la intensidad se dispara de nuevo hasta el cielo.

Cuando Carolina empezó a llenar este esquema, se dio cuenta de que las citas que tenía hasta ahora estaban muy bien, pero no eran suficientes para producir tres explosiones diferentes. En realidad todas se referían al mismo punto de maneras ligeramente diferentes. Más aún, las otras citas parecían buenas en relación con la guía del ensayo, pero no concordaban exactamente con la tesis.

Nada de qué preocuparse. Todo esto sólo significaba que había *algo mejor* y *más intenso* rondando. Carolina necesitaba encontrar qué otros trucos tenía Shakespeare bajo la manga en esta obra.

Carolina pensó que Shakespeare estaba utilizando las imágenes de luz y oscuridad porque eran opuestas. En el primer nivel de intensidad, la luz y la oscuridad mostraban que Romeo y Julieta mismos eran opuestos. Pero, ¿de eso se trataba toda la obra de Shakespeare? ¿Qué más estaba relacionado con esta idea de que la luz y la oscuridad eran opuestos? Carolina necesitaba saber qué otras revelaciones había en el resto de las citas.

Carolina estaba segura de que la cita "Luz y más luz...más y más negro es nuestro pesar" era útil. Después de todo se refería a la luz y a la oscuridad dos veces. Sin embargo, no era necesario hacer un paralelo de los dos enamorados con la "luz" y la "oscuridad". Tras pensar un poco sobre el contexto de la cita y hacer algo de investigación a la manera de Sherlock, Carolina se dio cuenta de que la cita significaba esto:

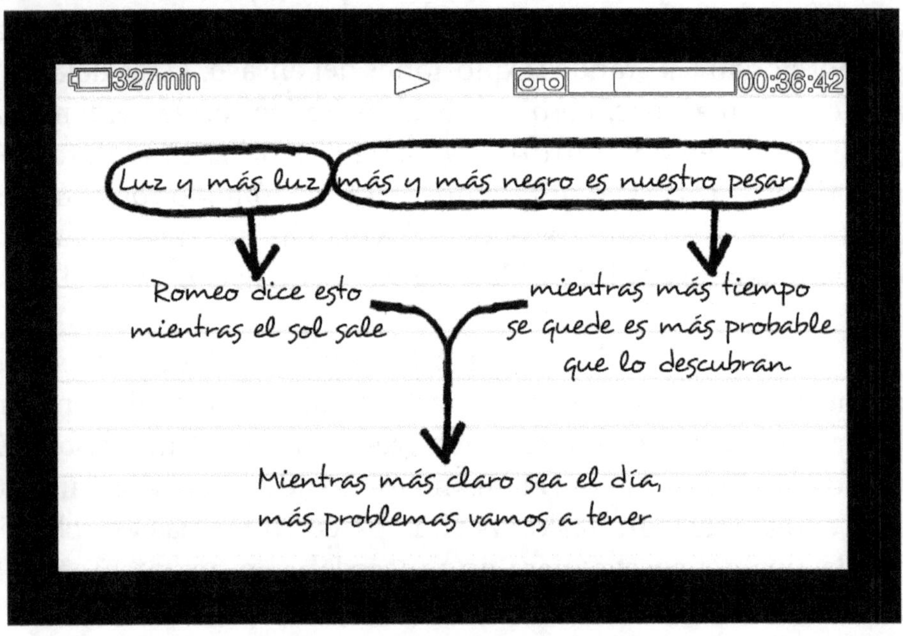

327min
00:36:42
Luz y más luz
más y más negro es nuestro pesar
Romeo dice esto mientras el sol sale
mientras más tiempo se quede es más probable que lo descubran
Mientras más claro sea el día, más problemas vamos a tener

Así que Carolina tenía una mejor idea de lo que la cita significaba en realidad. A continuación, y utilizando la pregunta ¿Y ENTONCES QUÉ?, empezó a buscar los emocionantes opuestos. ¿Qué exactamente quería decir Romeo? ¿Por qué su perspectiva sería diferente a lo esperado?

"Este, bueno, supongo que es medio raro que tengan que estar juntos tan en secreto. O sea, si se dejan ver durante el día, cuando hay luz. Sólo están seguros en la noche". ¡Bien! ¿Y hay algún opuesto? "Sí, es lo opuesto a lo que debiera ser. Normalmente la noche es más peligrosa. Así que la noche y el día son lo opuesto a lo que deberían ser. ¡Wow!, esto sí está cool, porque su relación anda toda al revés".

¡Excelente! Piensa en esto: se trata siempre de ellos, está todo ahí, Shakespeare está usando la luz y la oscuridad para representarlos juntos. Ahora, toda su relación es lo opuesto a lo que una relación normal debería ser, porque es peligrosa en la luz y segura en la oscuridad. Esto concuerda con tu idea original, pero de una manera diferente, lo cual se convierte en el tema de tu segundo párrafo. Aquí van ya dos explosiones y falta una.

En este punto, Carolina se dio cuenta de que su maestro le había dado una gran pista. Había una cita sobre el sol en la guía, lo cual probablemente significaba que el maestro quería que la analizara en el ensayo. También usó el método Sherlock con esa cita, y se dio cuenta de que el Príncipe relacionaba el sol —o más bien, la falta de éste, es decir, la oscuridad— con la muerte de los dos personajes principales. Así que, hacia el fin de la obra, "luz y oscuridad" eran aún más intensas porque representaban la "vida y la muerte". Eso funcionaba bien porque la vida y la muerte vaya que eran opuestos, y así como Romeo y Julieta sólo podían estar juntos en las horas nocturnas, finalmente sólo podrían estarlo en la muerte.

Este proceso requiere de bastantes pruebas y lluvias de ideas para pensar cómo mantener a la audiencia con la quijada abierta. Tendrás momentos de total certidumbre y otros en los que te sentirás totalmente desubicado. Pero no te des por vencido hasta que lo hayas pensado una y otra vez. Así descubrirás que lo que estás haciendo es darle mayor emoción a tu tesis. Crear un esquema que te mantenga al filo del asiento te permitirá averiguar cómo resolver todos los problemas de antemano, de manera que, para cuando te pongas a escribir ya sea todo fácil. Todas las ideas, la tesis, las citas, la estructura, ya están cubiertas. Sólo necesitas conectar los puntos.

Con esta estructura final, Carolina sintió, por primera vez, que su ensayo no iba a ser ningún problema. Técnicamente, no había empezado a escribirlo aún, y ya estaba segura de que sería uno de los mejores ensayos que había entregado. No había forma de que su maestro le fuera a decir que sus ideas no eran originales o que sus argumentos no tenían suficiente evidencia. Carolina estaba segura de que su verano estaba ya salvado. "¡Campamento de arte, aquí vamos!".

Nota: a menos que tu maestro requiera que entregues el esquema, no necesitas que estas ideas sean ni sofisticadas ni completas. Sólo anota los puntos más importantes y menciona las citas de manera que las vayas a recordar. Todo lo que importa es que tengas una fórmula para la acción tan clara como receta de cocina.

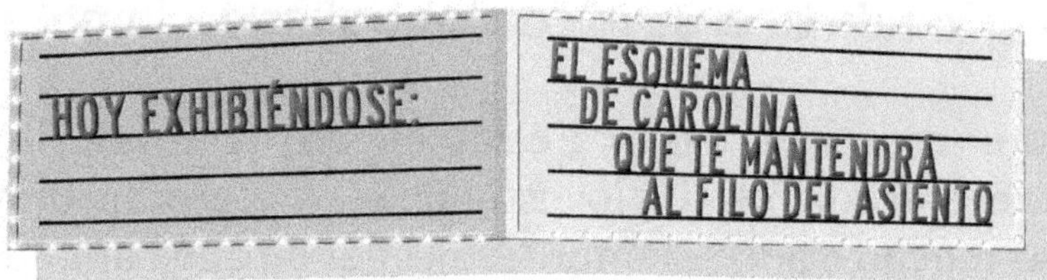

HOY EXHIBIÉNDOSE:
EL ESQUEMA
DE CAROLINA
QUE TE MANTENDRÁ
AL FILO DEL ASIENTO

I. Introducción

A. Gancho: ¿Qué harías si la persona que amas es justo la persona con la que no puedes estar?

B. Tesis: A lo largo de Romeo y Julieta, la imaginería de la luz y la oscuridad anuncia que Romeo y Julieta provienen de mundos opuestos y que están condenados a nunca estar juntos mientras vivan.

II. Romeo y Julieta= Luz y oscuridad, los cuales son opuestos.

A. Romeo se esconde de la luz, así que es "oscuridad" (cita sobra la noche artificial)

B. Julieta es la luz (cita de las antorchas)

C. Ambos dicen estas cosas el uno del otro

1. La luz y la oscuridad son opuestos
2. Presagio/pista

III. La luz y la oscuridad se intensifican en la noche y en el día, que nunca pueden estar juntos.

A. Julieta es el sol (cita)

1. Romeo sugiere que la luna y el sol están en contradicción.
2. No pueden compartir el cielo: Romeo y Julieta tampoco pueden compartir su vida.

A. Julieta dice que Romeo se convertiría en estrellas de la noche (cita).

1. Romeo está relacionado con la noche/luna/estrellas
2. Ambos echan esto a andar.

IV. Su relación importa más que cualquier otra cosa.

A. Las horas del día y las horas de la noche son opuestos.

1. Cita: "Corred veloces, galopad".
2. Sólo pueden estar juntos en la oscuridad, así que ella es lo que más quiere.

A. Ruiseñor y alondra (cita).

1. Nunca están del mismo lado en el argumento.
2. Cita: "Luz y más luz..."
3. Las cosas debieran ser más fáciles en el día, pero es lo opuesto, es más difícil.

V. La vida contra la muerte

1. Julieta es todavía "luz" porque todavía está viva (cita).

B: Cita del Príncipe: paz lúgubre.

1. Están juntos en la oscuridad de la muerte.
2. La muerte equivale a la oscuridad porque, tras sus muertes, el sol no brillará.

VI. Conclusión

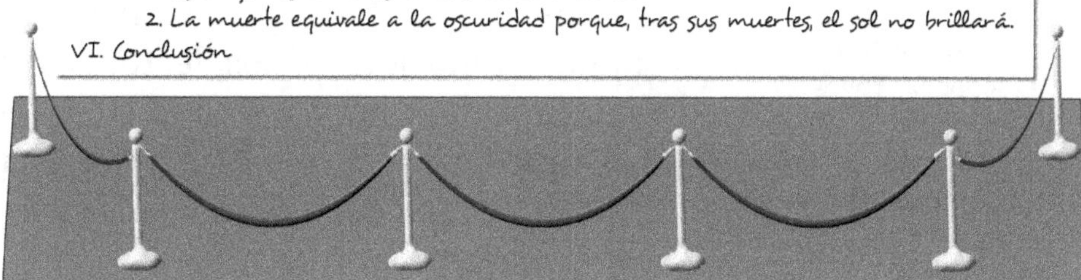

PASO 4: Vende tu ensayo con un trailer deslumbrante

Como escritor de ensayos, estás un poco malcriado, la verdad, pero no eres el único: todos los estudiantes lo están. Sin importar si trabajas mucho o poco, siempre tienes garantizada una audiencia de por lo menos una persona: tu maestro. Es posible que tu ensayo sea el más aburrido, el más increíblemente confuso y lleno de clichés de cuantos se hayan escrito, pero de todos modos tu pobre maestro no tiene más remedio que leerlo hasta el maldito final.

Los productores de cine carecen de ese lujo. No sólo tienen que hacer la película, sino que tienen que convencer a las personas para que vayan y la vean. Y lo hacen con un trailer fantástico. Afortunadamente, gracias a años de experiencia de ir al cine, ya sabes qué hace a los mejores trailers tan espectaculares. ¡Hacen que te emociones! Ves tan sólo un retazo de algo tan totalmente fabuloso que tienes que ver más. Los trailers sólo duran unos minutos, pero son súper importantes porque son la primera impresión que la audiencia tiene de una película.

Tal como un cineasta, así necesitas empezar a tratar tu ensayo, como si tuviera que atraer a las masas. ¿Y cuál es la mejor manera de dejar en ascuas a una audiencia? Con una introducción que los aniquile. La introducción de tu ensayo es tu oportunidad para causar esa fantástica primera impresión. También es tu oportunidad para ponerte creativo y divertirte un poco. Emociona a los lectores con tu introducción y a tu audiencia no le quedará más remedio que amar todos tus puntos sorprendentemente explosivos.

> ***De regreso al inicio***
>
> A algunas personas les gusta escribir su introducción antes del cuerpo de los párrafos porque es una manera divertida y creativa de comenzar el proceso de escritura. Si eliges esta opción, regresa a la introducción una vez que hayas terminado con el cuerpo de párrafos. Asegúrate de que tu entrada sigue siendo un buen anuncio para el ensayo que terminaste escribiendo.

Los trailers de los éxitos de

taquilla saben exactamente cómo emocionar a la audiencia, y hay una fórmula para hacer que ésta compre boletos. Te dan un **gancho** que te hace sentarte y de repente poner atención. Con frecuencia, es un sonido dramático pareado con una imagen fascinante de manera que siempre quieras ver más. Todavía no entiendes de que irá la película, pero te quedas definitivamente intrigado. Entonces, el trailer **te atrapa** con justo la información que necesitas, — quiénes son los personajes principales y dónde están— de manera que puedas apreciar totalmente porqué esta película ofrece algo nunca antes visto.

Una gran introducción tiene los mismos tres elementos que un gran trailer: **el gancho, la exposición y la tesis.** Empieza con un gancho para atrapar la atención del lector. La siguiente es una gran lista de puntos cruciales para encontrar la manera de crear emoción e intriga. Pero, aún más importante, **no le tengas miedo a usar tu creatividad.** Piensa qué te llamaría la atención si tú fueras tu propia audiencia.

1. Haz una pregunta que haga que la audiencia se quede pensando.
2. Dales un hecho extraño, interesante o escandalizador.
3. Usa una cita que los deje en ascuas.
4. Cuenta una historia o establece una escena utilizando detalles específicos.

Si bien hay una infinidad de maneras en que un escritor puede captar la atención del lector, esta lista de sugerencias que Hunter le dio a Carolina fue un comienzo muy útil. Carolina utilizó varias de ellas. Por más que quisiera divulgar el drama de su última relación, una historia personal no le parecía la mejor opción para la audiencia. En lugar de eso, Carolina decidió enganchar al lector con la pregunta: ¿qué harías si la persona que amas fuera justo con la que no pudieras estar? De esa manera, cuando Carolina empezara a explicar la relación condenada al fracaso de Romeo y Julieta, el lector se quedaría pensando en sus propias experiencias amorosas. Escoger este gancho haría que el lector se sintiera personalmente involucrado con el ensayo desde el principio.

Ahora Carolina estaba lista para la exposición. En un ensayo, ésta es la parte en la que le dices al lector qué libro u obra se analiza y explicas el problema general que pretendes discutir. **Asume que el lector ya está familiarizado con la obra que estás discutiendo.** Sólo necesitas exponer específicamente los detalles de la historia, temas o relaciones que la audiencia necesita conocer para apreciar completamente tu tesis. Haz que esta sección sea dinámica; los trailers de las películas se basan mucho en un ritmo de tiro rápido, y así debe ser tu introducción. Si el rimo es lento, entonces la audiencia se aburrirá. Cada oración debe ser más y más especifica e interesante mientras más se acerca a la tesis.

Todo esto lleva al momento en el cual le muestras a la audiencia por qué tu ensayo **es algo nunca antes visto**. La oración final de la introducción debe ser la tesis. Usa todo el gran análisis que has hecho para crear tu esquema para elaborar de nuevo tu tesis de manera que expreses la esencia de tus tres oraciones temáticas explosivas.

Carolina revisó la primera idea de que la luz y la oscuridad representaban a Romeo y Julieta y la expandió de manera que incluyera todos estos nuevos puntos. Después de tratar con varias opciones, terminó con lo siguiente:

A lo largo de Romeo y Julieta, Shakespeare utiliza la imaginería de la luz y la oscuridad para dar un vistazo de cómo estos dos enamorados nunca pueden estar juntos y presagia el final trágico de la relación.

Esta tesis era un millón de veces más emocionante que el primer intento de Carolina. Todavía tenía "luz y oscuridad". Todavía tenía "tragedia". Pero también iba mucho más allá de lo que estaba en la guía del ensayo. Nadie diría **¿Y ESO QUÉ?**. No, tras una introducción así de buena, todos los lectores de Carolina,

SÍ, PERO ADEMÁS... ES

Imagina que estás en un escenario sin guión, plan y con una audiencia de doscientas personas que te están viendo y esperando que las hagas reír. Este es el mundo de la comedia improvisada y es la esencia de la más vibrante creatividad. Cuando los buenos improvisadores actúan, realmente parece magia. Pero tras esos locos personajes, escenas en extremo intrincadas e incesante avalancha de chistes, la improvisación está del todo basada en reglas y estructura. Incluso cuando los comediantes parecen sacarse ideas de la nada, en realidad están basándose en reglas probadas una y otra vez que les ayudan a crear una escena. Y en el centro está la regla más importante de la improvisación: DÍ QUE SÍ. Tienes que estar dispuesto a tomar todo lo que tu compañero te diga, aceptarlo totalmente y hacer que funcione. Te estás forzando a tener la mente abierta respecto a lo que estás creando. Y, de hecho, no sólo es un "sí". En improvisación, los estudiantes tienen que aprender a decir "sí y además... ". No sólo concuerdas con lo que te dice tu compañero, sino que le añades más. Los improvisadores se entrenan a sí mismos para seguirle dando vuelta a una idea sin cesar. Sólo pregúntale a Tina Fey, creadora de 30 Rock, ex escritora en jefe del programa Saturday Night Live y estudiante eterna y ejecutante del arte de la improvisación. En su libro Bossypants, lo describe de esta manera:

Si empiezo una escena con "No puedo creer que haga tanto calor aquí dentro" y tú dices "ajá", nos quedamos atorados. Pero si digo "No puedo creer que haga tanto calor aquí dentro" y tú dices "sí, no puede ser nada bueno para las figuras de cera", o si yo digo "No puedo creer que haga tanto calor aquí dentro" y tú dices "te dije que no debíamos habernos arrastrado dentro de este hocico de perro", entonces sí vamos a algún lado. Para mí, las palabras SÍ e Y significan no tengas miedo de contribuir.

La conspiración le ha quitado a la mayoría de la gente el deseo de tener una idea y seguir con ella, de decir "Sí, PERO ADEMÁS... ". No importa qué tan poco creativo te sientas, no abandones tu idea tan pronto; haz pasos audaces y continúa elaborándolos. Puede ser que te sorprenda qué tan creativo eres en realidad.

en todo el mundo, definitivamente comprarían un boleto para leer su ensayo.

PASO 5: Hazlo tan fácil que el lector sólo tenga que DARLE PLAY

Finalmente, Carolina había hecho todo el trabajo previo que se necesitaba para saber qué decir. Construir esos cimientos le había tomado un buen rato, pero también había garantizado que Carolina no escribiera un ensayo tipo Torre de Pisa. A partir de ahora, el proceso sería muy rápido porque **cuando tus puntos y la evidencia son sólidos como una roca, se evita el bloqueo de escritor.** Sabes exactamente qué puntos necesitas elaborar, ahora lo que queda es saber *cómo* estructurar esos puntos de la mejor manera posible.

Los cineastas tratan de crear muchos tipos de experiencias para la audiencia: emoción, intriga, suspenso, miedo (para morderse las uñas), humor, devastación e incluso amor. Pero una experiencia que evitan a toda costa es la confusión, que distrae a la audiencia del fluir de la película y que de igual manera distrae al lector del fluir de tu ensayo.

Tienes que darle al lector la opción de "sólo darle PLAY en tu ensayo. Esto es probablemente lo opuesto de lo que siempre te han hecho creer, porque los estudiantes suelen pensar que los ensayos densos, complicados y con un vocabulario rebuscado son más "impresionantes". En realidad, el lector no debe quedarse ni por un instante preguntándose qué quieres decir. ¿Recuerdas cómo hablamos de las películas más populares y de cómo son fáciles de ver? Tu trabajo es hacer tu ensayo tan fácil de seguir que cualquiera que lo lea sepa perfectamente de qué se trata... a la primera.

Elige sabiamente...

"La diferencia entre la palabra adecuada y la casi correcta es la misma que entre el rayo y la luciérnaga."
— Mark Twain

Pasando del esquema al párrafo

Incluso teniendo un esquema sólido, en ocasiones te quedas paralizado cuando es momento de verter tus ideas en un párrafo. Sabes que los puntos del esquema van en el párrafo, pero... ¿dónde? ¿Y qué más deberías decir?

Escribir tus párrafos debe ser un proceso tan metódico como cualquier otro. Sólo sigue este esquema, con dos o tres oraciones por cada uno de los puntos:

1. Oración sobre el tema: ______________________
2. Primer ejemplo de la exposición: ______________
3. Cita/prueba: ____________________________
4. Explica la cita: __________________________
5. Segundo ejemplo de la exposición: ____________
6. Segunda cita: ___________________________
7. Explica la cita: _________________________
8. Cierre: _______________________________

Nota: los pasos 4 y 7 son las partes más importantes de tus párrafos, y las partes que los estudiantes suelen evitar. Una vez que has incluido la cita, haz todo lo posible porque resulte obvio para el lector porqué esa cita prueba tu punto. No quieres dejar a nadie atrás.

Eso es todo. Sólo sigue ese plan de acción y llena los espacios, uno por uno. Desde luego, esto es más una fórmula que la visión popular de los escritores: libres e inspirados por las musas. Lo es. Por eso los maestros hablan de la "mecánica" de la escritura. Utilizando esta estructura se garantiza que todos tus puntos se expliquen ampliamente. Es la manera de asegurarse de que tus párrafos tengan tanto contenido explosivo como tu esquema.

Es hora de la parte divertida: cómo decirlo. Mientras más cómodo te sientas con la estructura, más puedes jugar con ella. Al trabajar presentando tus puntos, asegúrate de mantener a la audiencia interesada en todo momento. Utiliza imágenes y detalles específicos. Escoge las palabras porque demuestran lo que quieres decir, no porque sean impresionantes. Utiliza transiciones que lleven al lector de la mano a través de tu argumento. Varía la estructura de tus oraciones de manera que tengas ideas largas y complejas junto con otras más pequeñas y condensadas. Mientras más divertido y emocionante hagas el camino, más tendrás a la audiencia donde la quieres antes del gran desenlace.

PASO 6: Haz que la audiencia siempre quiera más

La sección final de tu ensayo es el párrafo de conclusiones, una parte de la escritura muy poco apreciada y con frecuencia ignorada. Sobre todos los componentes de un ensayo, las conclusiones tienden a ser tratadas como una cosa "de relleno", que sólo necesita tomar un espacio después del punto final.

En conclusión, esto es lo que he dicho. Ahora, voy a decirlo otra vez porque eso es lo que se supone que tengo que hacer aquí. Estoy tan, pero tan cerca de irme a dormir. Así que aquí voy: cuatro o seis oraciones para que te acuerdes de lo que dije. Aquí están de nuevo, sólo un poco diferentes. Por favor siéntete concluyente al respecto.

¿Qué hace una gran conclusión fílmica? Primero, te da una resolución satisfactoria. El malo se muere o el perro y el gato encuentran sus sendas casas, o el vampiro centelleante se lleva a la trigueña a la fiesta de graduación. En un ensayo, la mayoría de la gente piensa que este es el momento de "replantear la tesis". Pero es mucho más que eso. En la introducción, le mencionaste la tesis a una audiencia que aún no la podía apreciar del todo; era tan sólo una especulación intrigante. Pero en la conclusión, puedes presentarle la tesis al lector de una manera más impactante porque éste, una vez habiendo leído por sí mismo los hechos, realmente se la creerá.

La segunda función de la conclusión es dejar a la audiencia con ganas de ver más. La conclusión hace que los héroes se queden colgados de un acantilado ("¿se subió al avión o no?"), o que de repente una mano del villano que se creía muerto salga de los escombros. ¡Tiene todo el potencial para la secuela! Deja a la audiencia con preguntas divertidas a considerar cuando hacen la fila para salir del cine. ¡Los deja queriendo saber más!

Tus conclusiones deben empezar con un argumento central de tu ensayo y entonces han de construirse desde ahí, mostrando cómo tu ensayo ilustra algo mucho más grande acerca de la vida o de la literatura o de cualquier otra cosa que sobre la cual quieras que el lector reflexione. De hecho, la conclusión debe tener la estructura invertida de la introducción. La introducción empezó con una idea extensa que se fue haciendo más específica hasta que llegaste a la tesis. La conclusión debe empezar con la tesis y volverse más general hasta que la audiencia esté contemplando la vida desde una perspectiva totalmente nueva.

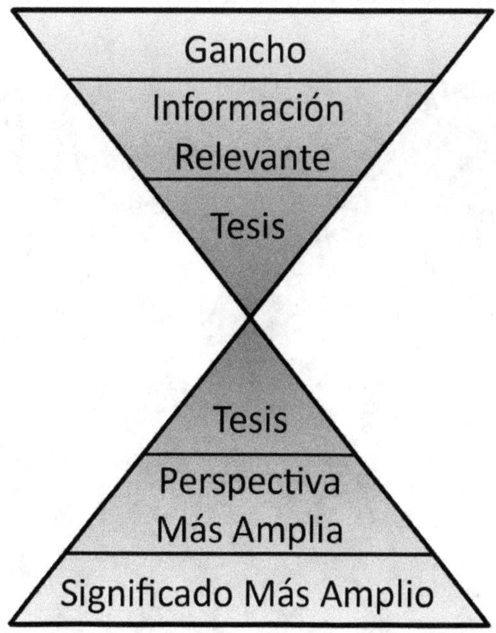

Carolina decidió que le gustaba cómo su gancho había motivado a los lectores a pensar acerca de sus propias experiencias con el amor. Ahora que entendían mejor la experiencia de la tragedia de Romeo y Julieta, trajo la idea de nuevo a su conclusión. Decidió preguntarles a los lectores qué sacrificios y riesgos valían realmente la pena hacer y tomar en al nombre del amor verdadero, y a considerar cómo las cosas hubieran sido diferentes para Romeo y Julieta si no hubieran estado tan cegados por el amor del uno hacia el otro.

PASO 7: ¡Saca al miembro del equipo de filmación de la escena!

Empieza la filmación. El Caballero Dorado corre por los pasillos del Castillo Elsinore. De repente, oye un sonido y se agazapa, evadiendo por nada el filo de la espada maldita del Caballero Oscuro. Alza la espada de Valindere sobre su... momento, momento, ¿quién es ese tipo al fondo con la camiseta mal puesta? ¿Está comiendo... está comiendo patatas fritas? ¿QUÉ DEMONIOS?

"¿Se coló un miembro del equipo de filmación en la escena? ¿El coche no tenía un golpe en la última toma? ¿Su vestido no era amarillo? ¿Por qué ahora es rosa?". Como audiencia experimentada, sabes que incluso un minúsculo error distrae increíblemente. De hecho, puede arruinarte toda la película. Y a los lectores de ensayos les pasa lo mismo. No es que un asistente de cámara comiendo patatas fritas vaya a aparecer en tu ensayo, pero puede ser que tengas erratas u otro tipo de equívocos que distraen de los puntos que estás tratando de probar. Finalmente, la audiencia sabe qué tipo de vestimenta se usa en un castillo, y por eso es tan fácil distinguir al tipo de la camiseta hawaiana, así como tu maestro sabe que la palabra correcta es "separación" y no separamiento, lo cual instantáneamente se convertiría en una distracción. Los puntos son puntos, y no importa cuán impactantes sean tus ideas: tu calificación no las reflejará si no editas cosas como la ortografía, la puntuación, la concordancia e incluso el formato.

Escribe un ensayo que pagarías por leer

Los grandes ensayos, como las grandes películas, requieren de análisis, planeación, y, sobre todo, de **un compromiso para darle a la audiencia una experiencia inolvidable.** Claramente, con este enfoque de escritura de ensayos, tu maestro tiene todas las de ganar. Pero también hay un beneficio real para ti como escritor. En vez de quedártele viendo horas a la pantalla de la computadora, esperando que te llegue un arranque de inspiración, puedes tener un proceso real para tu escritura. Escribir teniendo en cuenta al lector te da una manera de garantizar que todos y cada uno de los ensayos que escribas sean un éxito de taquilla que todo mundo quiera ver.

Toma en cuenta que una vez que los cimientos — la tesis y el esquema— estén en su lugar, el proceso de escritura puede repetirse cuantas veces sea necesario hasta que quede perfecto. Si la iluminación no es la correcta, o al actor se le olvida una línea, o si no espanta lo suficiente, el director de una película hará que todo mundo repita la escena. El director insistirá hasta que todas las partes de la producción sean lo que se supone deben ser. ¿Este gancho de verdad está captando mi atención? ¿Todas estas frases de verdad me emocionan? ¿La cita que escogí de verdad apúntala claramente mi argumento? Los ensayos, como los sets cinematográficos, requieren de muchas piezas que hacen trabajos diferentes. Trata todas las opciones posibles hasta que estés seguro de que tu ensayo satisfará a la audiencia.

Pero, seamos sinceros. ¿Qué te importa la audiencia? Tu maestro tiene que leer tu ensayo de todas maneras. ¿Vale la pena tomarte el trabajo de hacerlo fácil de leer?

Pues definitivamente sí, y he aquí por qué. Convirtiéndote en un campeón de la escritura de ensayos, realmente estás aprendiendo cómo comunicarte de manera que convenzas a la gente de ponerse de tu lado y estar de acuerdo contigo. Si bien puede que no te importe qué piense la gente de tus ideas o del amor de Romeo y Julieta, definitivamente te importará qué opinen las personas en un futuro sobre tus ideas. En tu carrera, en tu familia y en todos lo que hagas, te va a ir mejor si puedes hacer que la gente tome en serio lo que dices, y entonces los lleves a una discusión hasta que estén de acuerdo. ¿Quieres que tu jefe te dé un aumento? ¿Quieres que en tu vecindario se empiece a reciclar la basura? ¿Quieres que se produzca tu álbum? Convéncelos. No importa lo que hagas, si quieres hacerlo bien, es esencial ser un buen comunicador.

Al principio comienza con ensayos. Desde el primer sonido dramático hasta los créditos finales, tienes la oportunidad de darle al lector un viaje que nunca olvidará. Sólo no te sorprendas cuando tu ensayo éxito de taquilla obtenga un 10 ...y tampoco cuando te ganes el primer Oscar al Mejor Actor de Tres a Cinco Páginas a Doble Espacio.

Poniéndolo en práctica

Cambiar tu perspectiva y realmente pensar en la audiencia empieza con algo fácil y divertido. Sólo necesitas empezar a pensar qué pasa cuando ves películas. ¿Cuáles son las cosas que te hacen dejar de disfrutar de una película o salirte de ella? ¿Odias cuando las películas se ponen lentas o confusas? ¿Te molesta cuando sientes que ya has visto esa película? Toma nota de esos problemas y entonces búscalos en tus ensayos. Cada vez que termines un resumen o un esquema, quítate el sombrero de escritor y cámbiatelo por el de un espectador de cine con todo y rosetas de maíz. Ponte en los zapatos de la audiencia y el aplastante éxito de taquilla será tuyo.

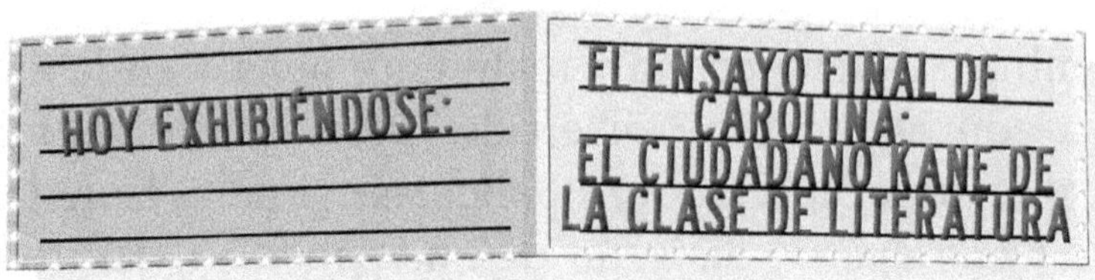

HOY EXHIBIÉNDOSE:
EL ENSAYO FINAL DE CAROLINA:
EL CIUDADANO KANE DE LA CLASE DE LITERATURA

Carolina Alvarado
Literatura 10B

Eres el sol de mi vida

Imágenes de luz y oscuridad en Romeo y Julieta

¿Qué harías si la persona que amas es justo con la que no puedes estar? Todo el mundo sabe lo que es estar enamorado y sentir que las mariposas en el estómago son tan fuertes que es mejor olvidarse de todos los problemas que el amor trae consigo. Pero pocas relaciones han sido tan apasionadas y al mismo tiempo tan condenadas al fracaso como la de Romeo y Julieta. En esta obra, William Shakespeare le proporciona al lector una imaginería que ilustra cómo es el amor entre dos adolescentes (y cuántos problemas enfrentan). En particular, a lo largo de la obra, Shakespeare utiliza las imágenes de luz y oscuridad, tales como el sol y la luna o el día y la noche. Conforme la obra progresa, tanto la luz como su ausencia se vuelven símbolos perfectos de este amor: la luz y la oscuridad son imágenes igualmente fuertes y poderosas pero, más importante, son opuestas y no pueden coexistir. A lo largo de Romeo y Julieta, la imaginería de luz y oscuridad presagia el hecho de que Romeo y Julieta provienen de mundos opuestos y que están condenados a nunca estar juntos mientras estén vivos.

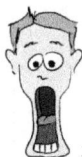

Desde los primeros momentos en que Romeo y Julieta son presentados en la obra, Shakespeare usa las imágenes de luz y oscuridad para establecerlos como opuestos. Cuando Romeo aparece por primera vez y está deprimido por Rosaline, Montesco describe cómo Romeo prefiere estar en la oscuridad: "Mas, cuando apenas resplandece el sol /y corre, en los confines del Oriente, /el opaco dosel del lecho de la aurora/ huye, sombrío, de la luz y vuelve a casa, /y se encierra en su cuarto, /atraca las ventanas, cierra la puerta del día, /y en torno suyo hace una noche artificial" (Montesco, sobre Romeo, I.i. 127-133). Romeo se evade de la luz y trata

1

Carolina Alvarado
Literatura 10B

de que sea noche todo el tiempo, lo cual hace que se le asocie inmediatamente con la oscuridad. En contraste, cuando Julieta aparece por primera vez en el baile de los Capuleto, Romeo dice: "Hasta las antorchas, de ella, aprenden a brillar" (I. v. 41). Romeo simplemente comenta sobre la belleza de Julieta, porque piensa que está tan llena de luz que es más brillante que el fuego de una antorcha. Sin embargo, mediante esta asociación, Julieta se convierte en el opuesto de la oscuridad de Romeo.

Este nexo entre los personajes y las imágenes de luz y oscuridad se intensifica con la adición de símbolos de luz de día y luz de noche. Éstos muestran que los personajes no sólo son opuestos, sino que están destinados a estar separados el uno del otro. Cuando Romeo se acerca a la ventana de Julieta después del baile, exclama: "¿Qué luz es la que asoma por aquella ventana? ¡Es el oriente! ¡Y Julieta es el sol!" (II. ii. 2-3). De nuevo, Romeo está alabando su belleza, pero inmediatamente describe cómo el sol y la luna juegan el uno contra el otro. "Amanece tú, sol, mata la envidiosa luna. / Está enferma, y cómo palidece de dolor" (II. ii. 3-4). Romeo señala el hecho de que la luna y el sol no pueden compartir el cielo, están el uno contra la otra. De la misma manera, Romeo y Julieta nunca pueden estar juntos. Después, Julieta asocia a Romeo con la noche, diciendo: "¡Ven, dulce noche, amor de negro rostro! /Dame a mi Romeo y, cuando muera, tómalo, /y haz de sus pedazos estrellas diminutas /que iluminen el rostro del Cielo de tal forma /que el mundo entero ame la noche /y nadie rendirá tributo al sol radiante" (III. ii. 20-25). Sin saber que Romeo la asocia con la luz, Julieta encomia a Romeo asociándolo con la noche y la oscuridad. En este punto de la obra, no sólo esta imaginería muestra que los enamorados son opuestos, sino que también será imposible para ellos estar juntos.

2

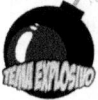

= GANCHO

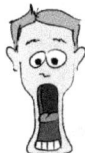

= TESIS PARA DEJARLOS BOQUIABIERTOS

= TEMA EXPLOSIVO

Carolina Alvarado
Literatura 10B

La obra continúa y las imágenes de luz y oscuridad se vuelven más fuertes para representar la oposición entre la relación de los amantes y el mundo "real" de sus familias. Para los jóvenes enamorados, el amor debería ser todo luz y sencillez, pero, en vez de ello, su amor sólo puede existir durante la noche, en la oscuridad. En el tercer acto, el día y la noche están en contraposición constante porque es en la noche cuando los amantes están juntos y en el día cuando deben enfrentar la dura realidad de su situación. Cuando Julieta espera a Romeo, ella exclama: "...y me habría traído las nubes de la noche" (III. ii. 4). Julieta quiere que acabe el día porque Romeo sólo puede venir a verla en las noches. Estar juntos en el día no es opción. En la escena cinco, después de que Romeo y Julieta pueden finalmente pasar la noche juntos, discuten una vez más sobre si han oído al ruiseñor (el ave de la noche) o a la alondra (el ave de la mañana). Incluso en esta discusión, Romeo y Julieta son opuestos; cuando Romeo cambia de punto de vista y dice que no era la alondra y que deben permanecer juntos, Julieta cambia inmediatamente de manera que vuelven a estar en contraposición (III. v. 1-30). Dado que es ya de día, su amor no puede existir, y Romeo debe dejarla. Al salir, Romeo dice: "Luz, más y más luz... más y más negro es nuestro pesar" (III. v. 36). Romeo señala una última vez el contraste entre la luz y la oscuridad, y cómo los dos están en contra. Las cosas deberían ser más fáciles en el día, pero como todo es lo opuesto de lo que debería ser, en el día su amor está condenado al fracaso.

Al final de la obra, la luz y la oscuridad han pasado ya de representar sólo a los amantes para representar el contraste entre la vida y la muerte. Justo como el significado del día y la noche se encuentran invertidos, la vida y la muerte comienzan a tener significados opuestos, porque es sólo

3

= TEMA EXPLOSIVO

Carolina Alvarado
Literatura 10B

en la muerte cuando los amantes pueden estar juntos. Cuando Romeo alcanza a Julieta en la tumba, dice que su belleza hace que ésta sea una "fosa en radiante presencia de luz" (V. iii. 86). Julieta es amante aún luz porque todavía se encuentra viva en ese momento. Pero Romeo cree que está muerta y quiere estar con ella en la muerte, así que los amantes se suicidan, finalmente uniéndose sólo en la "oscuridad" de la muerte. En las líneas finales de la obra, el Príncipe nota que "La mañana trae consigo una paz lúgubre;/ el sol, apenado, no asoma su cabeza" (V. iii. 305-306). El sol no saldrá en la mañana de sus muertes y la oscuridad ha triunfado finalmente incluso sobre la luz literal de la obra, justo como la muerte ha triunfado sobre las vidas de Romeo y Julieta.

Si bien lo claro y lo oscuro simbolizan cosas diferentes a lo largo de la obra, el uso de Shakespeare de imaginería de la luz y la oscuridad en Romeo y Julieta marcan un constante contraste entre los amantes, de manera que es claro al lector que nunca estarán juntos. Al final de todo, el contraste se da entre el sueño de vida de los personajes, que existe en la oscuridad, y la dura realidad que enfrentan a la luz del día. Al final, sólo pueden estar juntos en la muerte, y tras la lucha entre luz y oscuridad que se desarrolla a lo largo de toda la obra la oscuridad gana. El amor a primera vista puede ser avasallador, y el amor verdadero poderoso. Sin embargo, ¿qué hubiera sucedido si Romeo y Julieta hubieran sido capaces de ver más allá de sus sentimientos? Finalmente, obtuvieron su deseo de estar juntos para siempre, pero sólo en la muerte. Si Romeo y Julieta hubieran sabido que su amor les costaría las vidas, ¿aun así hubieran ignorado todas las señales que rodearon su pasión?

4

Capítulo 9

Prepárate para el Examen Cual Taxista Londinense

Ana María había descubierto un nuevo nivel de aburrimiento, más allá del aburrimiento ordinario, del aburrimiento extremo, un nivel que sólo podía alcanzarse pasando las mismas tarjetas un trillón cuatrocientos billones de millones de veces. Un pequeño riachuelo de baba le escurrió de la comisura de los labios y cayó lentamente en la alfombra. Una gota, y otra gota y otra gota. Ante sus ojos moribundos deambulaba una tarjeta tras otra. Terminó de leer media pila de tarjetas, luego la otra media pila, y aún quedaban dieciocho términos que no conocía. La pobre de Ana María se sumergía cada vez más en el Valle del Aburrimiento.

Ok, quizás no era así de terrible, pero durante las noches interminables de estudio de Ana María definitivamente habían llegado momentos en que quería azotarse la cabeza contra la pared. Por lo menos eso la sacaría del aburrimiento. Ana María, estudiante de segundo año de secundaria, estaba en el grupo de jazz de la escuela y lo adoraba. Le encantaba encontrar nuevos temas musicales e improvisarlos para ver qué tal resultaban. ¿Quién necesitaba partituras? Sólo había que dejarse fluir. En cambio, las monótonas tarjetas no eran lo suyo, pero, ¿qué otra opción tenía? ¿No se supone que así hay que estudiar? Te dan el material de la unidad, lo repites y lo repites hasta que cumplas dieciséis años y entonces esperas recordarlo todo el día que tengas el examen frente a ti.

Para la mayoría de los estudiantes, así se siente estudiar. No están equivocados. La repetición interminable es de hecho una forma de memorizar los datos, pero es aburridísima. En lo que sí se equivocan es en pensar que la repetición interminable es la única manera de aprenderse el material para el examen. ¿Entonces por qué hemos pasado tantos años memorizando esas tarjetas hasta el cansancio? Y mientras lo hacemos, ¿por qué pensamos que somos malos memorizando? ¡Malos memorizando? ¡Patrañas! Te has aprendido de memoria millones y millones de datos en tu vida, y si crees que no podemos demostrarlo, sólo piensa cuántas historias conoces. Todo cuenta, desde Blanca Nieves y los siete enanos, pasando por la historia de cuando te le escapaste a tu mamá en la tienda y te escondiste bajo un estante y te pegó un grito, hasta la "historia" de cuando el maestro descubrió la carta del novio de tu mejor amiga y la leyó en voz alta ante toda la clase. Puedes recordar todos los hechos que constituyen esas historias con una sorprendente cantidad de detalles y sin dudarlo un segundo. Así que resulta que tu memoria es bastante buena. Sólo necesitas darle lo que quiere.

Cuentos, canciones, rimas infantiles, todos éstos son grandes ejemplos de lo que tu memoria prefiere recordar, piezas de información conectadas de una manera realmente significativa. Y siempre ha sido así. Antes de que tuviéramos libros, nuestros ancestros, con arcos y flechas, se apostaban alrededor de una fogata en sus cuevas y contaban historias. Antes de que las estuviera en boga que todos supieran leer, los bardos medievales viajaban recitando poemas épicos y cantando baladas para los campesinos iletrados. Desde nuestros más remotos días, los seres humanos hemos usado la narración de historias para compartir información vital, preservar la cultura y heredar lecciones de vida a las futuras generaciones.

El enorme poder de la memoria humana para retener información conectada de manera significativa es innegable. Por ejemplo, si has tenido que leer *La odisea* en tu clase de literatura, entonces sabes que el cuento épico de Homero de los dioses vengativos, el amor perdido y las aventuras en alta mar tiene cerca de 500 páginas. Lo que quizás no hayas apreciado todavía es que *La odisea* fue compuesta antes de que los griegos conocieran la escritura. Para evitar que el poema de 12,100 líneas se perdiera para siempre, la gente tuvo que memorizarlo y transmitirlo por generaciones. Si crees que esto es impresionante, lo mismo sucedió con el Mahábharata, un poema hindú de más de 200 mil líneas, probablemente el más largo jamás compuesto. Este poema se transmitió oralmente durante siglos antes de que se plasmara por escrito en el año 500 D.C. Le debemos una gran parte de nuestra herencia histórica y cultural al poder de la memoria humana y al significado y las conexiones que nos dan esas historias.

A nuestro cerebro le encanta encontrar significado y conexiones en lo que aprendemos. Sin embargo, cuando se trata de la escuela, a todos nos han entrenado para pensar que la manera de hacer que algo se vuelva memorable es repetirlo en voz alta, una y otra vez. ¿Cuál es entonces el mejor y más efectivo método para memorizar? ¿Y cómo puedes utilizarlo para prepararte para los exámenes de la manera más rápida y divertida que nunca (y sin baba)? La respuesta es: tienes que ir a Londres.

No te olvides de darle una propina al genio

"Súbase, por favor, ponga sus maletas en la cajuela y estamos listos. ¿A dónde lo llevo?" Todos los días, las personas abordan los casi 21 mil taxis negros de Londres, les dicen a los choferes a dónde tienen que ir, y se acomodan en el asiento mientras el taxista se apresura a llegar al destino solicitado. Mientras eso sucede, quizás ninguno de los pasajeros se dé cuenta del nivel de memorización fuera de este mundo con que el taxista calcula instantáneamente la ruta más corta; luego la automatiza y su atención está lo suficientemente despejada para platicar del partido de rugby mientras conduce por las calles de la ciudad. Los taxistas de Londres trabajan de manera tan natural que, durante siglos, casi nadie se ha dado cuenta de lo geniales que son.

Así como lo oyes. Los taxistas londinenses son unos genios. Tienen que serlo. Y eso es porque, comparado con conducir en la mayoría de las ciudades del mundo, como Nueva York o París o Kioto, recorrer Londres en coche es una pesadilla. A pesar de los significativos avances en transporte, nada ha cambiado en el diseño de las calles de Londres desde que se construyeron aquellos caminos para campesinos con carretas de vegetales y uno que otro caballero que pasaba por ahí. El resultado es que hay cerca de 25 mil calles dentro de los límites principales de Londres. Más aún, todas esas calles están plagadas de vericuetos retorcidos y callejones sin salida y nombres como "Throgmotron Avenue" y "Shoulder-of-Mutton Alley" que parecen haber salido de una novela de Harry Potter. Realmente hay que ser un tipo muy ingenioso para vérselas con las calles de Londres sin un mapa. De hecho, para tener una licencia de taxista para todo Londres, los choferes necesitan conocer todas y cada una de esas calles de memoria. Básicamente son GPSs humanos. Para realmente apreciar lo que estamos diciendo, resuelve este pequeño test:

Adivina el nombre de la calle resaltada

New York City

London

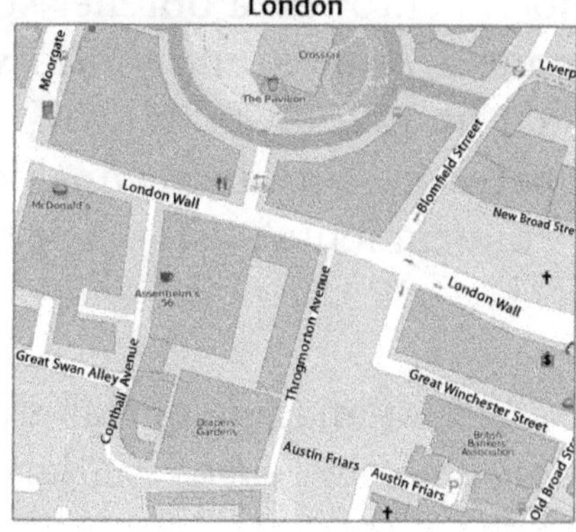

Si te diste cuenta de que la calle resaltada en el mapa de Nueva York era "West 38th Street", hiciste un buen trabajo. Dedujiste que la calle 38 está entre las calles 37 y 39. Es fácil adivinar el nombre basándote en el contexto. ¿Y cuál es el nombre de la calle en el mapa de Londres? Finnisbury Circus. ¿Finnisbury qué? No hay manera de adivinar qué calle es, ya no digamos llegar ahí. Tendrías que conocer el mapa de memoria.

¿Entonces todos los taxistas londinenses son una especie de sociedad secreta de locos enfermizos de los mapas? No, en absoluto. Para empezar, los taxistas no provienen de elegantes escuelas ni tienen años de experiencia. Sólo son personas comunes y corrientes que gustan del rugby, de los pubs y de las salchichas con puré de patatas en las mañanas (un típico desayuno inglés). Pero sí esconden un poder súper secreto. De hecho, los taxistas de Londres poseen el mayor secreto del mundo para sacar 10 en cualquier examen que hagan.

Para cuando terminan de preparar su examen de licencia, los taxistas de Londres tienen que conocer decenas de miles de hechos sobre su ciudad y ser capaces de recordarlos en un instante. Estos "hechos" constituyen una comprensión absoluta y detallada de todas las calles a un radio de 10 kilómetros de Charing Cross, el corazón de Londres. A esto se le llama "El Conocimiento".

Los taxistas londinenses tienen que aprobar el examen de "El Conocimiento" para obtener sus licencias. Y "El Conocimiento" se pone a prueba una y otra vez cada que un nuevo pasajero aborda un taxi en Londres. El número de destinos potenciales es aparentemente interminable y, sin embargo, para acceder a "El Conocimiento", estos taxistas no necesitan utilizar ninguna tarjeta.

Ahora imagina que abordas un taxi con un conductor que estudió al estilo de Ana María. Sería algo como lo siguiente:

Pasajero: ¡Hola! Gracias por detenerse. Necesito estar en Shaftesbury Avenue lo más rápido posible. ¡Tengo una junta importantísima en veinte minutos!

Taxista: ¿Qué ruta le parece la mejor? ¡No, a ver, un momento! Ya sé... mejor no me diga. Creo que anoche vi esa calle en el mapa, así que... permítame revisar. Ok, vayamos hacia el sur y ya estando allá decidimos...

Ciertamente está lejos de ser una situación ideal. ¿Cómo se las figuran los taxistas de Londres para asegurarse de recordar el trayecto al destino correcto en todas las ocasiones? Con la información, crean el mayor número posible de conexiones significativas. Para los taxistas londinenses, los elementos principales de información son las 25 mil calles, y las conexiones son fáciles de identificar porque trabajan a partir de un mapa estándar de la ciudad. Pero cualquiera puede leer un mapa. Lo que hace que estos taxistas sean tan buenos en lo que hacen es que, en lugar de estudiar el menor número de datos que necesitan o ubicar las calles como ítems separados para memorizar, conectan y relacionan las calles y los destinos unos con otros hasta que el mapa de Londres se convierte en una imagen enorme, súper conectada y súper significativa.

No te aprendas las calles. Apréndete las rutas.

Entonces, ¿dónde comienzan esas conexiones? Desde 1865, la práctica estándar para vérselas con "El Conocimiento" ha sido primero memorizar las rutas principales. Las 320 rutas más comunes que parten del centro de la ciudad les dan a los taxistas los fundamentos esenciales de la lógica central sobre la cual ir agregando más información. Sabiendo cómo una calle se conecta con otra, y luego con otra y con otra hasta llegar a un destino importante, los taxistas pueden aprender muchas piezas de información en una cadena lógica. Así es difícil que se les escape alguna. La lógica viene de las relaciones espaciales, temporales (orden/secuencia) o funcionales. Por ejemplo, considera qué fácil es adivinar y recordar dónde se encuentra la calle 38 en relación con la calle 37 cuando te estás aprendiendo por primera vez el mapa de Nueva York.

Afortunadamente ya sabes cómo encontrar lógica en lo que estás estudiando. Lo has hecho a lo largo de este libro. El primer paso es hacer todo tan claro como una receta de cocina. Por ejemplo, ¿te acuerdas de Carlitos Valencia? Dado que se tomó el tiempo para entender realmente la lógica detrás de sus matemáticas, tuvo una receta para la acción que pudo entonces practicar, mediante la repetición, durante el resto de la unidad. A la hora del examen, Charlie casi no tuvo que estudiar. Hacer las cosas claras como receta de cocina puede eliminar casi la totalidad del tiempo de estudio, en particular en lo que se refiere a las clases de ciencias y matemáticas. Cuando encuentras las rutas en tus materiales, ya sea en la secuencia de pasos de un procedimiento matemático, o en las relaciones espaciales de los elementos de un átomo, o en la función de las diferentes partes de una célula que crean una proteína, estás encontrando la lógica que conecta todos esos hechos, haciéndolos memorables desde el principio.

La otra manera de identificar la lógica es mediante el método Sherlock. Cuando lo utilizas en tus libros de historia o literatura, estás consolidando la lógica en términos de la secuencia de eventos que tiene lugar. Recuerda, cuando nos tomamos el tiempo de examinar los eventos de las 95 tesis de Martín Lutero en términos de su lógica (Martín Lutero clavó sus 95 tesis en la puerta de la iglesia porque la Iglesia estaba vendiendo indulgencias plenarias porque era corrupta) entonces sus acciones se volvieron más memorables. Conectar los hechos a través del tiempo o entenderlos como un proceso los hace mucho más pegajosos que sólo tratar de aprenderse "indulgencias plenarias" o "Wittenberg". Lo que es más, cuando empleas el método Sherlock, también usas a tu favor la emoción. Había una razón para ponerse en los zapatos de Lutero. ¿Qué tan enojado tenía que estar para enfrentársele al Papa? ¿Qué tan apasionadamente debió haber creído en lo que hacía? Los eventos se volvieron en verdad inolvidables cuando se relacionaron con sus emociones, precisamente la clase de información "extra" que puedes añadirle al material volverlo pegajoso.

Contrario a lo que la mayoría de la gente piensa, para memorizar información, mientras más conoces el tema más fácil es recordarlo. Cuando haces las cosas claras como receta de cocina y lees los pasajes a la manera de Sherlock, dejas de lado los hechos inmediatos y entonces logras ver cómo se conectan o cuál es su relevancia. Si te tomas el tiempo de conectar los hechos de cualquier unidad y los entiendes todos a la vez en un contexto más amplio, entonces te estarás ahorrando un montón de tiempo en tu proceso de estudio.

Y no es nada difícil. Detrás de cada unidad o capítulo del material hay una lógica. Y la manera más eficiente de estudiar es encontrando y entendiendo esa lógica. Después de todo, todas las secciones del material están agrupadas así por una razón. Siempre será mejor ver esos hechos e ideas como un grupo y tratar de entender las relaciones entre ellos. De esta manera, estás tomando la ruta más sólida y memorable para abordar el material.

Para cuando los taxistas londinenses se han aprendido las 320 rutas desde el centro de Londres, es prácticamente imposible que se les olvide una calle de una ruta. Pero incluso si no pueden recordar una calle de una ruta en particular, pueden utilizar las otras 319 rutas para hallarla: siempre es posible encontrar una manera recordar las otras calles. De la misma manera, si tus hechos, reglas y conceptos están todos interconectados como rutas —y llenos de la lógica y de la emoción que los conecta—, entonces siempre podrás encontrar alguna manera de llegar a la respuesta. Apréndete las rutas, y a la hora del examen, será casi imposible que se te olvide algún dato.

Por qué nunca olvidarás Carting Lane

Aprenderse las rutas principales es útil, pero los taxistas londinenses también necesitan memorizar todos los vericuetos, callejones retorcidos y calles aledañas de la ciudad. Si no existe lógica aparente en el mapa, entonces tienen que ver más allá de éste para encontrar la lógica y hacer esas calles memorables.

No es sorprendente que memorizar las 25 mil calles de Londres sea sólo el principio de lo que se requiere para ser taxista en esta ciudad. Dale un vistazo a la siguiente selección de las instrucciones oficiales para dominar "El Conocimiento" y prepararse para el examen de taxista:

Para completar el Conocimiento necesitarás conocer cualquier lugar al que un pasajero te pida que lo lleves y cómo llegar a él. Para ello necesitarás conocer todas las calles, caminos, plazas, etc., así como los lugares específicos tales como parques y lugares abiertos, zonas residenciales, oficinas y departamentos gubernamentales, centros comerciales y financieros, residencias diplomáticas, ayuntamientos, oficinas de registro, hospitales, lugares de culto, estadios deportivos y centros recreativos, hoteles, clubes, teatros, cines, museos, galerías de arte, escuelas, colegios y universidades, sociedades, asociaciones e instituciones, estaciones de policía, cortes civiles, criminales y forenses, prisiones y lugares de interés turístico.

Al recibir está larga y enfermiza lista de cosas "extra" que hay que saber, la mayoría de la gente realmente se intimidaría o incluso enojaría. A los taxistas, en cambio, les entusiasma. Las galerías de arte y los ayuntamientos no parecen ser las cosas que necesitas aprender si sólo te interesa memorizar un mapa. Pero esta información extra es justo lo que los taxistas londinenses utilizan para transformar los nombres de calles aleatorias en información conectada de manera significativa.

Buscar "información extra" es justo lo que necesitaba Ana María para prepararse para su gran examen de vocabulario. Durante el semestre, Ana había usado la repetición para resolver los ejercicios y se las había arreglado más o menos para recordar cada grupo de diez palabras a la mañana siguiente. Pero ahora tenía que recordar todas las palabras del semestre entero y sentía que ninguna de ellas se encontraba ya en su cabeza. Se le había quedado viendo fijamente a la lista durante una hora sin que las palabras le hicieran sentido.

Ana había decidido terminar para siempre con el enfoque de repetición. El problema era que ni aun así podía ver la lógica que volvería inolvidables esas palabras. Pero no había de qué preocuparse. Sólo necesitaba empezar a buscar más allá de la lista de palabras y definiciones para ver que la lógica no se hallaba en esa página. Aquí estaban las primeras seis palabras que Ana tenía que volver memorables:

Deletéreo (a): adj. Mortífero, venenoso.

Gregario (a): adj. Dicho de un animal: Que vive en rebaño o manada.

Disonante: adj. Que disuena.

Pertinaz: adj. Obstinado, terco o muy tenaz en su dictamen o resolución

Dilecto: adj. Amado con dilección (dilección= amor reflexivo).

PASO 1: Busca la lógica dentro de las cosas

Si Ana iba a sacarle el mayor provecho a sus horas de estudio, primero tenía que buscar las palabras que contuvieran una pista. Eso es lo que hacen los taxistas londinenses. En Londres hay llamada Great Tower Street (Calle de la Gran Torre) que lleva a la Torre de Londres. Sabiendo más sobre esa calle, es decir, añadiendo la información de que hay una torre famosa cerca, es más fácil recordarla. De manera separada, la ubicación de la Calle de la Gran Torre y la Torre de Londres pueden olvidarse fácilmente. Juntas, son memorables.

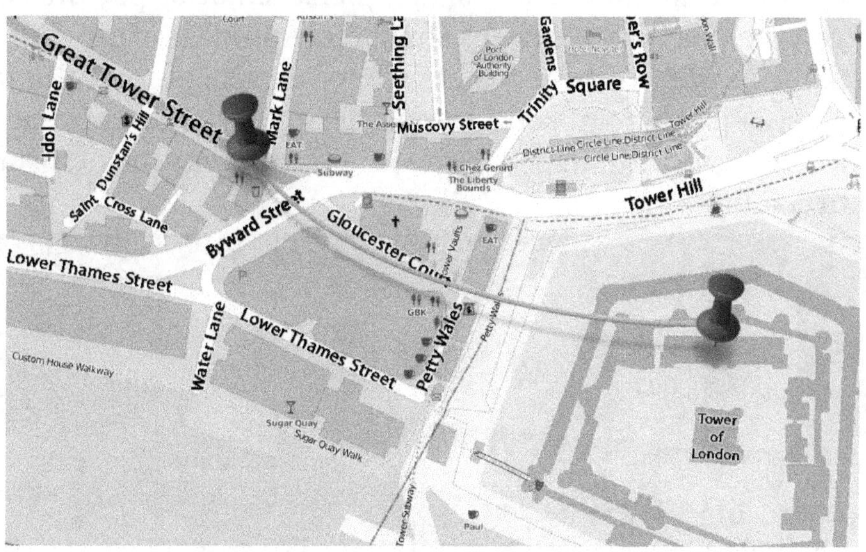

En principio, "Calle de la Gran Torre" parece un nombre cualquiera, pero examinando las partes dentro de ese nombre y buscando más información (¿por qué "torre"?) se vuelve claro que la lógica inolvidable se encuentra cerca. Con frecuencia, puedes ver la definición y no darte cuenta de cómo se conecta a la palabra, al término o a la idea misma. Sin embargo, al descomponer la palabra en partes, es posible que descubras pistas que puedas utilizar para recordar la idea general.

Disonante: Ana tenía el significado de esta palabra frente a sus narices. Aplicando el paso uno, Ana dividió la palabra y notó que la parte "sonante" se encontraba ahí. Lo que es más, "dis-" estaba al principio y Ana lo reconoció como un prefijo que significa "no" o "separar", como en "disonante". Así que si la palabra era "separar/no/mal + sonante" entonces hacía perfecto sentido por qué la definición se referiría a algo que suena mal (que disuena).

En este proceso, como Ana ya había reconocido el prefijo "dis" referido a algo negativo, llegar a la definición y recordarla fue más sencillo. Siempre que te encuentres con una nueva palabra, en vez de tratarla como un hecho aislado, piensa en otras palabras que tengan prefijos sufijos o raíces similares. Aprender otros idiomas también puede ayudarte. Es así como, de repente, resulta que las nuevas palabras ni son tan nuevas: de hecho se encuentran conectadas con un gran pedazo de palabras que ya está incrustado en tu cerebro.

PASO 2: Indaga un poco más para que tus datos sean más pegajosos

Los taxistas londinenses no tienen que ir mucho más allá de la Calle de la Gran Torre para encontrar la útil lógica de una torre muy famosa que está cerca. Y al descomponer en partes la palabra "disonante", Ana se percató de que la definición de la palabra era mucho más intuitiva de lo que había sospechado. Pero, en ocasiones, necesitas indagar un poco más para que algo se vuelva memorable.

Muchas de las calles de Londres tienen nombres que no ofrecen lógica memorable en absoluto, y un perfecto ejemplo de esto es Carting Lane. Esta calle no está relacionada con ningún hospital, ni monumento, ni nada por el estilo, así que la lógica superficial no se puede utilizar. Se necesita entonces recurrir a la otra súper herramienta de la buena memoria: la emoción. Ciertas experiencias son tan tristes, ciertos chistes son tan divertidos y ciertas imágenes son tan aterradoras que las memorizamos de por vida.

¿Qué harían los taxistas para que una calle tan fácil de olvidar como Carting Lane tuviera algo de emoción? Así como indagan para encontrar información adicional que proporcione lógica, de la misma manera tratan de hallar otra información que dé algo de emoción. Sólo porque no haya algo obvio a la mano, no significa que no haya nada a la mano. Es posible que el proceso de encontrar pegamento para la memoria tome algo de tiempo, pero sólo tienes que continuar indagando mientras mantienes la mente abierta. En ocasiones, algo muy poco común se convertirá en la clave de tu éxito.

Sucede que Carting Lane tiene algo que la distingue de las demás calles de Londres: ahí se encuentra el único farol que funciona con gases de las coladeras. Bajo este farol se halla un domo que almacena ciertos "vapores" que provienen de los baños del aledaño y súper famoso Hotel Savoy. Así que, si una noche te encontraras en Carting Lane, caminando rumbo a casa, tendrías que darles las gracias a los ricos huéspedes del hotel por los vapores que iluminan tu camino. Como Ana tomaba una clase de inglés, se dio cuenta de que hay un verbo en ese idioma que empieza con efe y que se parece mucho a "Carting", pero que está relacionado de cierta manera con los vapores que expelen los seres humanos. No daremos mayores explicaciones aquí porque no sería muy elegante y este es un libro elegante*. Lo importante de esta historia es que, ya sea que la encuentres hilarante o asquerosa, hay toda la emoción necesaria para Carting Lane y su proximidad al Hotel Savoy se queden pegadas en tu memoria. No importa qué pegamento utilices para memorizar un dato, siempre y cuando signifique algo para ti.

Y así como Carting Lane tiene su propia y rica historia, las palabras y los hechos casi siempre provienen de algún lado. Con frecuencia, saber de dónde vienen, qué los inspiró o por qué son importantes hará que te topes con algún pegamento simple y permanente que te permita memorizar fácilmente un vocablo.

La etimología es el estudio de los orígenes de las palabras, y muchos diccionarios incluyen la etimología en sus definiciones. La mayoría de la gente evita leer esa parte, pero cuando se trata de aprender palabras, con frecuencia es la sección más útil e interesante. Las palabras generalmente están relacionadas, ya sea con la época en la que fueron concebidas, o con otra lengua de la que provienen. Y si bien descomponer en partes una palabra no siempre te dará elementos tan simples como "dis" o "sonar", entender las piezas quizás podrá darte el significado que necesitas.

**en ingles, la palabra "Farting" significa emitir una flatulencia.*

Pertinaz: Al mirar el origen etimológico de la palabra, a (del lat. "pertínax- acis", intensivo de "ténax"). Ana se dio cuenta que la palabra se relacionaba con "tenaz", que significa constante, aunque frecuentemente se aplica a cosas malas, como "una sequía pertinaz".

PASO 3: ¿A quién le importa de dónde venga el pegamento

con tal de que funcione?

El paso uno es fácil. El paso dos es interesante. Pero el tercer paso es el más divertido. Si has tomado los primeros dos pasos y no has encontrado el pegamento que realmente haga un hecho memorable, entonces necesitas empezar a pensar creativamente, muy creativamente. Usa tu imaginación a todo lo que da. Los taxistas londinenses no se detienen sino hasta que consiguen algún tipo de pegamento garantizado para todas las calles del mapa —algo que realmente haga que el dato se te "pegue" en el cerebro—, no importando qué tan extraño o inesperado sea.

Siempre será mejor inventar algún tipo de lógica o emoción. A los "rezagados" que no encontraron pegamento en los primeros dos pasos les recomendamos buscar cualquier tipo de asociación que pueda hacerse con esta palabra o hecho, independientemente de si está relacionada o no con el material real del examen. El objetivo dar con algo inolvidable. Así que, hazte preguntas como las siguientes: ¿A qué me recuerda esto? ¿A qué suena? ¿Me recuerda algo familiar? ¿En quién puedo pensar que tenga las cualidades de esta palabra? ¿Con qué rima? ¿Puedo hacer una oración con las primeras letras de esas palabras? (Así es como muchas personas se aprenden los nombres de los planetas en orden: Mi Vaca Tiene Muy Juntas Sus Uñas Negras = Mercurio, Venus, Tierra, Marte, Júpiter, Saturno, Urano y Neptuno. Lo sentimos, Plutón). ¿Puedes hacer una

Pegamento de pirata

Cuando encuentres un buen pegamento, nunca lo olvidarás, y tampoco olvidarás que éste mantiene todo unido. Cuando Katie tuvo que aprender la palabra "arenga" en el segundo año de preparatoria, no pudo encontrar ningún buen pegamento. No había manera de descomponer en partes la palabra que significaba "discurso pronunciado para encender los ánimos". Pero Katie encontró una manera de recordar la palabra y todavía la utiliza. Recordó que, una vez en la playa, un grupo de activistas por los derechos de las minorías dieron un discurso a pesar del sol, del calor, y de que la "arena" estaba realmente "encendida". Así encontró una relación entre ese día de arena y la arenga que tuvo que escuchar (y que le resultó interesante).

pantomima con la palabra? ¿La puedes memorizar haciendo una voz chistosa? ¿Se relaciona de alguna manera con alguna de tus mascotas? La lista de maneras de relacionar una palabra con alguna otra cosa es prácticamente infinita. Tu trabajo es revisar el universo entero de hechos hasta que encuentres una manera divertida, loca, asquerosa, impactante o emocionante de memorizar la palabra para siempre. Todo se vale, mientras sea pegamento.

Deletéreo (a): Ok, "Mortífero, venenoso". Ana pensó en alguna manera de recordar el significado de la palabra. Escogió usar el hecho de que el final de la palabra contiene la parte "etéreo". ¿Cómo podía relacionarlo con venenoso? Bueno, pues algunos gases, que son "etéreos" pueden ser venenosos, así que podía relacionar estos dos hechos y recordar el significado "dañino" de la palabra.

Gregario (ria): Dicho de un animal, significa "que vive en rebaño o manada", aunque puede utilizarse para las personas que son sociables, quizás demasiado sociables y que prefieren no decir lo que opinan con tal de pertenecer a un grupo. Aparentemente viene de la palabra latina "grex", que significa rebaño, como de ovejas. Algunos estudiantes se detendrían ahí y sólo se imaginarían a un grupo de ovejas platicando de una manera muy sociable. Eso es memorable, pero no era suficientemente pegajoso para una chica tan citadina como Ana. En esta ocasión, Ana María sí que tuvo que ponerse creativa. Ok, la palabra es muy parecida a "Gregorio". Y aunque Ana no conocía a ningún Gregorio, se hizo la imagen de un Gregorio que era muy sociable y que le encantaba estar rodeado de personas no importando que tuvieran ideas distintas a las suyas. Este Gregorio siempre quería ir a reuniones, fiestas, al cine, a donde fuera con tal de no estar solo. Así que si había una reunión, Gregorio siempre sería el primero en llegar y el último en irse. ¡Ay, Gregorio, Gregorio!

Dilecto: Para la última palabra de la lista, Ana realmente tuvo que usar su imaginación para encontrar un pegamento que le funcionara. La etimología decía que la palabra provenía del latín dilectus. No decía mucho. Descomponer la palabra en partes tampoco le servía.

Pero de repente, pensó que la palabra se parecía a la palabra "electo", que viene de "elegir". Pensó en quién era la persona elegida de su corazón y pensó que era su persona "electa" o "dilecta". Significaba que era su persona favorita.

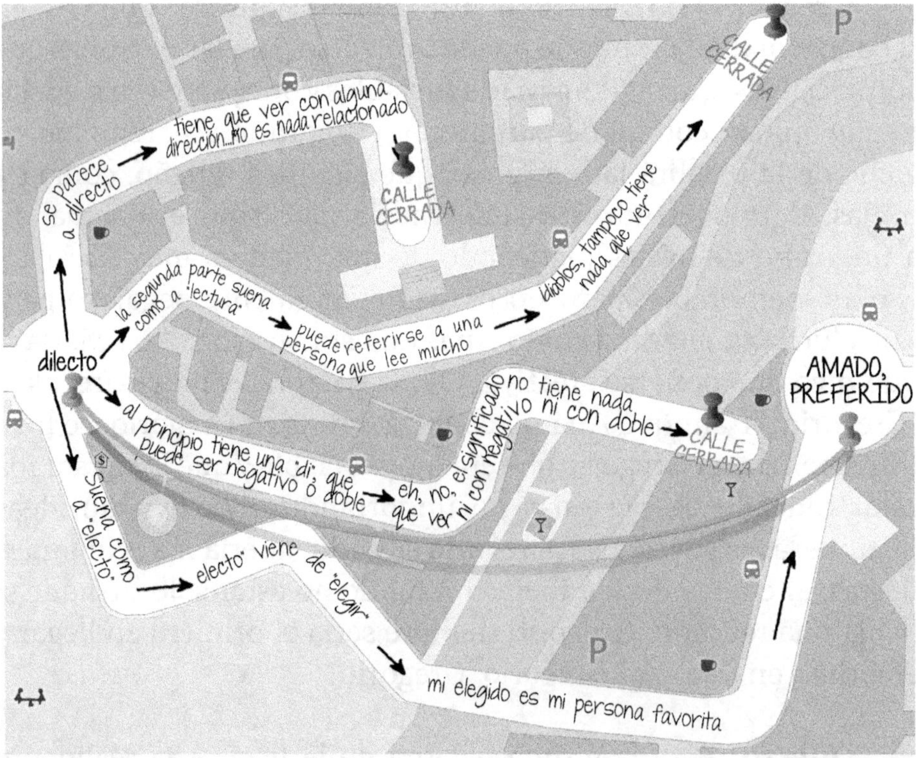

Ana María se la pasó de maravilla inventando nuevas formas de "pegamento", dado que esto requería que fuera flexible y creativa, algo que había asociado con el jazz pero nunca con el estudio del vocabulario. Lo que es más, para cuando terminó con la lista, ya se había aprendido todas las palabras muy bien. En este punto del proceso de memorización, una vez que el pegamento está en su lugar, la repetición se vuelve útil para los estudiantes. Con sólo unas rondas de repetición y revisando su pegamento, Ana María se había asegurado de que las definiciones estarían ahí para cuando llegara el examen.

Encontrando el pegamento cuando estudias

Cuando estudies, no utilices las tarjetas inmediatamente. Los taxistas londinenses saben que podrían repetir "Carting Lane, Carting Lane, Carting Lane" una y otra vez mientras se le quedan viendo al mapa sin llegar a nada. Pero en cuanto miran más allá del mapa y encuentran algo como el "farol a gas", entonces las calles se vuelven instantáneamente pegajosas. No pierdas el tiempo repitiendo como perico las palabras o los hechos aislados. Mejor úsalo para ver más allá de la guía de estudio y encontrar todos los "faroles a gas" que puedas.

De manera aislada, ninguna de estas palabras tenía la clase de significado lógico o emocional que las hiciera inolvidables para Ana María. Pero haciéndose las preguntas correctas le fue fácil comenzar a encontrar pegamento tan memorable como Carting Lane. Independientemente de si la lógica se encuentra dentro o fuera de la palabra, lo importante es que te asegures de que esa palabra se quedará adherida a tu cerebro con el pegamento adecuado.

En todos estos casos, Ana María se quedó de lo más sorprendida cuando se percató de que, en lo que a la memorización se refiere, contar con más información realmente vuelve todo más memorable. Al conocer más sobre las partes de una palabra o su etimología, o añadiendo más información proveniente de la imaginación, Ana pudo memorizar las palabras de manera más fácil y rápida.

Ten en cuenta que el proceso de encontrar estos distintos tipos de pegamento es en sí mismo el proceso de estudio. De hecho, es la mejor manera de estudiar. Al tener que pensar en la lógica que conecta estos términos, y añadiéndoles emoción, los vuelves inolvidables. Te encuentras súper concentrado y eso significa que estás automatizando los conceptos. Con unas cuantas repeticiones finales, la información se adherirá a tu cerebro para siempre.

Haz un test de manejo de tu pegamento

Tener el conocimiento necesario es estupendo, pero también necesitas asegurarte de que estará listo para la acción. Los taxistas londinenses resuelven tan bien los exámenes en buena medida porque se aseguran de estar preparados para todo lo que se les pida. El examen oficial de El Conocimiento tiene una parte oral y otra escrita, así que se preparan para esos dos tipos de exámenes. Pero una tercera parte del examen tiene lugar en las calles: hay que saber usar El Conocimiento en la vida real. Es decir, no es suficiente saber la respuesta escrita, sino que los taxistas londinenses tienen que conducirla en todo momento. Tienen que conocer el mapa tan bien que su atención esté libre para enfocarse en otras cosas: ¡en los semáforos, en los turistas despistados, y en la plática con los pasajeros! Eso quiere decir que algo de la práctica tiene que suceder en el asiento del conductor.

No improvises tu ensayo

Si tienes que escribir un ensayo el día del examen, entonces también puedes usarlo como un test de manejo. Escribe un ensayo utilizando lo que has estudiado. Incluso si el ensayo no resulta exactamente igual cuando venga el día de la verdad, por lo menos estarás preparado para recordar los detalles y armar un argumento con ellos.

Sin embargo, los estudiantes con frecuencia olvidan que la mejor manera de saber si las información

IMAGINA QUE GANAS UNA MEDALLA DE ORO

El alemán Simon Reinhard es capaz de memorizar el orden de un mazo de cartas en 21.19 segundos. Su compatriota, Johannes Mallow, posee el récord mundial de memorización de datos históricos: 132 de 140, memorizados en cinco minutos. En el mismo lapso de cinco minutos, el chino Wang Feng puede memorizar 500 números al azar. Todos los años, los grandes maestros de la memoria se reúnen en el Campeonato Mundial de la Memoria. Y si asistieras, probablemente concluirías que todos estos competidores tienen espeluznantes memorias fotográficas. ¿De qué otra manera alguien podría memorizar tanta información tan rápidamente? Hay un secreto oculto en lo que hacen, pero no tiene nada que ver con un don natural. Todos los campeones de la memoria te confesarán que la memoria fotográfica es, como alguien la describió, "un mito detestable".

En su libro, Moonwalking with Einstein, el periodista Josh Foer narró cómo pasó de escribir un artículo sobre los campeones de la memoria a volverse uno él mismo. En su entrenamiento, Foer descubrió que para recordar el orden de un mazo de cartas en menos de un minuto, los campeones de la memoria utilizan todos los trucos que vienen en el libro, incluyendo la emoción, la lógica, la repetición y las historias. Asociando cada carta con una imagen particularmente memorable, Foer logró ver el seis de diamantes no sólo como una carta, sino como el Papa Benedicto XVI lanzando un escupitajo (nueve de tréboles) en la cabellera blanca y tupida de Einstein (tres de diamantes). Una simple secuencia de tres cartas se vuelve una historia corta inolvidable de manera instantánea.

Foer terminó ganando el Campeonato de Memoria de Estados Unidos e incluso impuso un nuevo récord de velocidad en las cartas. Pero el verdadero enfoque de su libro es que cualquier persona puede memorizar enormes cantidades de información de manera divertida y sin tomarse una eternidad. Ed Cooke, mentor de Foer y Gran Maestro de la Memoria, le dijo una vez: "incluso las memorias promedio son notablemente poderosas si se utilizan adecuadamente". A Foer todavía se le olvida dónde deja las llaves del coche. Pero, cuando lo necesita, sabe cómo usar su creatividad para hacer las cosas inolvidables.

realmente está pegada de manera correcta es practicar en el formato exacto en que se presentará el examen. Si el examen de vocabulario será del tipo "llenar los espacios en blanco" entonces practícalo de esa manera: no sólo necesitarás saber la respuesta, sino escribir la palabra con buena ortografía. Si tu maestro quiere que escribas oraciones utilizando esas palabras, entonces no sólo tendrás que aprender la ortografía y el significado de la palabra, sino también de qué figura gramatical se trata. Claramente, si el examen es del tipo de relacionar palabras, entonces la ortografía no importa en absoluto. ¿La moraleja? Prepárate para lo que vas a necesitar y entonces tendrás la garantía de estar listo. Y lo estarás cuando puedas hacer exactamente lo que se requiere para el examen al 100%.

Después de que Ana encontró el pegamento necesario para todas las palabras del vocabulario, tomó una hoja de papel en blanco. Sabía que su maestro siempre leía las palabras y le pedía a la clase que las escribiera, explicara la función gramatical y la definición, así que le pidió a su hermana que se las leyera y que hicieran como si fuera la hora del examen.

Al sentirse como si estuviera haciendo el examen real, Ana pudo darse cuenta con precisión de qué palabras y definiciones necesitaban todavía más pegamento. Y lo mejor de todo era que, al tener que escribir toda la información desde cero, Ana estaba automatizando aún más las palabras. Después del examen de práctica, separó las palabras que había aprobado de las que necesitaban un poco más de trabajo. No hay nada peor que haber estudiado muchísimo sólo para darte cuenta que no estás preparado para el examen real. Al usar la información en un "test de manejo" la noche antes, Ana se aseguraba de que todas las palabras del vocabulario estuvieran memorizadas para siempre, y entonces estaría imparable el día del examen. Cuando puedes aprobar el "test de manejo" sin problemas, entonces has concluido exitosamente el proceso de estudio.

Planea seriamente cómo divertirte estudiando

Si hay algo que esperamos lograr en este capítulo es terminar con el estudio "serio" para siempre. Obviamente, por "serio" no nos referimos a "enfocado e intensivo", dado que no hay nada de malo en ello. Lo que no queremos es que "serio" sea lo mismo que "aburrido y sin sentido del humor". Como ejemplo pensemos en las páginas que hablan de Carting Lane y en las razones por las que nunca olvidarás esa calle. De ahora en adelante, tu proceso de estudio debe estar lleno de colorido, altisonancias, chistes, imágenes asquerosas y cualquier otra cosa que haga que la información se vuelva memorable y divertida. Lo más probable es que ésta sea una manera enteramente diferente de estudiar si la comparas con lo que has hecho en el pasado. Basados en el hecho de que el pasado estudiantil de la mayoría involucra repetir frases con voz de zombie esperando que se te adhieran por ósmosis (Colombia...república unitaria...Batalla del Pantano de Vargas...Colombia... república unitaria...Batalla del Pantano de Vargas), estamos seguros de que este nuevo enfoque constituirá una mejora. Entrenar tu cerebro en el proceso de encontrar las conexiones significativas es siempre una manera más efectiva y divertida que aprenderte todo la noche anterior del examen.

A raíz de este discurso en contra de aprenderte todo "la noche anterior" queremos reconocer una cosa. Entendemos del todo porqué a muchos estudiantes les gusta desvelarse una noche antes del examen. Por un lado, es una idea muy satisfactoria tratar de "ir contra el sistema" y aprobar el examen casi sin haber estudiado. ¿Quién necesita invertir horas y horas? ¡Yo tengo el secreto! (claro que este beneficio sólo puede disfrutarse si funciona y te sales con la tuya). Por otro lado, muchos estudiantes tienen la impresión de que este método es bueno porque sólo necesitas retener la información el tiempo suficiente para aprobar el examen. Al siguiente día habrá una nueva unidad de estudio y entonces puedes olvidarte de lo anterior hasta los exámenes semestrales. ¿Para qué almacenar toda esa información durante más tiempo?

Aprenderte todo en una noche puede hacerte sentir como estrella de rock que todo lo puede, pero en realidad es una manera de que cada examen subsecuente se vuelva más difícil. Créenos: hemos visto a muchos estudiantes sacar calificaciones buenas en todo, desde pequeñas pruebas, exposiciones en clase y exámenes. Todos se sienten orgullosos: "Lo inventé todo en el momento y aún así me fue bien". Puede ser que luzcan impresionantes en ese momento, pero los amantes de aprenderse todo en una noche olvidan un punto fundamental.

Si has dejado tres capítulos de lectura para la noche anterior al examen porque no los leíste cuando se asignaron, entonces no vas a tener tiempo de hacerlos lógicos o interesantes (y por lo tanto memorables). Con sólo unas horas disponibles para prepararte para el examen, te estás forzando a terminar la lectura en vez de obtener algo de ella. Es posible que te presentes al examen y recuerdes algunos de los datos más importantes, pero no serás capaz de contestar todas las preguntas con toda confianza y obtener diez de calificación.

Más importante aún es el hecho de que aprendemos nuevas cosas conectándolas con lo aprendido en el pasado. Si olvidas toda la información que aprendiste tan pronto como entregas el examen (si es que la aprendiste, claro), entonces la próxima vez que tengas que aprender algo nuevo, ya sea en una nueva unidad o en otra clase, entonces vas a tener que empezar desde cero para poder conectar los datos. Eso quiere decir que, cada vez que estudies, tendrás que invertir muchísimo tiempo tratando de repetir cosas como perico hasta que algo se te pegue o buscando desesperadamente la manera de lograrlo. Si dejas todo para el último momento, el próximo examen será doblemente difícil... y el que le sigue será todavía peor. Aprendiéndote todo la noche anterior no tienes nada en que apoyarte para futuros tests.

¿Qué pasa si en vez de ello utilizas nuestro método? Sucede que si encuentras la manera de que la información sea realmente pegajosa, no sólo la recordarás en el examen: la recordarás siempre. Así, mientras más aprendas, tu cerebro se volverá cada vez más como papel matamoscas. Cuando aparezca nueva información, como un nuevo vocablo, hay tanto con qué relacionarla que sólo se quedará pegada. El pegamento ya está ahí, esperando que lleguen nuevos datos. Y más rápido de lo que crees habrás eliminado por completo el proceso de "buscar pegamento" y las conexiones se darán de manera instantánea. Por eso algunas personas apenas necesitan estudiar y parece que ya "saben" las cosas en cuanto las oyen por primera vez.

Una manera en la que puedes tener memoria de papel matamoscas es cambiando la perspectiva de cada unidad que estudias. En vez de verla como un tema totalmente nuevo que abruptamente pierde importancia tras el examen, comienzas a ver todo como parte de algo más grande, algo como... el mapa de los taxistas londinenses. Puede parecer que las unidades que estudias en clases, como la Revolución Industrial y la Primera Guerra Mundial, son historias completamente diferentes con personajes del todo distintos. Pero si tienes un buen entendimiento de la Revolución Industrial entonces el estudio la Primera Guerra Mundial te parecerá mucho más interesante y pegajoso porque verás cómo la industrialización dio origen a la competencia y los conflictos entre los países, y cómo cambió la manera de combatir en las guerras. Toda la clave del estudio de la historia radica en hallar paralelos entre diferentes personas y eventos importantes. Aunque puede sentirse como si estudiaras eventos aislados, las historia realmente es una larga narrativa unificada. Y si vas más allá de lo superficial, la historia se vuelve la cosa más pegajosa.

Si bien encontrar el pegamento que adhiere las unidades de un tema es súper útil, quedarás sorprendido de lo que pasa cuando comienzas a hacer que la información sea pegajosa en todos los temas que aprendes. Conocer bien todos los temas hace posible que encuentres pegamento en cualquier parte del espectro de conocimiento que está en tu cerebro. Éste es el verdadero secreto de los taxistas. Saben que mientras más pegamento tengan para cada calle, más rápidamente podrán recordar su ubicación. Un taxista puede conocer la Calle del Puente porque conduce al Puente de Westminster. Pero cuando también conecta lo anterior con el hecho corren junto al Parlamento o al Big Ben, entonces estas calles se vuelven más pegajosas. Con tantos tipos diferentes de pegamento, es fácil recordar dónde está la Calle del Puente y no toma mucho tiempo aprenderse su ubicación.

De la misma manera, toda la información que aprendas puede servirte como pegamento para todas las demás asignaturas. Aprender el vocabulario bien a la primera evitará que cuando veas esas palabras en cualquier texto de literatura, historia o incluso ciencias debas buscarlas de nuevo en el diccionario. ¿Por qué limitarte a una forma de hacer las cosas pegajosas? Lo mejor de todo es que, mientras más sepas, el pegamento correcto se volverá inmediatamente obvio.

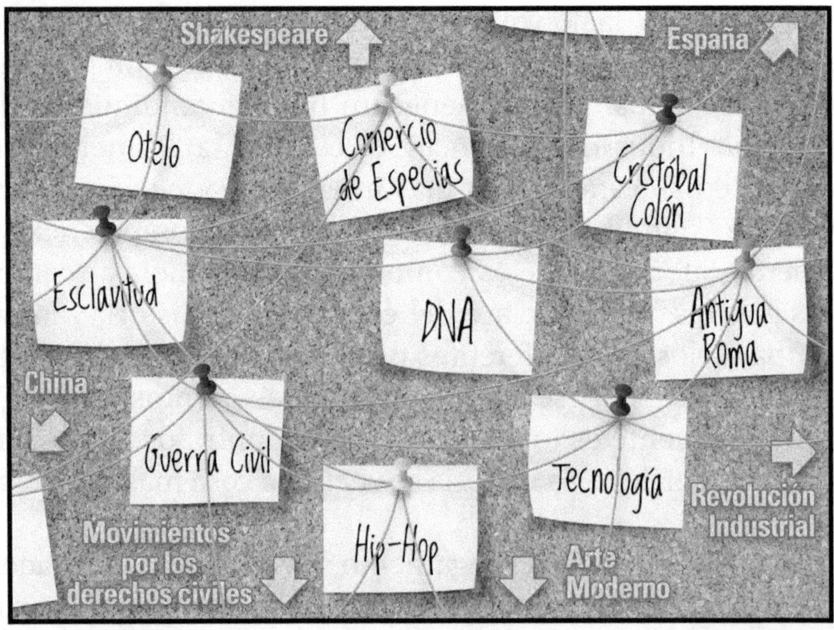

En la escuela, las materias no constituyen temas separados

que aprender. Lo que te dan son post-its, es decir, los temas principales, pero si miras más allá de ellos para descubrir de qué manera están relacionados, entonces todo lo que aprendas será memorable. Lo que es más, verás que todo lo que aprendas importa mucho más allá del examen. Terminarás con mucho más que un diez: terminarás siendo una persona instruida. Como puedes ver en el diagrama anterior, las conexiones son infinitas y tus maestros no tienen el tiempo de cubrirlas todas en una clase. Pero están todas ahí, listas para que las encuentres, y son todas verdaderamente interesantes. Por ejemplo, ¿sabías que algunos historiadores piensan que el tráfico de esclavos africanos existía porque los africanos son las únicas personas genéticamente resistentes a la malaria? ¿Sabías que Bruto, la persona que mató a Julio César podría haber sido su propio hijo? Y si sigues la historia de la Guerra Civil hasta la migración de los esclavos liberados a las ciudades del norte de Estados Unidos podrás entender porqué el rapero Jay-Z es de Brooklyn. Los hechos de este tipo son difíciles de olvidar.

¿Pensabas que estabas listo?

Una estudiante que conocemos practicó las tablas de multiplicar hasta que era capaz de resolver cualquier problema en voz alta a la velocidad del rayo. Pero cuando hubo que resolver las preguntas de un test escrito de 100 problemas, se quedó paralizada. Practica de la misma manera en que vayas a tener que resolver el examen.

La moraleja de todo esto es la siguiente: los taxistas saben que más es más. Más conocimiento equivale a tener más facilidad para recordarlo en un instante. Desde 1865, los taxistas de Londres han sabido que la manera más rápida de conocer cada detalle de las 25 mil calles de Londres a la velocidad de la luz es hacer que su memoria trabaje más. Se apoyan en 30 mil puntos extras de interés. Durante sus carreras, constantemente añaden cosas a la historia de Londres: restaurantes nuevos, obras de teatro recién inauguradas y eventos que tienen lugar en la ciudad. Mientras más sepan sobre Londres, más fácil se vuelve su trabajo.

Entonces, ¿qué puedes realmente aprender de estos genios secretos de Londres? Vuélvete un codicioso del conocimiento. Tu objetivo debe ser poseer los fundamentos más amplios y ricos posibles del conocimiento. Mientras más sepas, más "vivos" serán tus fundamentos y menos necesitarás estudiar para un examen futuro. Con frecuencia, el pegamento se formará de manera casi instantánea. Lo que es más, todo lo que aprendas será más interesante. Los taxistas dominan decenas de miles de hechos en tan sólo unos años. Eso quiere decir que definitivamente puedes aprender el material de una unidad de una clase. Aprende de esos genios del volante y recuerda: la ruta más rápida para obtener un 10 es tomar Carting Lane.

Poniéndolo en práctica

¿Cómo puedes empezar a tomar ese camino que te lleve a ser un genio de los exámenes? Aplica la técnica del pegamento en una lista breve de términos. Comienza unos cuantos días antes del examen (o, mejor aún, en el primer momento que te topes con la palabra) y trata de encontrar algunas opciones de pegamento para la memoria. Espera un poco y luego pon a prueba su efectividad. ¿Se quedó adherido? ¿Qué cosas recuerdas con el transcurrir de los días? Esto debe darte una buena idea de qué tipos de pegamento funcionan para ti. Ahora, intenta esto cuando estudies para tu próximo examen y date cuenta cómo inviertes mejor el tiempo encontrando un gran pegamento que sólo repitiendo palabras hasta que te salga humo de las orejas.

Capítulo 10

Conviértete en un Cyborg de Los Errores

Hasta este punto del proceso has sido el más lindo y meticuloso de los pasteleros. Has sido el detective paciente que encuentra todas las pistas, y has experimentado las emociones y los tropiezos para producir un ensayo éxito de taquilla. Para trabajar de todas estas maneras al mismo tiempo se requiere cierto nivel de flexibilidad, apertura mental y, sobre todo, paciencia. Y a lo largo del proceso eres el creador de la tarea, el escritor del ensayo, un ser humano que siente y que piensa y que trata de controlar su destino académico en un mundo que cambia muy rápidamente. ¡Ah, la humanidad!

Pero llega el momento en el que terminas el problema que estás resolviendo o el borrador del ensayo en el que estás trabajando. Y cuando eso sucede, debes sentir que algo cambia en ti. Tu postura se torna rígida mientras te crece un frío endoesqueleto metálico. Tu visión se torna roja y tienes mirada láser. Y cuando te quitas los lentes oscuros y te ves en el espejo, te dan unas ganas tremendas de subirte en una motocicleta y clavarte en una historia en la que viajas en el tiempo. Te has convertido en una eficiente máquina de matar, sistemática y sin emociones. Y tus tareas son ahora el enemigo, listo para ser aniquilado. ¡Hasta la vista, baby! Te has convertido en Terminator.

En las películas de *Terminator*, una computadora increíblemente inteligente llamada Skynet decide que ya es hora de que los humanos se extingan. Armando una guerra nuclear se deshace de la mayoría de esos molestos humanoides, pero un puñado de necios sobrevive y decide armar la resistencia. Skynet tiene que eliminar a su líder, John Connor, pero esto se vuelve imposible. Así que, para liquidar a esta persona, la computadora súper inteligente inventa el viaje en el tiempo. Si viajas al pasado para matar a *la madre* de John Connor, entonces el problema está resuelto *porque John Connor nunca existió*. Tan pronto como se resuelve el asunto de cómo viajar en el tiempo, Skynet le da a Terminator su misión: viajar al pasado y *matar a la madre de John Connor, Sarah Connor.*

Cuando Terminator tiene un trabajo que hacer, lo hará perfectamente pase lo que pase. Cuando se entera de cuál es su misión, lo primero que hace es mirar en la guía telefónica. Ahí encuentra a tres mujeres que se llaman Sarah Connor. ¿Cuál de estas tres es el objetivo? Al toparse con ese pequeño problema, Terminator no regresa con Skynet y le dice: "¡Lo siento, Su Malignidad! ¡Es mi culpa! ¡Hay tres Sarah Connors! ¡No supe a cuál matar, así que mejor regresé!". No, los robots no funcionan así. ¿Cuál es la solución de Terminator para asegurarse de hacer el trabajo? Fácil: eliminar a TODAS las Sarah Connor, no importando dónde se encuentren. Es la única manera que tiene de garantizar que hizo bien su trabajo, y es lo que hará.

Sí, Terminator es una escalofriante máquina de matar. Pero también es un ejemplo estelar de cómo hacer tus tareas escolares 100% libres de errores. En la escuela, los maestros siempre dicen: "¡revisen bien su trabajo!". Y de cierta manera, los estudiantes saben que es buena idea hacerlo. Después de todo, invertir horas de trabajo en un ensayo o en una tarea sólo para obtener una mala calificación por errores de ortografía, puntuación o pulcritud es la sensación más frustrante del mundo. Si es así, ¿por qué tantos estudiantes deciden omitir la revisión y sólo entregar su trabajo?

Porque piensan que revisarlo no hace gran diferencia. ¿A quién le importan esos detallitos si las ideas son buenas, cierto? Error. Todas las partes del producto final cuentan. No es aceptable que en un restaurante te den las cosas a medio cocinar. Tampoco es aceptable que exhiban una película donde el sonido y la imagen no concuerdan, ni que te vendan un automóvil al que se le caen los neumáticos todo el tiempo. De la misma manera, no es aceptable que entregues un trabajo con errores de ortografía o puntuación.

La clave para el éxito de Terminator —y para el tuyo en cualquier asignatura escolar— es volverte contra tu tarea y convertirla en el enemigo. No debes sólo pasar por el proceso de revisión y esperar que todo esté bien: tienes que estar ávido de sangre. Tienes que estar desesperado por encontrar puntos débiles y deshacerte de ellos antes que nadie. Dedícate a cazar activamente cualquier posible fuente de error... y entonces extermínala.

Sarah Connor no quiere que la exterminen

Cuando los estudiantes se dan a la tarea de revisar realmente su trabajo, muchos de ellos sólo escanean la página rápidamente y arreglan los detalles que son obvios a primera vista. Es como si Terminator se sentara frente a su casa, bebiendo un buen vaso de aceite para motor y esperando que llegaran todas las Sarah Connor para suplicarle que las extermine. Lo que la mayoría de los estudiantes *no hace* es cazar sus errores sin misericordia hasta exterminarlos todos. ¿Revistar tu tarea es un "paso extra"? ¡Ja, ja, ja! A ver, díselo a Terminator. Él tiene un trabajo que hacer y llevarlo a cabo perfectamente es una prioridad porque el destino de la humanidad está en juego. Los robots no pueden aniquilar a los humanos y apoderarse de la Tierra haciendo un trabajo a medias.

Así que la revisión es indispensable. Rebisar tu tarbajo no tiene nada que ver con qué tan buenno o malo eres en la asingatura. Nunca es una périda de tienpo. La gente que sienpre hase las cosas bien se azegura de hacer lo mejor posivle para garatnizar la callidad de su travajo, sin inportar cuanto tiempo les tome o como se sient an respecto a los erores que cometen. Todos cometemos errores. Pero sólo un Terminator tiene la capacidad de atraparlos.

¿Notaste algo en este último párrafo? Esperamos que sí te hayas dado cuenta de que había algunos pequeños...ERRORES. Pero de lo que realmente debiste haberte dado cuenta es de que en realidad no afectan tu capacidad de leer y entender el texto. Una de las razones por las cuales a veces es difícil percibir los errores es que tienes un cerebro *humano*. Los cerebros de los robots son en extremo literales y no pueden tolerar las variaciones. Si el Terminator ve la palabra "sienpre", instantáneamente sonará una alarma: "no es una palabra. Combinación sin sentido de letras. No es computable".

Por otro lado, el cerebro humano es extremadamente bueno viendo más allá de la información exacta que tiene frente a él para crear información coherente donde no la hay. Tu cerebro ha automatizado las palabras y la escritura durante tanto tiempo que en realidad puede entender un párrafo plagado de errores sin problemas. De hecho, con el solo hecho de que las primeras y las últimas letras de cada palabra se encuentren en el lugar correcto, tu cerebro automáticamente reacomodará cualquier combinación que se encuentre en medio. ¡Es una cosa tan increíble como peligrosa! Esto hace que nos sea muy fácil pasar por alto errores simples a menos que en realidad estemos en búsqueda de ellos. Si una amiga tuya termina una nota diciendo, "con todo carhiño", de todos modos podrás descifrar el significado. Pero para las calificaciones de una tarea, hay

¡No pasa nada!

Hay una enorme diferencia entre 10 mg (miligramos) y 10 µg (microgramos) de medicina. De hecho, 10 mg es mil veces más. Tan sólo en Estados Unidos, unos siete mil pacientes mueren al día debido a errores en la medicación, algunos de los cuales se deben a que éstos no leen cuidadosamente sus recetas, y otros a que la escritura apresurada de los médicos hace que se prescriban dosis incorrectas.

una gran diferencia entre lo que quieres decir y lo que realmente dijiste, lo cual se reflejará en tu calificación final.

Y esto vale para todos. En la clase de historia de la secundaria, Katie escribió un hermoso ensayo. Se trataba de la Constitución y del nacimiento de una nueva nación, así como del valor de los héroes nacionales. Era épico e inspirador. Era una carta de amor al patriotismo de unos cuantos hombres que lucharon por la libertad. Katie terminó el ensayo y lo imprimió. ¡Había terminado, por fin, después de que le tomó toda la noche. "¡Qué obra maes...! ¡Momento, qué demonios!" Katie de casualidad alcanzó a ver el ensayo cuando engrapó la inmaculada copia final y se dio cuenta de que casi *todas* las ocasiones había escrito "**Estados Undidos**" (como puedes imaginarte, había muchas palabras así en un ensayo sobre Estados Unidos). Si Katie hubiera entregado así el trabajo, al maestro no le hubiera importado mucho lo fabuloso de sus argumentos porque decía "Estados Undidos". La verdad es que se sintió un poco tonta cuando revisó el ensayo y sustituyó todos los "Undidos" por la palabra correcta. ¡Y se dio cuenta de lo anterior sólo porque tuvo suerte! Todo mundo comete errores, y Katie en realidad no estaba en modo Terminator cuando decidió imprimir su ensayo. Estaba tan concentrada en el contenido y en acabar la tarea que se olvidó de revisar los detalles (por ejemplo, *la ortografía*).

Para garantizar que saques al Terminator que llevas dentro toda vez que lo necesites se requiere un simple REINICIO. En lugar de ponerte en modo emocional, cambia al modo sin-emociones. En otras palabras, conviértete en un robot. Encontrar errores no es una reflexión sobre tu valor como persona o sobre tu inteligencia. El proceso de revisar no tiene que ver con juicios de valor. Tiene que ver con El Día del Juicio Final. Terminator no deja que *sus emociones* se interpongan en su camino. (Por favor, *las emociones* son para *los humanos*). Tú no eres tu trabajo: tu única intención es hacerlo perfectamente. No hay dolor. No hay miedo. Sólo hay que exterminar.

Crea tu lista de verificación

Siendo un robot futurista, Terminator tiene una procedimiento muy detallado y completo para revisar su trabajo. En las películas de *Terminator*, siempre que tiene que tomar una decisión, aparece en su visión un menú digital con todas las posibles fuentes de errores y todas las opciones para proceder. Él es extremadamente metódico y analiza exhaustivamente todas las posibilidades antes de tomar el siguiente paso robótico.

Así que lo que necesitas exactamente es que aparezca ante tu vista una lista de verificación para asegurarte de que tu trabajo está completo. Eso es lo que Enrique, un estudiante de secundaria, descubrió cuando tuvo que mejorar sus calificaciones de francés. Enrique era el súper atleta de la escuela. Era alto, de hombros anchos y fuerte como un roble. Y aunque nunca antes se había preocupado por sus calificaciones de francés, de repente se volvió muy importante que por lo menos obtuviera un ocho. De otra manera, y de acuerdo con las reglas de su entrenador, iba a ser expulsado del equipo de futbol.

A Enrique le preocupaba tremendamente desilusionar a su equipo de futbol. Sólo pensar en ello le daba la instrucción de RECONFIGURACIÓN que necesitaba para motivarse a mejorar sus calificaciones. Lo chistoso era que, cuando Hunter decidió ayudarlo, se dio cuenta de que Enrique había hecho muy buen trabajo aprendiéndose todas las reglas del idioma, el vocabulario y las conjugaciones. Todo lo necesario para sacar una buena calificación. ¿Entonces por qué le daba miedo reprobar la materia?

Hunter indagó sobre su trabajo en las últimas semanas. "La verdad es que estoy haciendo lo mejor que puedo, ¡pero mi maestro no deja pasar nada! En todas las pruebas y exámenes me quita puntos por cosas insignificantes como acentos y cosas así". Enrique, los puntos son puntos, así que no estás haciendo todo lo posible por quedarte en el equipo de futbol. Sólo por contestar todas las preguntas no significa que esté todo listo. Y por eso te quitan puntos en algo que sabes hacer muy bien.

Enrique no podía darse el lujo de percatarse de sus errores después de entregar el trabajo. Así que Hunter le pidió verlo.

Enrique Estrada

Tarea: Après Avoir/Après Être

1. Después de hacer toda su tarea, Michelle salió de la biblioteca.

Après avoir fait tout son devoir, Michelle a sorti bibliotheque.

2. Después de salir de la biblioteca, Michele me encontró en el cine.

Après être sortie la bibliotheque, Michelle a rencontré moi au cinema.

3. Después de encontrarnos en el cine, fuimos a comer.

Après avoir rencontré au cinema, nous sommes allé manger.

Ahora veamos la manera en que Enrique revisaba su trea. Como ya había dicho que a veces le restaban puntos por los "acentos", Hunter decidió empezar ahí mismo. Enrique, escribiste "bibliotheque" en la primera pregunta. ¿Estás seguro de que esa palabra no lleva acento?

Pues, veamos, creo que no.

¡Cómo que crees que no? Muy *humano* de tu parte, pero Terminator nunca toleraría ni la más mínima posibilidad de error, así que necesitas verificarlo. ¿Y qué me dices de après? ¿Estás seguro de que ese acento es correcto?

¡Sí, definitivamente! ¿O no?

Ni siquiera necesitas saber francés para ver que el problema

¡Hazlo lo más fácil posible!

Escribe tu lista de verificación y colócala en la portada de tu libro de texto o de tu cuaderno, de manera que puedas tenerla presente durante la clase o al hacer la tarea.

aquí era que Enrique no estaba *100% seguro* de que sus respuestas eran correctas. Para un Terminator, las expresiones "creo que no", "lo más probable" o "casi estoy seguro" no tienen cabida durante la revisión de la tarea. Y si alguien te pregunta cómo te fue en el examen y la respuesta suena a pregunta ("¿bien...?") entonces estás frito. Necesitas asegurarte de que has verificado absolutamente todo lo que puede salir mal. Para que Enrique pudiera garantizar que no había perdido ningún punto en la tarea, necesitaba crear una lista de verificación tal como Terminator lo hace cada que tiene que tomar una decisión. Implementando esta lista, Enrique podría escanear su mente cada vez que terminara una tarea o un examen.

Enrique estaba listo para convertirse en un Terminator. Revisó las respuestas de la tarea y se detuvo en todas las palabras de las que no estaba 100% seguro. Esto significaba identificar todos y cada uno de los sitios que pudieran contener un error. ¿El número uno de la lista? Los acentos. Sin resentimientos y sin piedad.

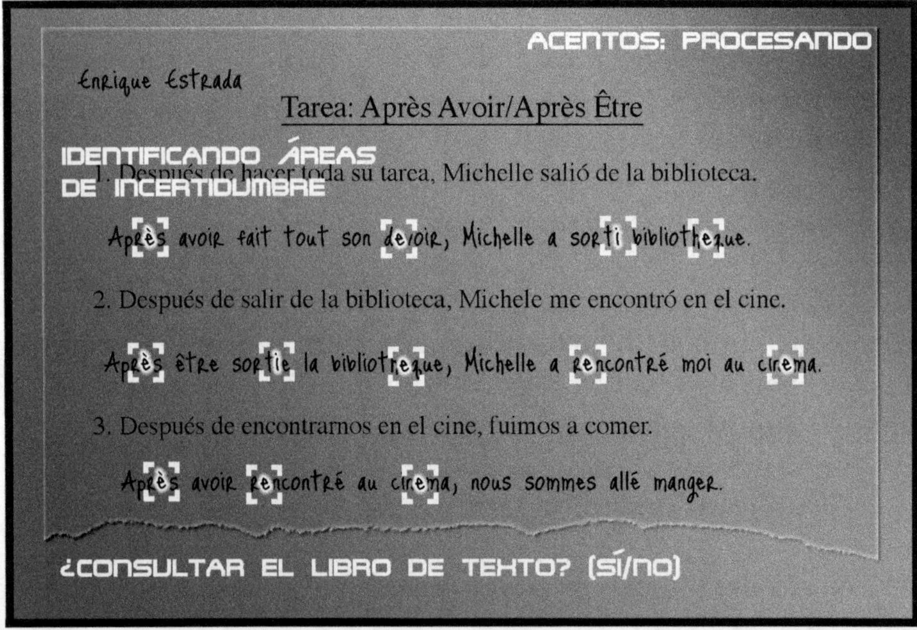
ACENTOS: PROCESANDO
Enrique Estrada
Tarea: Après Avoir/Après Être
IDENTIFICANDO ÁREAS DE INCERTIDUMBRE
1. Después de hacer toda su tarea, Michelle salió de la biblioteca.
Après avoir fait tout son devoir, Michelle a sorti bibliotheque.
2. Después de salir de la biblioteca, Michele me encontró en el cine.
Après être sortie la bibliotheque, Michelle a rencontré moi au cinema.
3. Después de encontrarnos en el cine, fuimos a comer.
Après avoir rencontré au cinema, nous sommes allé manger.
¿CONSULTAR EL LIBRO DE TEXTO? (SÍ/NO)

Enrique buscó en el libro de texto todas esas palabras (al principio de bastante de mala gana). Ubicó los acentos uno por uno hasta estar seguro de que ninguno faltaba ni estaba mal colocado en ninguna de las oraciones.

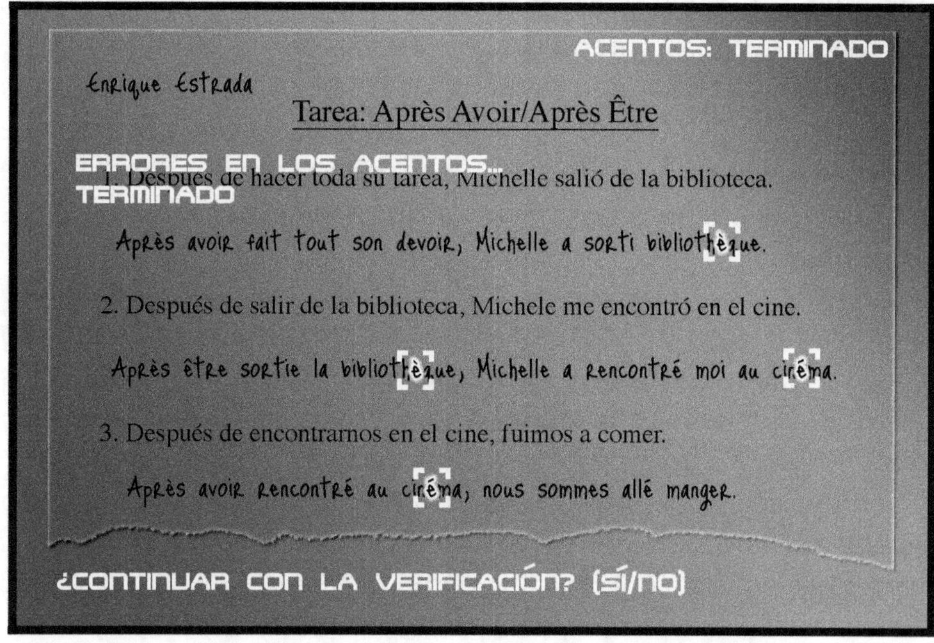
ACENTOS: TERMINADO
Enrique Estrada
Tarea: Après Avoir/Après Être
ERRORES EN LOS ACENTOS... TERMINADO
1. Después de hacer toda su tarea, Michelle salió de la biblioteca.
Après avoir fait tout son devoir, Michelle a sorti bibliothèque.
2. Después de salir de la biblioteca, Michele me encontró en el cine.
Après être sortie la bibliothèque, Michelle a rencontré moi au cinéma.
3. Después de encontrarnos en el cine, fuimos a comer.
Après avoir rencontré au cinéma, nous sommes allé manger.
¿CONTINUAR CON LA VERIFICACIÓN? (SÍ/NO)

Una vez que todos los acentos estaban en su lugar, Enrique pudo añadirle nuevas cosas a la lista de verificación para identificar otros posibles errores. Y ya podía ver la diferencia que marcaría el modo Terminator en su calificación de francés.

Enrique construyó su lista de verificación pensando en las partes donde solía perder puntos, pero hay una manera más fácil de hacerla. Cuando comienzas una clase, cada vez

Ahórrate algo de tiempo

Muchos estudiantes omiten escribir todos los pasos en los problemas de matemáticas porque creen que les quita tiempo o porque lo consideran innecesario. Sin embargo, omitir pasos hace imposible eliminar rápidamente tus errores. ¿Cómo puedes localizar dónde sucedió el error? Tu única opción para el éxito garantizado sería reformular cada paso del problema para verificar la respuesta. Así que hazte un favor y escribe todos los pasos desde el inicio.

que aprendes un tema nuevo, ya sea conjugación de verbos o concordancia de adjetivos, tienes que añadir ese tema a la lista. Al principio, y particularmente en el caso de una lengua extranjera, tu lista tendrá que incluir todos los temas porque aún necesitas ser muy cuidadoso y asegurarte de que estás siguiendo todas las reglas que has aprendido. Pero conforme la clase progrese, irás automatizando algunos temas tan bien que no necesitarás ponerles mayor atención. También tendrás nuevos temas que añadir a tu lista, cuyos objetivos siempre están evolucionando, de manera que aparece y reaparece en tu mente, así como en la de Terminator.

Una vez que estaban listos los acentos, Enrique pudo continuar con la lista, un tema a la vez, exterminando todos los "estúpidos errores" que aparecían en su tarea. (Hunter le sugirió decir "Volveré" con tono de robot austriaco al final de cada pasaje). Cuando Enrique terminó con la lista, tenía garantizado que todo su trabajo valdría la pena. Ya no tendría que tener calificaciones más bajas por algo que ya sabía cómo hacer.

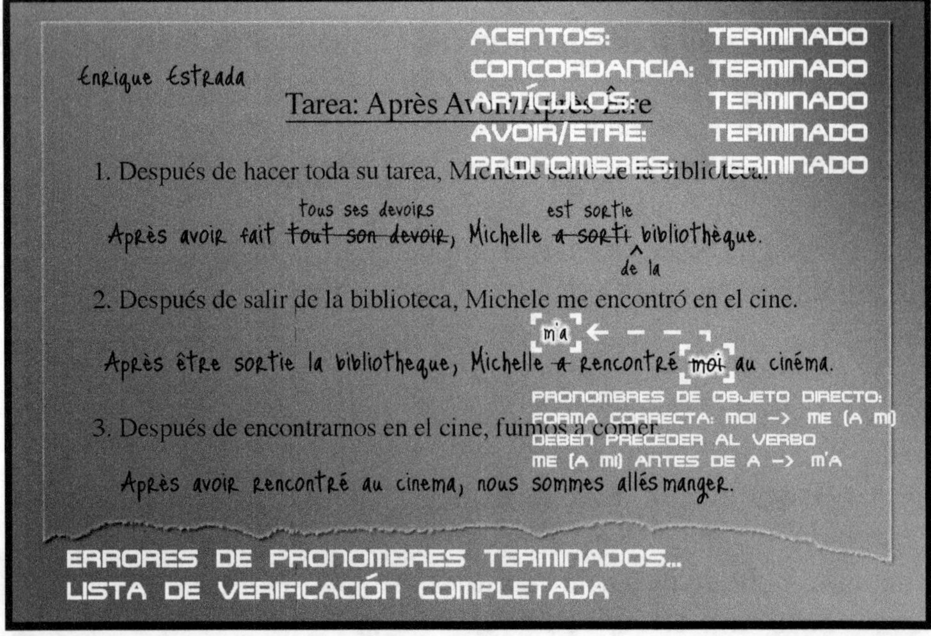
ACENTOS: TERMINADO
CONCORDANCIA: TERMINADO
ARTÍCULOS: TERMINADO
AVOIR/ETRE: TERMINADO
PRONOMBRES: TERMINADO
Enrique Estrada
1. Después de hacer toda su tarea,
tous ses devoirs
est sortie
Après avoir fait tout son devoir, Michelle a sorti bibliothèque.
de la
2. Después de salir de la biblioteca, Michele me encontró en el cine.
m'a
Après être sortie la bibliotheque, Michelle a rencontré moi au cinéma.
PRONOMBRES DE OBJETO DIRECTO:
FORMA CORRECTA: MOI -> ME (A MI)
DEBEN PRECEDER AL VERBO
ME (A MI) ANTES DE A -> M'A
3. Después de encontrarnos en el cine, fuimos a comer.
Après avoir rencontré au cinema, nous sommes allés manger.
ERRORES DE PRONOMBRES TERMINADOS...
LISTA DE VERIFICACIÓN COMPLETADA

Mediante todo este proceso, Enrique pudo ver finalmente lo innecesario que era perder todos esos puntos y hacer que su calificación sufriera. Conocía las reglas, pero no se había tomado el tiempo de asegurarse de que su tarea estuviera 100% libre de errores. Antes de haber tenido su lista de verificación, su proceso de revisión lucía más o menos así:

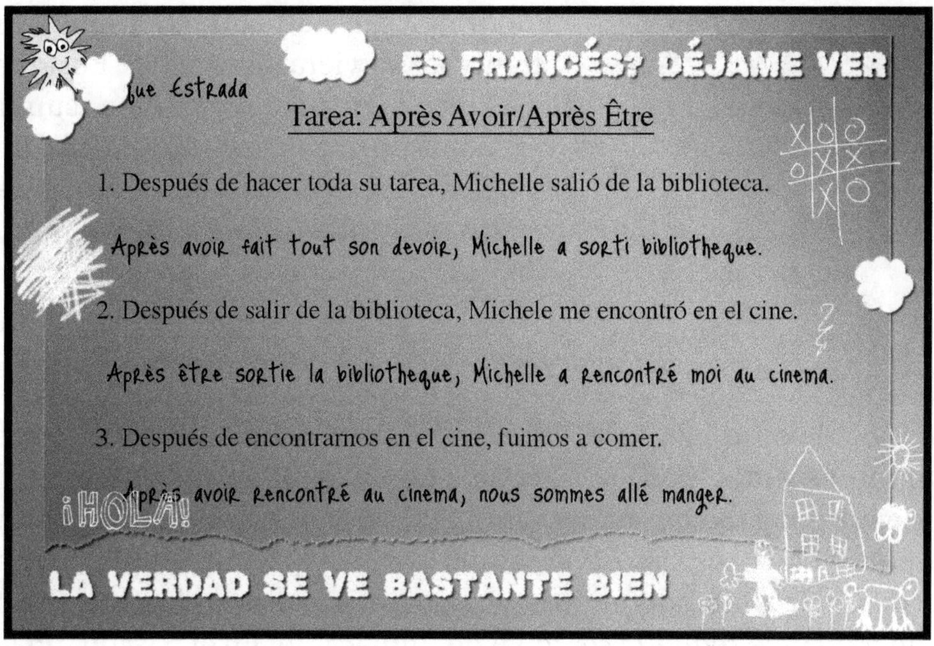
ES FRANCÉS? DÉJAME VER
ue Estrada
Tarea: Après Avoir/Après Être
1. Después de hacer toda su tarea, Michelle salió de la biblioteca.
Après avoir fait tout son devoir, Michelle a sorti bibliotheque.
2. Después de salir de la biblioteca, Michele me encontró en el cine.
Après être sortie la bibliotheque, Michelle a rencontré moi au cinema.
3. Después de encontrarnos en el cine, fuimos a comer.
Après avoir rencontré au cinema, nous sommes allé manger.
¡HOLA!
LA VERDAD SE VE BASTANTE BIEN

Básicamente, Enrique había sido el Indeterminator. Su enfoque para hacer las tareas era despreocupado, acaramelado y lleno de dibujitos encantadores. Pero no hacía gran cosa por encontrar errores. Por fortuna, ahora tenía una lista de verificación tan completa como la de Terminator. Lo siguiente por hacer era entrenarse para ponerse en modo cyborg cada que fuera necesario. Para sus futuros exámenes

> ***La ortografía no es un cyborg***
>
> Los estudiantes ahora confían mucho en las líneas punteadas de los correctores automáticos de ortografía y gramática de las computadoras. Sin embargo, esos programas pueden detectar problemas de ortografía pero no problemas de uso. Si escribes: "los estudiantes ya no podían esperar a ver a su amigos", entonces el corrector automático no dirá nada. Y si no estás en modo Terminator, tú tampoco.

A los cyborgs puedes darles REINICIAR

¿Recuerdas lo de REINICIAR? Para Enrique, REINICIAR no constituía una frase, sino un objeto físico. Enrique pegó con cinta adhesiva una copia impresa del calendario de la temporada de futbol en la contraportada de su cuaderno de francés. Cada vez que se sentía abrumado o frustrado le echaba un vistazo al calendario y entonces recordaba porqué el trabajo duro valía la pena.

y tareas, cuando terminara la primera vista de un ejercicio o ensayo sabría cómo llegar al final y decir "Volveré". Entonces, podía tomar la lista, ponerse en modo cyborg y comenzar a detectar errores hasta exterminarlos todos. No importaba qué tan correcta o qué tan "francesa" se viera su tarea. A Enrique no lo iban a engañar. Ahora iba a asumir que había un problema, sólo que aún no lo había encontrado. Al hacerse de este hábito, sus calificaciones mejoraron y dejó de sentirse frustrado por perder puntos en temas que ya conocía.

Enrique nunca hubiera dado el 100% en un juego de futbol sólo para dejar de intentarlo unos minutos antes porque parecía que su equipo iba a ganar. Él siempre jugaba de manera implacable, como Terminator, hasta que se oía el silbato del final del partido, porque lo que quería era seguir anotando puntos para garantizar el triunfo. Su trabajo de francés le requería ser igual de implacable. En el pasado, no le parecía gran cosa que le quitaran medio punto por aquí y medio punto por allá por cosas como ortografía y acentos. Pero docenas de medios puntos de errores suman muchos puntos perdidos en todo el curso. A fin de cuentas, sus "errores estúpidos" no le estaban costando medio punto sino su lugar en el equipo de futbol.

Al implementar su lista de verificación, Enrique tenía la misión de encontrar y destruir todos los errores. Terminator no tiene opción: no puede hacer un trabajo a medias. Y Enrique se dio cuenta de que la lista de verificación tampoco era opcional: era algo que tenía que hacer en cada ocasión. Puede ser que los errores no se noten a primera vista, o a segunda o a tercera, pero ningún error escapa a la precisión fría y sin emociones de un Terminator.

Unas simples preguntas salvan el día

Una buena manera de construir tu lista de verificación es usar las reglas que aprendes en las clases. Sin embargo, aunque seas nuevo en la clase, hay muchas reglas que ya conoces y la cuestión es que te des cuenta de cómo éstas pueden ayudarte a hacer tu lista de verificación.

Estamos hablando de las reglas de la vida real, es decir, del sentido común sobre cómo funciona el mundo. Por ejemplo, un estudiante, Gonzalo, estaba trabajando en un problema sobre un descuento en un iPhone. El precio era de aproximadamente 300 dólares, con un 20% de descuento y 10% adicional. Pero cuando Gonzalo obtuvo la respuesta final, su papel decía que la tienda le vendería el iPhone en 1.43 dólares. No se necesita ser un genio de las matemáticas para darse cuenta de que esta respuesta es demasiado buena para ser verdad. (Aunque si alguna vez encuentras una tienda que venda un iPhone en 1.43 dólares, por favor háznoslo saber, porque seremos los primeros en la fila). Son preguntas simples como éstas las que te pueden salvar de cometer errores absurdos.

Debido a que estás muy familiarizado con la vida real y su funcionamiento, usar ejemplos o comparaciones de la vida real puede ser la mejor herramienta para detectar cuando algo no está del todo bien. Aquí hay unas preguntas similares que puedes añadir a tu lista de verificación para detectar las respuestas equivocadas:

¿La respuesta debe ser afirmativa o negativa?

¿Copié la pregunta correctamente?

¿La respuesta tiene que ser corta o larga? ¿Qué tan corta o qué tan larga?

¿Mi respuesta dice que las cosas caen hacia arriba?

¿Mis cálculos matemáticos hacen sentido en términos de algo concreto, así como dinero?

¿Es probable que Enrique VII de Inglaterra haya gobernado antes de Enrique V de Inglaterra?

¿Mi respuesta dice que le tomó menos de dos horas al tren para llegar a Manchester ¿Estoy seguro de que lo que quiero decir es que el tren puede viajar hacia el pasado?

Tu lista de verificación no debe limitarse a las reglas que has aprendido hasta ahora en la materia que estés estudiando. El sentido común es una de las mejores herramientas que tienes a tu disposición cuando estás tratando de exterminar errores.

Día de la marca roja: un gran momento para exterminar

Crear una lista de verificación antes de entregar tu trabajo es fabuloso, pero hay otra parte esencial para evitar cometer errores en el futuro. Tu oportunidad final y más útil para hacer un poco de exterminación sucede cuando te devuelven el examen, el ensayo o la tarea.

Cuando les regresan sus exámenes, los estudiantes tienden a ver sólo la calificación —los ochos o los sietes marcados en rojo— y es todo lo que recuerdan. Pero una calificación numérica no dice nada específico sobre qué la causó o qué necesita mejorarse. Por eso es tan importante *exterminar los errores en el trabajo que ya has hecho.* Analiza la causa de tus errores. Ciertamente ya no puedes cambiar tu calificación, pero sí puedes mejorar tu lista de verificación en un futuro. Mejor aún, es posible que te des cuenta de

Un error cósmicamente grande

Costó 327 millones de dólares construir el Orbitador Climático Marciano, así que es de lo más desafortunado que el satélite haya explotado. ¿Por qué pasó esto? Porque, a pesar del perfecto funcionamiento del motor, de los chips de la computadora, de los paneles solares y de todas las otras partes, los ingenieros cometieron un minúsculo error. Uno de los equipos hizo los cálculos en libras y el otro en unidades métricas. Afortunadamente, los errores en tus tareas no causan explosiones. Pero ésta es la prueba de que la verificación tipo Terminator es esencial también en la vida real.

que la calificación no tiene que ver gran cosa con el conocimiento, sino sólo con la necesidad de tener a un Terminator.

Por ejemplo, cuando Hunter comenzó su curso de física en el primer año de secundaria, la calificación de su primer examen fue un desastre lo cual le dio bastante pena. Se suponía que era uno de los estudiantes más listos, y ahora era un fiasco en física. A partir de ese momento, siempre que a Hunter le devolvían sus tareas o sus exámenes los escondía en un folder para que nadie viera su humillante calificación. De repente, Hunter se dio cuenta de tenía que hacer algo, porque las calificaciones de física estaban arruinando gravemente su promedio general. Así que se fue a su casa, sacó todos esos papeles y tuvo el shock de su vida. Sus malas calificaciones no tenían nada que ver con su entendimiento de la física. Lo que pasaba era que Hunter no entendía lo que él mismo escribía: sus 4 parecían 9 y sus 1 parecían 7. Esto le había

¿Diva o Terminator?

David Lee Roth, el vocalista de la banda Van Halen, tenía fama de ser una diva de lo más demandante, en particular porque en su contrato pedía que cada sede de sus conciertos tuviera un tazón lleno de M&Ms esperándolo en su vestidor. El asunto era que cada M&M de color café tenía que ser removido de la mezcla. Si encontraba uno, Van Halen se negaba a salir a escena, pero a la banda le tenían que pagar por el concierto de todos modos.

La cosa es que la gente sólo veía esto como una actitud de diva porque no conocían la historia completa. Van Halen tenía una enorme cantidad de conciertos y con frecuencia tenía que tocar en ciudades pequeñas cuyos auditorios sólo podían alojar a una tercera parte de la audiencia. La escenografía de Van Halen era complicada, intrincada, masiva... y potencialmente mortífera. También venía con páginas y páginas de instrucciones para su instalación, que tenía que hacerse de la manera correcta para que el concierto tuviera lugar sin problemas y de manera segura.
Así que, en esa lista de instrucciones, David Lee Roth añadió un pequeño detalle acerca del M&M café en el artículo 126. Si Roth llegaba al auditorio y se encontraba con un chocolate de ese color entonces inmediatamente sabía que no habían leído bien las instrucciones. Entonces era posible que el escenario no estuviera en perfectas condiciones y que no fuera 100% seguro para la banda. En más de una ocasión, el test de los chocolates confitados lo llevó a descubrir problemas con la seguridad del escenario. En otras palabras, ese test estaba diseñado para salvarles las vidas a todos. David Lee Roth no era ninguna “diva”. Era Terminator.

causado semanas y semanas de errores de cálculo. Y era todo lo que necesitaba para mejorar sus calificaciones.

El descubrimiento de Hunter fue que había subestimado la importancia de escribir claramente. Durante años creyó que esto era una pérdida de tiempo. Ahora que sabía que su falta de claridad en la escritura era la culpable de todo, ya sabía cómo regresar al buen camino. Si hubiera estado más en modo Terminator al hacer esos exámenes, hubiera podido evitar esos errores. Pero estar dispuesto a hacer un escaneo de los trabajos ya entregados es lo que en realidad le permitió salir del atolladero y mejorar sus calificaciones. Un Terminator no puede pasar por alto ninguna pieza de información. Escanea los errores pasados y tendrás un plan de acción muy específico la próxima vez.

Nada está listo hasta que todos los errores sean exterminados

En el mundo de Terminator, sólo existen los términos "bien" y "mal". "Bien" significa que está hecho al 100%. Si lo más que puedes decir sobre tu trabajo es "está más o menos bien" o "espero que esté bien", entonces asume que está mal. Conformarse con "más o menos" es exactamente la manera en que los estudiantes obtienen bajas calificaciones sin necesidad alguna. Si no estás seguro de que está bien, entonces más vale que verifiques. Usa tu libro de texto o pregúntale al maestro, pero asegúrate de que todo es correcto.

Terminator está decidido a derrotar los errores pase lo que pase. Y constantemente analiza opciones. ¿Cómo podría fallar esto? ¿Cómo me podría meter en problemas aquí? ¿Puedo apostar la vida en esta decisión?

Esto es exactamente lo que necesitas hacer cada que el reflejo de "ya está listo" se active cuando terminas una tarea o un examen. En vez terminar los problemas y quedarte los siguientes

NADIE ESTÁ POR ENCIMA DE LA LISTA DE VERIFICACIÓN

Un millón de personas mueren cada año por errores que hubieron podido prevenirse en las cirugías. Cosas como que los cirujanos dejan gasas dentro de los cuerpos tras suturarlos, o se olvidan de administrar la medicación correcta, o de lavarse las manos. La ironía de estos casos es que la cirugía en sí misma —el procedimiento extremadamente complicado que toma años perfeccionar— sale bien. Son los detalles los que causan las muertes.

El médico y periodista estadounidense Atul Gawande ha tratado de resolver este problema implementando listas de verificación en todas las salas de operación de Estados Unidos. La lista de verificación de cirugía que desarrolló su equipo, la cual asegura que no se dejen de lado los pasos más simples y sencillos, ha reducido las tasas de mortalidad por errores quirúrgicos previsibles en 47%. A pesar de los grandes resultados de esta lista, cuando fueron encuestados, 20% de los cirujanos en el estudio dijeron que "no la necesitaban" o que "tomaría mucho tiempo" utilizarla.

Así "opera" la conspiración. Durante siglos, la conspiración de las calificaciones perfectas ha hecho que nos enfoquemos en qué tan impresionante es hacer cosas complicadas de manera que empezamos a pensar que las tareas simples no tienen importancia. Al fin y al cabo, uno no va a juzgar el talento de un cirujano dependiendo de si se lava o no las manos, ¿o sí? Y que te fallen algunas pequeñas comas en un texto no debería importar porque todas tus ideas del ensayo son muy brillantes ¿no es así? Es cierto que las tareas complicadas pueden ser más impresionantes. Pero, al final del día, la tasa de sobrevivencia —y tu tasa de éxitos— depende tanto de recordar esas pequeñas y aparentemente insignificantes partes "fáciles" de cualquier proceso como de las acciones "avanzadas".

veinte minutos haciendo un garabato elaborado e impresionante, o simplemente evitando revisar nada porque quieres lucir "rápido", conviértete en un cyborg y busca problemas potenciales. ¿Podría ser que esta palabra está mal escrita? ¿Puedo decir esto de manera más concisa? ¿Estoy absolutamente seguro de que ésta es la respuesta? El tiempo que pases verificando tus respuestas no es tiempo tirado a la basura. Es el tiempo que te llevará a la victoria.

El bono adicional es que el estilo de verificar de Terminator contribuye a que te acostumbres a enfocarte en enmendar errores. Mientras más concienzudamente busques errores en tu trabajo, más sólidamente automatizarás la "manera correcta" de hacerlo. Cuando has checado veinte veces la ortografía de una palabra, entonces no tendrás duda alguna de que está bien escrita. Esto quiere decir que el proceso de verificación en sí mismo se volverá cada vez más fácil hasta que, finalmente, puedas hacer un micro escaneo robótico y detectar todo en nanosegundos.

Poniéndolo en práctica

La manera más fácil de comenzar a construir tu lista de verificación para cualquier materia es fijarte en lo que dices cuando estás molesto. "Qué desagradable, siempre me bajan puntos porque ____________". Puede ser "acentos", "ortografía", "no presentar el trabajo" o simplemente falta de "pulcritud". Lo que sea que frecuentemente consideres como un "estúpido error" es de hecho lo primero que tienes que añadir a la lista. Durante una semana, empieza solamente a exterminar una cosa a la vez. Ve qué tanta diferencia hace y así, lo más probable es que te inspires a hacer una lista de verificación más grande. De esta manera te desharás de tus errores para siempre.

Capítulo 11

Decídete a Ser un Pro

¿Por dónde siquiera empezar? Ha sido seis veces campeón de la Asociación Nacional de Básquetbol de Estados Unidos (NBA), cinco veces nominado jugador más valioso (MVP) de la temporada, ganó dos medallas de oro olímpicas, fue Novato del Año, jugó en catorce torneos de las estrellas de la NBA, de los cuales fue MVP en dos ocasiones, ganó la competencia de clavados de la NBA también en dos ocasiones, es miembro del equipo para el quincuagésimo aniversario de la NBA y está en su salón de la fama, ha sido nominado como uno de los mejores atletas del siglo XX por el canal deportivo de televisión ESPN... y ha estado en la portada de la revista Sports Illustrated la friolera de cincuenta y seis veces. Ah, y también fue responsable de revolucionar los tenis deportivos y de crear una línea de calzado que aún genera más de mil millones de dólares al año de ganancias. La gente frecuentemente describe a las personas exitosas como los "Michael Jordan" de sus respectivas áreas. Michael Jordan no sólo es el Michael Jordan del básquetbol. Michael Jordan es el Michael Jordan de ser el mejor.

Mucha gente ha oído la legendaria historia de cómo Michael Jordan fue expulsado de su equipo de básquetbol cuando estaba en segundo año de preparatoria. Lo más probable es que también sepan exactamente cómo luce Michael Jordan cuando vuela por los aires con su uniforme rojo de los Chicago Bulls y con sus famosos tenis Air Jordan, encestando un balón desde una altura que no parece humanamente posible. Pero lo que la mayoría de la gente no sabe es lo que hay detrás de todo esto. ¿Cómo pasó Michael Jordan de ser el expulsado del equipo de preparatoria a ser considerado casi unánimemente como el mejor atleta de nuestros tiempos?

Tras regresar al equipo de la preparatoria y convertirse en uno de sus mejores jugadores, Michael Jordan se ganó una beca para jugar básquetbol en la Universidad de Carolina del Norte, en Estados Unidos. Fue una súper estrella durante el primer año y todo mundo lo conocía como el fenómeno que llegó, se coló al quinteto inicial, fue nombrado mejor jugador de primer año de temporada y le dio la victoria al equipo de la universidad, los Tar Heels, con una canasta de dos puntos en suspensión con la que ganó el campeonato de la Asociación Atlética Colegial Nacional de Estados Unidos (NCAA). Para entonces, Michael Jordan ya era realmente bueno para el básquetbol. Pero sus siguientes pasos son los que merecen mayor atención. Como uno de sus biógrafos lo expresó:

"El verano después de su triunfo en el primer año de la universidad, organizó juegos informales en el gimnasio de los Tar Heels contra todos los demás equipos universitarios. A pesar de que ganaba un juego tras otro, se dedicaba a estudiar y a analizar su propia manera de jugar. Sus tiros exteriores todavía eran inseguros, al igual que su defensa. Consideraba que había cometido demasiados errores en esa primera temporada, que había implementado muchas tácticas que no funcionaron. Aunque sabía que ya era un jugador de alto calibre, ahora quería ser un jugador perfecto".

Si bien la mayoría de la gente se hubiera quedado con esa victoria y se hubiera tomado un merecido descanso durante el verano, Michael Jordan apenas comenzaba. Su meta era ser un atleta profesional. A pesar de lo bien que jugaba ya, sabía que podía ser mejor. Hasta el día que se retiró del básquetbol profesional, Michael Jordan nunca dejó de analizar su propio juego y de practicar más. Nunca cesó de poner en práctica métodos para ser mejor.

Dijeron que era imposible

Durante muchos años, la gente en el mundo de la carrera de distancia creyó que era físicamente imposible para un ser humano correr una milla (1.6 km) en menos de cuatro minutos. Entonces, en 1954, Roger Bannister, corrió esta distancia en 3 minutos y 59.4 segundos. Todos estaban muy sorprendidos. Sólo tres años después, dieciséis atletas rompieron el récord de los cuatro minutos. La barrera real que Bannister derrumbó no era física, sino mental.

De hecho, que Michael siempre se haya negado a estarse quieto por un momento es el secreto de cómo todos los pros llegan a la cima de sus diversas disciplinas. Los pros no se conforman con ser buenos hasta cierto nivel y ya: siempre quieren ser mejores. Tampoco se conforman con lo que los demás creen que pueden lograr. Sólo se enfocan en lograr sus metas para demostrarles a todos que estaban equivocados. Ya sea en los deportes profesionales, los negocios, la literatura, la política, la música, la actuación, la ciencia o cualquier otra disciplina, las acciones y las actitudes que lo llevan a uno a ser el mejor son las mismas.

Y lo más importante es que los pros saben que no es posible aplicar la "ley del mínimo esfuerzo" cuando es hora del gran juego, presentación o concierto. En el último capítulo, te enseñamos cómo prepararte para lo que es esencialmente tu "día de juego" como estudiante: el examen. Hay varias maneras de hacerlo: comenzando lo más pronto posible en la unidad, unos días antes del examen, o bien — si no hay más remedio—, la noche antes. Todas pueden ayudarte a aprobar y quizás a más que eso. Pero, ¿por qué ser sólo bueno cuando puedes ser grandioso? Michael Jordan nunca se presentaría el día del partido habiéndose preparado sólo lo necesario para "aprobar" el partido.

Usar la ley del mínimo esfuerzo está bien en situaciones donde nunca tienes que ir más allá del nivel amateur. Por ejemplo, mucha gente alrededor del mundo juega deportes en las ligas recreacionales. Después de una semana difícil en la oficina, se aparecen un sábado en la mañana, sintiéndose un poco cansados, pero aún así interesados en hacer un poco de ejercicio y ver a sus amigos. Quizás están desvelados; quizás ingirieron algo de comida chatarra la noche anterior. Saben que es divertido ganar, pero en realidad no les importa mucho si ganan o pierden. Así es como muchos estudiantes tratan a la escuela, porque piensan que sólo son buenos amateurs. Hoy en día, la mayoría de los estudiantes siguen la ley del mínimo esfuerzo.

El interminable reporte de literatura

Tener una actitud pro no tiene nada que ver con que las cosas sean fáciles, sino con que siempre te esfuerces al límite de tu capacidad. Cuando Katie estaba en sexto año de primaria, le pidieron leer una novela para hacer un reporte de literatura. Ella decidió leer La guerra y la paz, de Tolstoi. (Nota: ¿qué, en el nombre de la humanidad, llevaría a una niña de once años a leer ese libro de casi 1300 páginas? Nadie sabe. Pero el hecho es que era demasiado para ella). Cuando Katie le dijo el plan a su maestra, ella sonrió y le dijo: "¡Ay, Katie, no puedes pensar en un libro menos complicado?". Pero Katie continuó con su idea. Para cuando llegó la fecha de entregar el reporte, Katie apenas había podido leer una tercera parte del libro y estaba lista para darse por vencida. Pero su maestra no lo permitiría. Le tomó casi todo el año, pero Katie leyó toda la novela de Tolstoi. Entregó el reporte con un récord de 187 días de atraso. Sin embargo, esa fue una de las mejores lecciones sobre la perseverancia que alguna vez experimentó.

Los profesionales están en una liga diferente por una razón. Los fans vemos todo el tiempo a los atletas profesionales en la televisión o en el estadio hacer lo que nosotros consideramos la parte más importante de su trabajo: jugar el partido. Pero si les preguntaras a los atletas, te dirían que hay muchas otras partes de su trabajo que son igual de importantes. Los atletas profesionales saben que no pueden ir a practicar un par de días, tomarse unos de descanso, comerse quince rebanadas de pizza, y aún así estar en forma para cuando llega la hora del partido real. Todas las decisiones que toman al afrontar cada día se basan en lo que más los ayudará cuando llegue el día del juego. Desde el primer minuto en el que comienza la temporada (y generalmente incluso fuera de temporada), deciden qué comer, cómo practicar y cómo organizar su tiempo teniendo en mente los juegos que han de venir. Ser pro es un trabajo de 24 horas porque cada minuto es una oportunidad para ser mejor, más rápido, más fuerte o más habilidoso. De hecho, los profesionales jamás se conforman con la ley del menor esfuerzo. Al contrario: insisten en mejorar todo el tiempo.

Eso no significa que debas comenzar a beber un Gatorade tras otro en este momento, pero lo que sí puedes hacer es cambiar tus hábitos de manera que, aunque no sea el día del partido, te programes en el modo "ganar" para todas las situaciones. Tampoco tienes que tener un cuerpo atlético, pero si quieres continuar en la escuela y tener una vida exitosa, definitivamente necesitas que tu cerebro alcance el nivel pro. Todo lo que tienes que hacer es decidir que estás listo para pasar a otro nivel, y no sólo mejorar tus calificaciones en unos cuantos exámenes y tareas.

¡Pero qué monserga y qué asco! Ya es en sí difícil motivarme para hacer el trabajo mínimo indispensable. ¿Cómo se supone que voy a motivarme para ir más lejos? Pregunta: ¿Crees que a Michael Jordan le es difícil encontrar motivos para salir de la cama y entrenar en las madrugadas? Nones. ¿Y sabes por qué? ¡Porque sabe que, como recompensa de su duro trabajo, él es justamente MICHAEL JORDAN! De acuerdo: si sigues la ley del mínimo esfuerzo no te van a despedir de ningún lado.. Pero tener la posibilidad de convertirte en el Michael Jordan de... lo que sea, en realidad tendría que ser un argumento para convencerte de la buena idea que es ponerte en modo "hay que hacerlo siempre mejor".

Al volverte pro, todo a tu alrededor se convierte en un éxito, así que tu vida no es sólo mejor, sino mucho más sencilla y menos estresante. Puedes tener el control de todo lo que hagas, y puedes hacer todo lo que esté en tus manos para asegurarte de que llegues a la cima. Y lo mejor de todo es que llevar tu juego al nivel pro consiste sólo en una serie de pequeñas pero consistentes acciones. Michael Jordan no se convirtió en el mejor de la noche a la mañana: Como él mismo lo dijo:

"Siempre he creído que si te esfuerzas los resultados vendrán. Nunca hago cosas a medias, porque entonces sé que tendré resultados a medias. Por eso me tomo tan en serio tanto el entrenamiento como el partido mismo. No tenemos un interruptor de encendido y apagado. De la misma manera, no se puede haraganear durante el entrenamiento y después esperar que esa fuerza extra esté ahí cuando la necesitas durante el partido".

Ser un pro no tiene nada que ver con ser mejor que otras personas; tiene que ver con constantemente aprovechar todas y cada una de las oportunidades para ser mejor que el día anterior. Ser un pro no es un trabajo. Es un estilo de vida.

Michael Jordan nunca se olvida de los fundamentos

Crear un estilo de vida completo son palabras mayores. Una vez que has decidido convertirte en un pro, ¿por dónde hay que empezar? Ser un pro en cualquier campo siempre comienza por los fundamentos. Michael Jordan tuvo un gran entrenador — Dean Smith, de la Universidad de Carolina del Norte — quien le transmitió esta mentalidad. Ha habido montones de triplistas, bases y defensores en la historia del básquetbol, pero lo que convirtió a Michael Jordan en un extraordinario basquetbolista fue que descompuso su juego en partes e hizo que cada una de éstas fuera excepcional. Esto no fue un accidente. A Dean Smith no le importaba que Michael fuera un tirador fuera de serie. Dean Smith no descansaría hasta que todos sus jugadores fueran impresionantes en todos los aspectos del juego.

Este enfoque es el que Michael mantendría durante toda su carrera. Incluso cuando Michael llegó a ser miembro de la NBA y cuando la mayoría de la gente pensaba que ya había aprendido todo del básquetbol, él permanecía inconforme. Nunca pensó que ya había acabado de aprender los fundamentos del básquet. Y él fue el primero en admitirlo:

"Los fundamentos fueron lo más crucial cuando jugué en la NBA. Todo lo que hice y todo lo que logré puede explicarse por la manera en la que me aproximé a estos fundamentos y cómo los apliqué a mis habilidades".

Para Michael, tener unos fundamentos sólidos significaba revisar constantemente su manejo de pelota, practicar desde la línea de tiro libre y repetir y repetir entradas fáciles en cada sesión de entrenamiento (e incluso en sus días libres). Puede haberse enfocado sólo en la posición de su muñeca cuando hacía tiros de tres puntos, o en qué tan rápido podía pivotar y plantar a un temido alero alto. Refinaba a la perfección los más simples detalles, trabajando cada movimiento muy lentamente. Esta práctica metódica, lenta y enfocada es característica de los pros. No hay prisas y nunca debes suponer que ya dominaste algo. Haces lo que sea para mejorar.

Para un estudiante como tú, esto significa desarrollar el hábito de hacer todas las cosas que te hemos enseñado en la tercera parte de este libro todo el tiempo. Cada vez que tengas que leer algo nuevo es una oportunidad para aplicar el método Sherlock. Cada vez que aprendas una nueva regla, puedes hacerla tan clara como receta de cocina. Cada error puede ser exterminado, y así sucesivamente. Nunca olvides los fundamentos.

Es muy fácil pensar que ya sabes leer, o que ya sabes cómo checar tu trabajo o escribir un ensayo. Es probable que sepas cómo hacer todo esto en el sentido de que conoces una manera de hacerlo. Pero es como tu amigo súper raro que sólo conoce una manera de hacer un tiro de tres puntos. Toma la pelota con las dos manos, la pasa por debajo de las piernas y entonces la tira en dirección del aro. Este tiro de abuelita no le va a funcionar a Michael. A Michael Jordan jamás le interesa conocer sólo un modo de hacer las cosas: lo que quiere es encontrar la mejor manera de hacerlas. Un pro nunca se conforma con resultados mediocres. Los pros ponen atención a los fundamentos por que así es como te conviertes en una estrella.

"En cuanto te alejas de los fundamentos, todo lo demás se derrumba".

Tiene toda la razón, Michael Jordan (¡es un tipo increíble, ¿no?). Si estás listo para llevar tu juego al siguiente nivel, entonces necesitas estar muy cerca de perfeccionar tus fundamentos. Eso no significa que tengas que alcanzar ese nivel alguna vez, o siquiera saber cuál es. Básicamente, lo que estamos diciendo es que tienes que empezar enfocarte en las soluciones, no sólo en tu trabajo sino en cómo trabajas. Después de todo, Michael Jordan es el rey de la práctica enfocada en soluciones:

"Hay una manera correcta y una incorrecta de hacer las cosas. Puedes practicar tus tiros ocho horas al día, pero si tienes una mala técnica, entonces te vuelves muy bueno tirando de la manera incorrecta".

A estas alturas del libro, estamos conscientes de que te puede parecer obvio que te sugiramos... bueno, que te sugiramos hacer las cosas que te hemos dicho que hagas en este libro. Pero el punto realmente importante es que no lo hagas sólo cuando "tienes que", (siguiendo la ley del menor esfuerzo) sino que lo practiques día tras día, de manera que siempre estés mejorando. Los estudiantes que trabajan así diariamente son quienes no tienen que hacer gran cosa cuando llega el examen. No se estresan y nunca se sienten mal porque siempre saben que han realizado su mejor esfuerzo y están listos para lo que venga. Todos los días, Michael Jordan dejó algo en la cancha.

"Los jugadores que practican duro cuando nadie está poniendo atención generalmente juegan bien cuando todo mundo los está mirando".

Trabajar así los fundamentos es ochenta por ciento del camino a mejorar tus resultados. Así que, si tienes aunque sea la mínima curiosidad de saber qué te cuesta pasar de ser sólo exitoso a ser el Michael Jordan de la escuela (en términos académicos), entonces más te vale seguir leyendo, porque sólo queda un secreto (muy fácil de hacer) para ese veinte por ciento que falta.

¿Sabes qué? Ya pasó un párrafo completo desde que citamos a Michael Jordan. ¡Vamos a hacerlo de nuevo!

"Domina los fundamentos y el nivel de todo lo que haces se elevará"

¡Lo hizo otra vez" ¿Qué más tiene que enseñarnos, Su Airedad?

Pon tu agenda en ofensiva

Imagina que eres un atleta profesional. Cuando te levantas en las mañanas, sabes que tienes que hacer todo lo siguiente: ir a las prácticas del equipo, hacer algo de trabajo adicional en tus saltos de altura (una hora, quizás), comer sanamente de tres a cinco veces y además ir al gimnasio. Vas a la práctica de equipo porque es la primera actividad de la mañana Pero entonces, justo cuando estás decidiendo si quedarte a la práctica de saltos de altura, ir a comer o dirigirte al gimnasio, entonces llega tu compañero y te dice: "Oye, quieres ir a probar unos Ferraris conmigo?" (recuerda que ustedes son atletas con contratos multimillonarios). ¿Cuál de esas opciones que tienes frente a ti escogerías?

¡Olvídalo!

¿No es de lo más molesto tratar de recordar todas las cosas que tienes que hacer? Una de las grandes ventajas de la agenda ofensiva es que no tienes que preocuparte de que algo se te olvide. Sólo tienes que hacer lo que está agendado en este momento.

Los Ferraris. Al fin y al cabo, ¿no puedes hacer lo demás más tarde? Bueno, es posible que lo logres. Pero todos hemos tenido días sin actividades agendadas y sabemos cómo terminan. Después de los Ferraris, tú y tu amigo se van a comer unos hot-dogs con queso, chile y tocino, y cuando regresas sientes el estómago demasiado pesado como para ir al gimnasio. Quizás más tarde, en la noche, practiques unos pocos saltos en casa... pero tu gran plan definitivamente ya se echó a perder. Y esto se deba a que tu agenda no está "en ofensiva".

Los pros de todos los campos, desde los negocios y los deportes, hasta la ciencia y la literatura, tienen que seguir una agenda estricta porque es la única manera que tienen de asegurarse de que las cosas sucedan. No nos malinterpretes: sabemos que hay ciertas cosas que no tienes que agendar y que de todos modos vas hacer. Es sólo que esas cosas tienden a ser los videojuegos, los posts de Facebook y los videos de gatos chistosos en YouTube. Puede ser que a Michael Jordan también le encante ver videos de gatos chistosos en YouTube todo el día (no lo conocemos personalmente, así que es posible). Pero Michael sabe que si termina eligiendo eso, no puede también esperar tener un anillo del campeonato al final de la temporada. Tu agenda tiene que estar a la ofensiva del equipo contrario. Y para todos nosotros que no tenemos que enfrentarnos con un equipo de ágiles e intimidantes gigantes en tenis brillantes, el equipo contrario son todas esas pequeñas cosas que hacen que perdamos nuestro tiempo, minuto a minuto, a lo largo de todo el día.

Para entender qué significa en realidad tener una agenda a la ofensiva, primero necesitas entender que es una agenda defensiva. Es justo lo que hizo el atleta antes mencionado. Es cuando esperas que las cosas vengan a ti, como cuando dices "debería practicar el día de hoy, peeeeero, mi examen es no es sino hasta el viernes, entoooooooonces". De repente te das cuenta de que ya no tienes tiempo y tratas frenéticamente de hacerlo todo en el último minuto. Obviamente, eso raramente pasa. Y es todavía más inusual que, de este modo, logres hacer las cosas bien.

Por otra parte, con una agenda a la ofensiva hay seguridad de que nada se olvida y todavía te queda tiempo para ver ese di-ver-ti-dí-si-mo video de los gatos (si es que tanto te gusta). Con una agenda a la ofensiva siempre estás en control del juego, haciéndote cargo de tu tiempo y planeando todo bien antes de que se te escape de las manos. En cuanto sabes que algo tiene que hacerse, bloqueas el tiempo necesario. De esta manera, nunca estarás sufriendo al final del partido por lograr un par de canastas.

Necesitas utilizar una agenda ofensiva: ahórrate esas horas o bloquea ese tiempo. Con frecuencia, el mejor momento para hacer cualquier cosa es ahora mismo. Si tuvieras el hábito de hacer todo en cuanto te viene a la cabeza, entonces nunca tendrías que recordar tener que hacer algo después, y siempre estarías a tiempo (o incluso adelantado) en tu trabajo. Hay muchos momentos en los que puedes hacer esto (y quizás ya lo estés haciendo sin darte cuenta). La tareas que deben llevarse a cabo inmediatamente son cosas simples como poner tus papeles en el lugar correcto de tu carpeta, asegurarte de que tienes todos los materiales para la clase y anotar la tarea que tienes que hacer en la tarde. Todo esto toma menos de un minuto, y hacerlo inmediatamente te hace la vida más fácil porque ya no necesitas registrarlo ni en tu cabeza ni en tu agenda.

Desde luego, sabemos que no es realista —ni posible— hacer todo en cuanto tu radar lo detecta. Si no puedes ahorrártelo, debes bloquearle un horario. Toma tu calendario y marca las horas que te tomará realizar esa actividad para que puedas estar seguro de llevarla a cabo.

Práctica de equipo: Lo primero que debes bloquear en tu calendario es lo que tiene que hacerse a cierta hora, pase lo que pase. Se trata de eventos como las clases regulares, las prácticas deportivas de la semana, las clases de arte, las participaciones en el consejo de alumnos e incluso la cena con la familia a las siete de la noche. Son cosas que no puedes modificar y en las que tienes que estar presente. Así que asegúrate de que se encuentren en tu agenda. Si usas el calendario de la computadora, entonces programa estos eventos al principio del semestre y verifica que se repitan semanalmente. Si usas un calendario de papel, trata de anotar tus actividades ya sea al inicio de la semana (quizás los domingos por la noche, cuando te sobra un poco de tiempo) o por adelantado, cada dos semanas. De esta manera, no tendrás que pensar en ello de nuevo hasta que hayas completado las actividades.

¡Consigue algunos compañeros!

Si piensas que va a ser complicado encontrar una motivación para llevar a cabo cierta actividad, el mejor truco es planearla con alguien más. Los atletas con frecuencia buscan horarios para ir en grupo al gimnasio. Ponte de acuerdo con alguno de tus amigos para que estudien juntos o diles a tus padres que vas a hacer la tarea mientras ellos trabajan en sus impuestos. (Créenos, te vas a divertir mucho más que ellos). Sólo asegúrate de que tú y tu compañero de equipo estén al pendiente uno del otro y así será mucho más fácil que ambos terminen lo que tengan que hacer.

	Domingo	Lunes	Martes	Miércoles	Jueves	Viernes	Sábado
7am				Consejo de a...			
8am		8am-3pm Escuela	8am-3pm Escuela	8am-3pm Escuela	8am-3pm Escuela	8am-3pm Escuela	
9am							
10am							
11am							
12pm							
1pm							
2pm							
3pm							
4pm		3:30pm-5pm Ensayo de Teatro		3:30pm-5pm Ensayo de Teatro		3:30pm-5pm Ensayo de Teatro	
5pm							
6pm							
7pm		7pm: Cena	7pm: Cena	7pm: Cena	7pm: Cena	7pm: Cena	
8pm							
9pm							
10pm							

Clave: Práctica de Equipo

Rutina diaria: A continuación, anota las cosas que tienes que realizar pero que pueden hacerse a cualquier hora del día. Para un jugador de básquetbol, esto puede ser ir al gimnasio a levantar pesas. Para ti, esto sólo significa bloquear una hora o dos para hacer tu tarea. Tú decides qué momento del día es mejor para ello. (Generalmente, el mejor momento para hacer algo es tan pronto como sea posible. Michael Jordan iba al gimnasio todos los días antes de ponerse a practicar). Puedes hacer tu tarea cuando llegues a casa o, mejor aún, utilizar los salones de estudio y reducir el tiempo de las tareas en casa.

Un pequeño paso al día

No hagas de ningún proyecto un maratón: hazlo un hábito. Programa 20 minutos al día para hacer un poco, ya sea camino a la escuela o durante el desayuno. Por ejemplo, aprenderse cinco palabras nuevas al día es fácil, ¡y a ese ritmo al final del mes te habrás aprendido ya 150!

	Domingo	Lunes	Martes	Miércoles	Jueves	Viernes	Sábado
7am				Consejo de a...			
8am		8am-3pm Escuela	8am-3pm Escuela	8am-3pm Escuela	8am-3pm Escuela	8am-3pm Escuela	
9am							
10am							
11am							
12pm							
1pm							
2pm							
3pm		3:30pm-5pm Ensayo de Teatro	3:30pm-5pm Tarea	3:30pm-5pm Ensayo de Teatro	3:30pm-5pm Tarea	3:30pm-5pm Ensayo de Teatro	
4pm							
5pm		5:30pm-7pm Tarea		5:30pm-7pm Tarea		5:30pm-7pm Tarea	
6pm							
7pm		7pm: Cena	7pm: Cena	7pm: Cena	7pm: Cena	7pm: Cena	
8pm							
9pm							
10pm							

Clave: Práctica de Equipo

Rutina Diaria

Tiempo Libre: Se trata de la parte de la planeación en la agenda que realmente separa a los pros de los jugadores de las ligas recreacionales. Después de que has bloqueado las categorías anteriores, en realidad tú decides cómo usar el tiempo que te sobra. Puedes usarlo como "tiempo flotando en el aire" ya que ya habrás terminado tu trabajo regular. Pero también puedes utilizarlo para mejorar tu juego: si eres basquetbolista, para incrementar tu tiempo suspendido en el aire. Encuentra maneras de jugar mejor y aprovechar esos tiempos muertos.

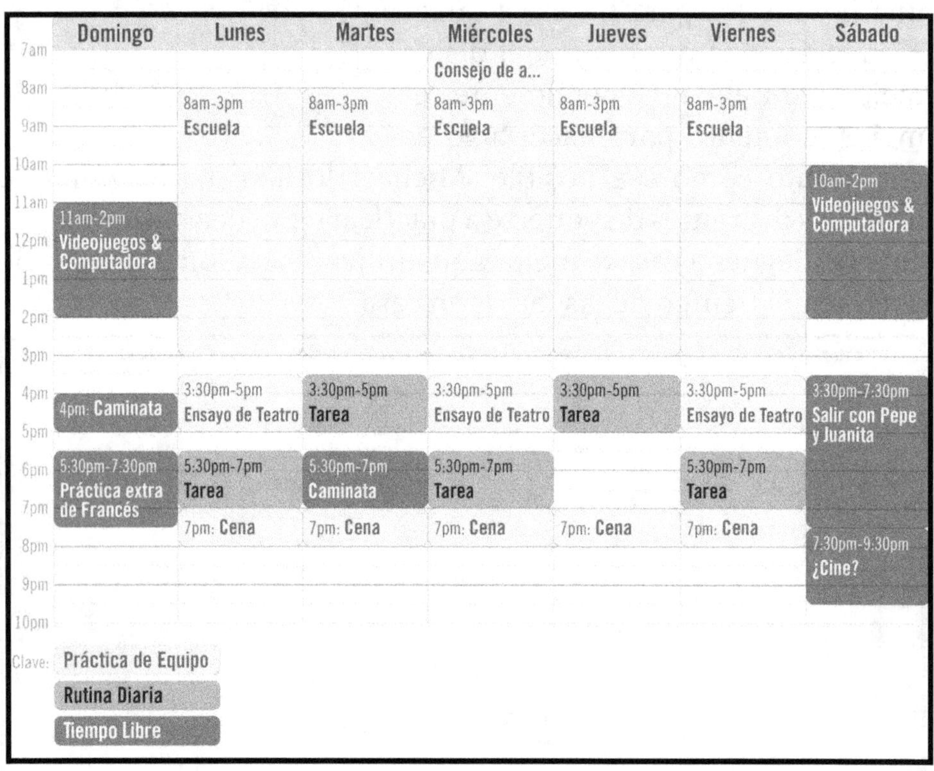

Cuando te vuelves pro, debes estar al tanto de cualquier actividad extra que pueda surgir en tu vida. Si Michael Jordan va a dar una plática motivacional a los jóvenes basquetbolistas, tiene que encontrar el tiempo para prepararla. Los estudiantes comúnmente se topan con este tipo de eventos cuando se asigna un ensayo o se anuncia un examen. No importa cuándo hagas estas cosas, mientras las hagas. Sin embargo, en vez de esperar hasta la noche anterior, hazte la vida menos estresante y bloquea el tiempo con antelación. Si quieres hacerlo parte de tu tarea, entonces añade treinta minutos al día en ese horario (cuando llegas a casa). Si prefieres hacerlo después de la cena, está bien. Incluso puedes trabajar extra algunos días y descansar otros. Sin embargo, debes lograr que tu tiempo suspendido en el aire sea específico. En lugar de darte una hora para "estudiar historia", cambia esta frase por algo como "estudiar las partes más importantes del capítulo siete". Esto hace más probable que estés enfocado durante tu hora de estudio y no sólo pases las hojas del libro. Obtén más por tu dinero y tendrás que usar menos tiempo flotando en el aire en historia durante la semana.

Cuenta esas ovejas

Para nadie que se haya quedado toda una noche sin dormir es sorpresa que una buena noche de sueño estimula todos los aspectos del pensamiento, desde la memoria hasta la creatividad. Pero los estudios más recientes sugieren que, al dormir, tu cerebro consolida lo que aprendiste durante el día. Interrumpe ese proceso y será más fácil que sabotees todo el duro trabajo que has hecho durante las horas de vigilia. Lo que es más, los estudios también sugieren que los estudiantes que obtienen bajas calificaciones duermen un promedio de 25 minutos menos que aquellos que obtienen altas calificaciones.

Una vez que hayas añadido toda la práctica extra que necesites, entonces, por supuesto, planea en qué invertir tu tiempo libre. Te lo has ganado. Y lo mejor de todo es que disfrutarás más de él porque tu mente estará tranquila sabiendo que ya te has encargado de todo lo importante.

Desde luego que, para que este glorioso calendario funcione, tienes que implementar una regla que no se pueda romper: Una vez que está en tu calendario, no es negociable; llegó ahí para quedarse. Puedes mover algo, incluso dividirlo en dos partes, pero no puedes borrarlo. Tienes que ser honesto contigo mismo para asegurarte de que cumplas con todo lo que está ahí. Manejar un Ferrari puede ser muy entretenido. ¿Pero sabes qué es más valioso que uno de estos autos deportivos? Un anillo de campeonato.

¿Toma tiempo elaborar una agenda? Por supuesto que sí. Pero también te ahorra mucho tiempo después, porque te libera de la ansiedad. No tienes que preocuparte por lo que todavía tienes que hacer, o por lo que olvidaste, o por estar atrasado. Y cuando comiences a practicar poner tu agenda a la ofensiva, entonces también notarás otra cosa. Marcar las cosas que ya hiciste es extrañamente satisfactorio. Se siente muy bien saber que concluiste algo. Y al final de la semana, tu calendario te dará una buena idea de lo que has logrado.

Incluso los pros necesitan entrenadores

Además de la escuela y de las actividades extra curriculares, hay otra actividad que a la mayoría de los estudiantes les consume una buena parte de la semana: ser molestado. Lo hacen los padres, los maestros, y no importa de quién venga, simplemente apesta. Afortunadamente, hay una solución a prueba de tontos para hacer de tu vida una zona libre de molestias. Sólo dile a la gente lo que está pasando.

El peor hombre de negocios del mundo Una persona que realmente se hubiera beneficiado haciéndole caso a sus entrenadores y a sus colegas fue Thomas Edison. Sus clientes, sus compañeros de trabajo y sus amigos, todos le sugirieron que su fonógrafo debería ser utilizado para grabar y distribuir música popular. Pero Edison rechazó esta idea durante décadas. Dado que no le importaba la opinión de los demás, perdió la oportunidad de hacer enormes sumas de dinero con muchos de sus inventos. De hecho, su amigo Henry Ford lo apodaba “El mejor inventor del mundo y el peor hombre de negocios del mundo”.

Dado que a todos nos han lavado el cerebro con los mitos de los genios, la mayoría de nosotros tenemos una tendencia a no dejar que la gente se inmiscuya en nuestro proceso de trabajo. Preferimos hacerlo solos. El asunto es que, al igual que el básquetbol, ser estudiante es un deporte de equipo. Y tus padres y tus maestros también forman parte de él. Cualquier atleta que está en un equipo, cualquier jefe que tiene empleados y cualquier médico que dirige una sala de operación sabe que la mejor manera de mostrar que tiene la situación bajo control es abriendo la boca, no guardando silencio. Los jugadores se apiñan en círculos antes de cada partido. Los jefes distribuyen reportes semanales. Los cirujanos anuncian cada incisión antes de hacerla. La comunicación es clave y si tus padres y tus maestros no saben qué está pasando contigo, no hay manera de que sepan que tienes la situación bajo control. Su Airedad está de acuerdo.

"Los que están a tu alrededor deben saber qué esperar. Tienen que estar seguros de que estarás ahí, de que jugarás consistentemente en todos los partidos, particularmente cuando las cosas se ponen difíciles".

Llegar a tu casa con un seis puede significar muchas cosas. Quizás es una mejora respecto a cómo te fue al principio de la unidad. Quizás sucedió porque decidiste experimentar qué pasaba si no estudiabas nada. Quizás esto significa que necesitas clases privadas. Pero si tus padres enloquecen con ese seis es porque no estaban preparados para recibirlo, o porque lo ven fuera de contexto. Los padres también tienen sus expectativas. Y una de estas locas expectativas es que, si comienzan una conversación con uno de sus retoños, a quienes les han dado el regalo de la vida misma, entonces sus criaturitas tienen que responder. De hecho, están tan decididos a tener una conversación significativa que, si te quedas callado, entonces ellos hablarán todo el tiempo. Hablarán, y hablarán y hablarán, con diferentes niveles de agitación, hasta que se queden sin voz (poco probable) o hasta que tú salgas de la habitación tapándote los oídos y gritando (común).

En lugar de esperar a que te caiga encima esa bomba de la molestia, lanza un ataque preventivo. Toma la decisión de contestarles a tus maestros y a tus padres cada vez que te pregunten cómo van las cosas. (Sí, sabemos que es una idea muy loca, tan loca que quizás funcione). Mira, no necesita ser un extenso análisis de tu vida momento por momento. Pero si les das una pequeña actualización del estatus de las cosas, puede ser que su necesidad de molestar sea mucho menor. Al principio, es posible que creas que no hay nada importante que decir respecto a un día cualquiera. Si eso sucede, revisa tu agenda y dales un reporte sobre lo que sea. Ni siquiera tiene que ser importante. Mientras más información les des, más relajados estarán.

Una vez que has "compartido tus sentimientos" de la manera más dulce y con música de violines de fondo, entonces tienes dos opciones. La primera es continuar inmediatamente tu honesta y abierta confesión con la frase: "pero no se preocupen, lo tengo bajo control". En este escenario, tu objetivo es sólo que te dejen en paz y nada más que eso. Hiciste tu trabajo y ahora puedes escapar.

Esto funciona bien. Pero por qué no hacerlo de manera totalmente pro y mantener una conversación real. Funciona de la siguiente manera. Después de decir tus líneas, entonces continúas con la siguiente frase:

¿Qué te parece, (nombre del adulto)?

ADVERTENCIA: Tras tantos años de vivir sin conversaciones honestas sobre la escuela, pedirle su opinión a tu figura adulta elegida disparará en ella una fuerte reacción casi instintiva. Los efectos secundarios más comunes son hiperventilación, temblores de emoción, y lágrimas de felicidad. Pero el efecto principal será una avalancha de consejos: "¡Ah, claro, El Quijote? Me acuerdo cuando yo leí ese libro. Tenía quince años y salía con un jugador de futbol de la escuela. Me encantó y lo podría volver a leer. Incluso podemos leerlo juntos, ¿qué te parece?". Los estudiantes responden con una urgencia igualmente incontrolable de tornar los ojos en blanco y desear que nunca hubieran tocado el tema.

Todo esto es natural. Pero si eres Michael Jordan, sabes que reprimir esa urgencia y realmente oír el consejo es la manera más segura de subir de nivel y llegar hasta la cima.

Incluso Michael Jordan necesita un entrenador. Los jefes necesitan recibir retroalimentación de sus empleados. Los pros entienden que no lo saben todo. De hecho, Michael Jordan necesita de un entrenador más que cualquier otro jugador de la NBA porque él no sólo quiere jugar bien, sino que quiere ser el mejor jugador de todos los tiempos. Y eso va a requerir trabajo de equipo: necesitará toda la ayuda que pueda conseguir. Y al luchar por conseguir su meta, Michael Jordan se da cuenta de que, a pesar de que su entrenador de repente se mete en cosas que no le importan y le pide que haga cosas que no quiere hacer, y lo hace comer brócoli, ese entrenador ha estado involucrado en el básquetbol incluso más tiempo que el propio Michael. Es posible que todavía tenga un par de cosas que aportarle. El entrenador ha pasado su vida entera construyendo su conocimiento sobre el juego. Michael no necesita pasar por todo eso: es más fácil preguntarle al entrenador.

De la misma manera, es buena idea que te entrenes para comenzar a escuchar la retroalimentación, la guía y los consejos que te dan tus padres y tus maestros. Déjate entrenar. Ahora bien, seamos claros: no estamos diciendo que en realidad hagas lo que te dicen. Pero si quieres ser pro, tienes que siquiera considerarlo. Algunos consejos son buenos, algunos son malos y otros son buenos pero no se aplican en tu caso. Cuando alguien te dé un consejo, haz de cuenta que no proviene de esa persona y piensa que no está dirigido a ti. Valora el consejo por sus propios méritos y pregúntate lo siguiente: "¿si alguien más estuviera en esta situación, le haría caso a esto?". Hay bastantes posibilidades de que, una vez que dejes a un lado tus propios deseos de ser independiente y tener la razón, encuentres que muchos de estos consejos en realidad harán tu vida mejor y más fácil.

Claro que Michael Jordan no es exactamente un tipo pasivo. No espera a que le lleguen los consejos, sino que va y los consigue. Michael quiere ser el mejor, así que siempre necesita estar haciendo algo que lo acerque cada vez más a ser el mejor en este momento. Sin embargo, no siempre es fácil pedir consejos, ya sea porque no queremos imponernos sobre otras personas o porque no queremos dar la impresión de que necesitamos ayuda. Pero si alguna vez dudas en pedir consejo, ponte en los zapatos de la otra persona. ¿Cómo te sientes cuando te piden tu opinión? Te hace sentir increíble porque esta persona confía en ti y piensa que tienes ciertas sabias palabras que compartir. Y así es como se sentirá aquel a quien le pidas un consejo. No les importa que te

¡Espero que funcione!

Trata de percatarte de la próxima vez que digas que "esperas" que te vaya bien en un examen. Es algo que los estudiantes dicen todo el tiempo. Pero "esperar" que te vaya bien significa que estás de acuerdo con no tener control alguno de tu marca. Después de todo, sin una compañía de automóviles dijera: "esperamos que los frenos funcionen... crucemos los dedos", ¿cómo te sentirías si compraras ese coche? ¿Qué clase de reputación tendría la compañía?

sientas inseguro de algo. Les importa que los tomes en cuenta, y se consideran halagados de que los respetes lo suficiente como para preguntarles algo. Todos en tu equipo quieren que ganes.

"Tienes que ganarte el respeto de quienes están a tu alrededor con tus acciones. Tienes que ser congruente en lo que haces, se trate de la práctica del básquetbol, una junta de ventas o la convivencia con tu familia".

¡Otra victoria, Michael! Trabajar duro y estar enfocado en la escuela es sólo una parte de tus obligaciones como profesional. También tienes que fomentar las buenas relaciones con tus padres, tus maestros, otros mentores e incluso con tus compañeros de clase. Hay mucha gente que siente que está invirtiendo en tu educación. Al controlar la comunicación entre todos los miembros del equipo, tienes un mejor control sobre lo rápido que mejoras y sobre qué tan libre de estrés se vuelve tu vida mientras tanto.

Construyendo una mejor marca

Una vez que Michael Jordan llegó a la cima de su carrera como basquetbolista, era momento de ir todavía más allá. Momento de volverse un icono.

La razón por la cual conocemos a Michael Jordan tan bien se debe sólo en parte a esa manera insana de jugar y a sus sorprendentes marcadores. También se volvió el vocero de varias marcas, incluyendo Gatorade y McDonald's. Pero su verdadero bebé — su mayor pasión— fue trabajar con Nike para crear la marca Air Jordan.

Cuando Michael comenzó a trabajar con Nike, había muchos otros atletas que recomendaban varios tenis y otros equipos para atletas. Era una manera rápida de hacer dinero y la mayoría de ellos simplemente estaba de acuerdo en que se colocara su nombre en los productos, sin que estuvieran demasiado preocupados por la calidad de éstos. Pero Michael quería hacerse cargo. Había invertido años haciéndose de buena reputación, en la secundaria y la preparatoria, en la Universidad de Carolina del Norte y en la NBA. El nombre "Michael Jordan" no era sólo sinónimo de "básquetbol". El nombre "Michael Jordan" era sinónimo de "excelencia". Michael era conocido como el más dedicado, el más trabajador y el más profesional de todos los jugadores de la NBA. No había manera de que Michael sólo estampara su nombre en un zapato cualquiera.

Así que Michael Jordan se dio a la tarea de crear el mejor calzado de básquetbol de la historia. El primer tenis Air Jordan tenía un gran diseño, era el más duradero y estaba fabricado con los materiales de más alta calidad. Y cada año se fue haciendo mejor y mejor. Mientras otros jugadores sólo prestaban su nombre a las compañías de tenis sin involucrarse mayormente, él invirtió horas y horas en reuniones con diseñadores y mercadólogos, asegurándose de estar involucrado en todos los aspectos necesarios para perfeccionar su producto. Su marca se volvió un gran éxito mundial porque hacía que la gente comprobara que cualquier cosa que tuviera el nombre de Michael Jordan sería la mejor de su clase, tal como el mismo Michael Jordan.

"Creo en el liderazgo. Nunca hubo nada artificioso en la manera en que jugaba básquetbol y no hay nada artificioso en lo que hacemos con la marca Jordan".

Justo hablábamos de cuánta gente siente que invierte en tu educación. Sácale el mayor provecho posible a tus maestros, a tus profesores, a los miembros de tu familia extendida y a tus amigos. Pero incluso con todos estos compañeros de equipo y entrenadores ayudándote, tienes que tener en mente que es tu nombre el que aparece en la tarea. Es tu nombre el que está en la boleta de calificaciones. Será tu nombre el que esté en el diploma. Y una vez que termines la escuela y comiences a trabajar, estás por tu cuenta. En un futuro, cuando la gente tenga que decidir si quiere trabajar

EL GENIO NO ESTÁ EN LOS ACCESORIOS

Cuando ves a estas personas, ¿cuál es tu conclusión sobre ellas?

Si bien usar tenis Air Jordan puede hacerte sentir como Michael Jordan, en realidad no te hace Michael Jordan. Desgraciadamente, la conspiración de las calificaciones perfectas nos ha enseñado a confundir la imagen de un genio con el producto real. Si no estás en Francia pero usas una boina y luces atormentado y sombrío, entonces asumimos que eres un artista brillante. De manera similar, si usas lentes y tienes el pelo alocado, entonces debes estar a punto de descubrir una nueva partícula elemental. Lo sentimos: el pelo alocado no te hace Einstein. Todo tiene que ver con el trabajo. Y eso se traduce al salón de clases. Puedes ser el primero en terminar las lecturas, puedes resolver todos los problemas de matemáticas sin mostrar cada paso, pero si los resultados son menos impresionantes que el show, entonces la imagen es sólo una ilusión.

contigo, no les importará lo que otras personas hicieron o dejaron de hacer. Basarán sus decisiones en tu propia marca. Así que, ¿qué es lo que representas, y cómo garantizas que vas aportar algo?

Igual que Marca Jordan, tú tienes una marca. La has estado construyendo desde el primer día que pisaste la escuela, te hayas dado cuenta o no. Tu marca está determinada por el nivel de trabajo y la actitud que demuestras. Entonces, ¿tú invertirías en la marca que actualmente estás vendiendo? Quizás sí, quizás no. Pero puedes reinventar tu marca en cualquier momento, comenzando con un cambio de perspectiva. Tienes que volverte completamente responsable de todo lo que sucede en tu educación.

Pregúntate lo siguiente y trata de ser lo más honesto posible en las respuestas:

¿Quién es responsable de asegurarse que entiendes el material de la clase, tu maestro o tú mismo?

¿Quién es responsable de asegurarse que sabes en qué consiste la tarea?

¿Quién es responsable por el hecho de que estás castigado por tener malas calificaciones? ¿Tus súper malvados padres? ¿O quizás tú mismo?

En realidad, a lo que quieren llegar estas preguntas es a lo siguiente: ¿quién es el líder de tu educación en este momento? ¿Tus maestros? ¿Tus padres? Ellos están ahí para ayudar, pero en realidad, para cualquier marca sólo puede haber un líder: tú. Tú tienes que tomar las riendas. Piensa en la marca que estás construyendo. Puede ser que Michael Jordan haya recibido ayuda de sus entrenadores, de sus compañeros de equipo y de los diseñadores de Nike. Pero, al final del día, es su imagen la que está en las mejores jugadas, es su nombre el que está en los libros de estadísticas, y él es quien usa los tenis. Sabe que si falla un tiro o si pierde un balón, será el único responsable ante los ojos del público. Así que no está dispuesto a correr riesgos: está 100% en control de su carrera.

"Si alguien se toma un día libre o no pone todo su empeño en el juego, ¿qué les impediría a los demás hacer lo mismo?"

Adivina qué: ni siquiera nosotros somos responsables de tu educación. Sólo estamos aquí para ayudarte. Elegimos los conceptos de este libro porque encontramos que funcionan para muchos estudiantes. Pero eso no quiere decir que funcionen para todos los estudiantes. Puede ser que no encuentres interesante nada de lo que dijimos sobre Sherlock Holmes, y también es posible que odies los deportes y que pienses que Michael Jordan es aburrido (cosa que nunca le diremos). Si ese es el caso, entonces necesitas hacerte responsable de traducir esos conceptos a situaciones que a ti te importen.

Y eso vale para todo lo que tenga que ver con la escuela, incluso en los niveles más elementales. Por ejemplo, una estudiante de secundaria se aburría muchísimo cuando se topaba con problemas de matemáticas que empezaban con frases como "En la Compañía de Neumáticos Imperial" o "El porcentaje de comisión en una transacción de bienes raíces". Inmediatamente se ponía a pensar en otra cosa. Así que se decidió a traducir todo esto con términos que a ella le importaran. Por ejemplo: "En la fábrica de esmaltes de uñas OPI" o bien "El porcentaje de la comisión en unos zapatos Prada". De pronto se dio cuenta de que las matemáticas le podrían servir de algo. Puede ser que recibas consejos de los grandes, pero al final tú eres el responsable de asegurarte de recordarlos y de sentirte comprometido con tu trabajo.

Y necesitas hacerte responsable en una escala más grande también, conforme vas construyendo tu marca. De hecho, la personalización es el último grito de la moda hoy en día. De las palabras a continuación, encierra en un círculo las que quieras que se apliquen a tu marca personalizada:

desconsiderado
perezoso
enfocado
distraído
capaz de trabajar en equipo
siempre está al teléfono
cortés
comunicativo
grosero
buen escucha
valora la retroalimentación
apático
no escucha
claro
desinteresado
trabajador
amistoso
comprometido
sombrío
vago
respetuoso
reacio
criticón
tardado
dibuja en clase

Tener toda la cabeza en el juego

En un partido de básquetbol, Michael Jordan puede recibir retroalimentación de sus entrenadores y sus compañeros hasta cierto punto. Si su juego no está funcionando conforme a lo esperado, o empieza a dejar de encestar o incluso afloja un poco la agresividad de su defensa, puede ser que el entrenador lo llame para darle algún consejo. Sus compañeros de equipo pueden acercarse a ayudarlo para que vuelva a tener toda la cabeza en juego. La mayor parte del juego de Michael es visible y, hasta cierto punto, puede depender de los demás para mantenerse jugando al 100%.

Pero, como todos sabemos, los fans del estadio no pueden ver todo el esfuerzo y el tiempo que toma llegar a ser un jugador profesional de básquetbol. Cuando Michael se levanta muy de madrugada para entrenar antes de la práctica, nadie está monitoreando lo que hace. Podría perfectamente hacer sólo cinco lagartijas y decirle a todo mundo que hizo 100. Después del gimnasio, bien podría comerse una pizza extra grande de doble queso y decirles a todos que en realidad se bebió solamente un licuado de proteína. Michael Jordan tiene que ser responsable de darse a sí mismo retroalimentación constante. Está bien hacer cinco lagartijas y comerse una pizza, pero no son cosas que le van a ayudar a lograr sus metas, así que no se permite hacerlas.

¿Arreglártelas con versiones abreviadas?

¿Piensas que eres un lector lento? ¿Cuántos libros has leído de principio a fin? Utilizar versiones abreviadas para estudiantes no es sustituto del libro original. Desde luego que tienen su utilidad si quieres tener la seguridad de que estás eligiendo las ideas y los temas correctos. Pero estas versiones son una herramienta para ayudarte a leer, no un sustituto. Los estudiantes que realmente quieren entender la lectura y escribir ensayos espectaculares tienen que leer los libros originales. ¿Tu marca significa "hacer lo menos posible" o "hacer lo mejor posible"?

"No entienden los fundamentos que tuve que crear como soporte para todo lo que vino después. No saben que

tenía que levantar pesas a las siete de la mañana, practicar muy duro todos los días, encontrar maneras de motivarme para cada uno de los partidos, quedarme despierto la mitad de la noche con un tobillo en una cubeta de hielo o estar conectado a una máquina de estimulación electrónica. No son conscientes de todo eso. Lo que sí saben es que tengo mi propia línea de calzado y que hice comerciales de McDonald's".

De hecho, Michael incluso tiene que darse a sí mismo esa retroalimentación cuando los entrenadores, los compañeros de equipo y los fans están mirando. Eso es porque sólo Michael sabe lo que su atención está haciendo en un momento dado, y eso es lo que finalmente determinará qué tan bien jugará. Después de fallar un tiro por unos cuantos centímetros, Michael puede fijar su atención en muchas cosas diferentes, tales como:

1) No puedo creer que fallé ese tiro.
2) El básquetbol es una cosa estúpida de todos modos.
3) ¿Me veo gordo en estos shorts?
4) ¡Vamos, defensa! ¡Vamos!

Cualquiera de estas cosas le puede pasar por la cabeza sin que nadie en el estadio se entere. Sólo una persona puede ayudarle aquí. Michael constantemente se asegura de que su atención esté enfocada en lo que está haciendo en este momento y en cómo lo puede hacer mejor.

Lo mismo vale para la escuela. Si bien las malas calificaciones y las tareas no entregadas son signos visibles que harán que tus padres y tus maestros se metan en la jugada para ayudarte, hay mucho que puedes hacer entre esos momentos que la gente no puede ver. Pensar y aprender son procesos invisibles. Y pensar y aprender es lo que estás haciendo (o al menos lo que se supone que estás haciendo) durante la mayor parte de tus días de escuela. Cuando estás oyendo a tu maestro explicar la nueva lección, o cuando estás resolviendo un examen, eres la única persona que sabe dónde está tu su atención. Y podría estar en cualquier lado.

1) No puedo creer que no sabía esto.
2) La biología es una cosa estúpida de todos modos.
3) ¿Me veo gordo en estos shorts?
4) ¡Trata de resolver esto! ¡Ya!

Esa jugada es clásica

Aquí hay una lista de cosas que los estudiantes hacen para evitar trabajar y poner su atención en cualquier otra cosa que no sea lo que hay que hacer. ¿Has usado alguna de estas tácticas? (Creías que eras el único?).

1) La típica jugada "Sí, me queda clarísimo", que va muy bien cuando no tienes ni la menor idea. Funciona para hacer que el maestro siga en lo que está y deje de hacerte preguntas.

2) La clásica "escritura indescifrable" para cubrir una respuesta de la que no estás seguro. ¿Qué dice en realidad esa palabra? ¿Es un acento o una mancha del lápiz?

3)La ida al baño innecesaria.

Por favor, no trates de escabullirte. Es mucho más fácil hacerlo bien de una buena vez y no hacerlo mal y arreglarlo después, lo cual hace que el proceso sea más doloroso, engorroso y lento.

Es muy fácil lucir como si estuvieras pensando en algo. Arqueas la ceja, te quedas viendo al infinito, pasas las páginas de cualquier libro y entonces dices "qué interesante" de manera muy académica. ¡Muy bien! Engañaste a todo mundo. Menos a ti mismo.

Ahora, pregúntate lo siguiente:

¿Quién es responsable de tu atención?
¿Quién es responsable de tus emociones?

Cuando estás trabajando en cualquier tema de la escuela, la cosa más profesional que puedes hacer es hacerte cargo de tu atención en todo momento. ¿Y cómo puedes estar seguro de usarla como un pro? Elige siempre enfocar tu atención en aquello que te haga progresar. Esto incluye todos los componentes de ser un pro. Elige poner atención en comunicarte. Elige poner atención en revisar los fundamentos. Elige poner atención en asegurarte de que tienes suficiente tiempo para terminar tu trabajo. Y luego, lo más importante, elige no poner atención en el hecho de que te sientes apenado, que odias la materia o que desearías estar haciendo otra cosa y redirige esa atención a ganar. **Lo único que importa es lo que estás haciendo en este momento.** No importa si Michael Jordan ganó o perdió el campeonato el año pasado, o cuáles son sus probabilidades de ganar este año. Cada elección que Michael Jordan hace durante el día lo hace poner su atención en algo que lo ayudará a mejorar. *Así* es como ser un pro se vuelve un estilo de vida.

Conforme automatizas algunas de las partes del estilo de vida pro, tales como programar y bloquear tiempo para tus fundamentos, liberarás tu atención para llevar tu trabajo al siguiente nivel. Un pro continuamente sube el nivel de todo lo que hace. Gana el juego. La próxima semana, conviértete en el jugador más valioso. Después de eso, gana el campeonato. ¿Ya ganaste el campeonato? Entonces crea una línea de tenis. Luego haz que tu línea de tenis sea la número uno. Y así hasta el Salón de la Fama. No existe límite a lo que tu estilo de vida pro te puede ayudar a lograr.

Cómo predecir el futuro

En el tercer juego de la Serie Mundial de 1932, el jugador de beisbol Babe Ruth apuntó en dirección de la valla de los jardines para que todos se dieran cuenta del home-run que había anotado… antes de que siquiera le pegara a la pelota. Si realmente quieres asegurarte de mantener tu atención en hacer el trabajo, entonces empieza a transmitir lo que quieres hacer. Entra en la cocina y diles a tus padres: "¡Oigan, pienso obtener sólo calificaciones perfectas este semestre. Buenas noches!". Diles a tus amigos que tu presentación va a ser sorprendente. Hacer públicas tus metas le añade presión a lo que dices y te pone en el camino de lograrlas.

ELIGE LA INTERPRETACIÓN QUE TE CONDUZCA AL ÉXITO

En la manera antigua de pensar, un día podías haber estado convencido de que sería muy cool ser médico pero podías no estar tan seguro de ser suficientemente inteligente para lograrlo. Si reprobabas el primer examen de biología del año, entonces era probable que dijeras: "Oh, quizás estaba equivocado: creo que nunca voy a ser doctor". Podías hacer un REINICIO temporal, pero tu interpretación siempre contendría la duda suficiente para mantenerte alejado de lo que querías hacer.

¿Pero que sucedería si cambiaras del todo la interpretación? ¿Qué pasaría si decidieras que, contra viento y marea, harás lo que sea necesario para ser doctor y curar el cáncer? Si decidieras que esto es cierto, piensa cómo responderías al hecho de haber reprobado el examen de biología. En lugar de olvidarte de tus sueños, dirías: "¡Ja, ja, ja!, cuando gane el Premio Nobel por curar el cáncer, esto será una gran historia. Mientras tanto, voy a hablar con mi maestro y ver cómo puedo hacer alguna actividad extra para solucionar lo de esa materia."

Para ti, este punto de vista puede sonar muy fuera de lugar, o por lo menos demasiado optimista. Pero en realidad lo que importa es que escojas una interpretación que te lleve a tomar acciones exitosas. Quizás termines eligiendo una carrera completamente diferente. La parte importante es que habrás desarrollado suficientes hábitos como para asegurarte de que todas las puertas estén abiertas para ti, no importando a dónde vayas.

Así como puedes elegir cómo lidiar con tus emociones, puedes elegir tu perspectiva en todo lo que haces. Puedes elegir ver la escuela como una obligación y arrastrarte hacia ella todas las mañanas, o puedes verla como un boleto para un futuro increíble. Ninguna de las dos es un hecho, ambas son interpretaciones. Pero sólo una de ellas te ayuda a triunfar.

Tener tus propios objetivos

"Todo mundo tenía objetivos diferentes para mí, pero yo tenía los míos propios".

La gente siempre habla de cómo a Michael Jordan lo expulsaron del equipo de básquetbol de la preparatoria, pero la mejor parte de la historia es lo que sucedió tras ese evento. En vez de dejar el básquetbol para siempre, Michael Jordan buscó una oportunidad para lograr su sueño. Tenía que regresar a jugar.

Así que se convirtió en el estadístico del equipo y se sentaba en la banca a anotar las grandes jugadas que la gente en la cancha estaba haciendo. En los juegos fuera de casa, las otras escuelas sólo dejaban que los verdaderos miembros del equipo entraran al gimnasio, así que Michael Jordan llevaba los uniformes de los otros jugadores al edificio para que pudiera estar involucrado con el equipo a como diera lugar.

¿Qué podría haber llevado al mejor jugador de básquetbol de todos los tiempos a hacer trabajos insignificantes para aquellos que lo echaron de un equipo? Fácil. Michael Jordan siempre tuvo sus propios objetivos. A pesar de lo que la demás gente opinara, a pesar de los obstáculos que se le presentaran y a pesar de que la gente opinara que era "imposible", él siempre encontraba las maneras de mejorar y de seguirse encaminando a lograr sus metas. Nunca aceptaba un "no" como respuesta.

Un pro nunca acepta nada de lo que la gente dice sólo por que sí y decide que ahí termina la cosa. Un pro se dedicará a investigar, encontrará todas las opciones posibles y llegará a sus propias conclusiones. Si el zapato que Nike hizo para Michael Jordan lucía genial pero no era cómodo, él nunca diría "bueno, así está bien". Se las ingeniaría para hacer que fuera el mejor. Y si notaba que su juego estaba un poco flojo, estaría en el gimnasio a primera hora la mañana siguiente para averiguar cómo arreglarlo.

Las ganas llegan tras la acción

Puedes entrar en fases en las que realmente te sea difícil emocionarte con cosas de la escuela. Sencillamente no te importa. La solución es no esperar hasta que algo pase y vuelva a tener ganas. Es tu responsabilidad investigar, escudriñar e ingeniártelas para emocionarte. Tú eres completamente capaz de interesarte de nuevo en las clases. Las ganas aparecerán y te sorprenderán... pero las encontrarás escondidas en el trabajo mismo. ¡Sólo ponte a hacer las cosas!

De la misma manera, si Michael Jordan oyera los mitos de la conspiración de las calificaciones perfectas, no los creería sólo porque sí. Lo que haría sería obtener la historia

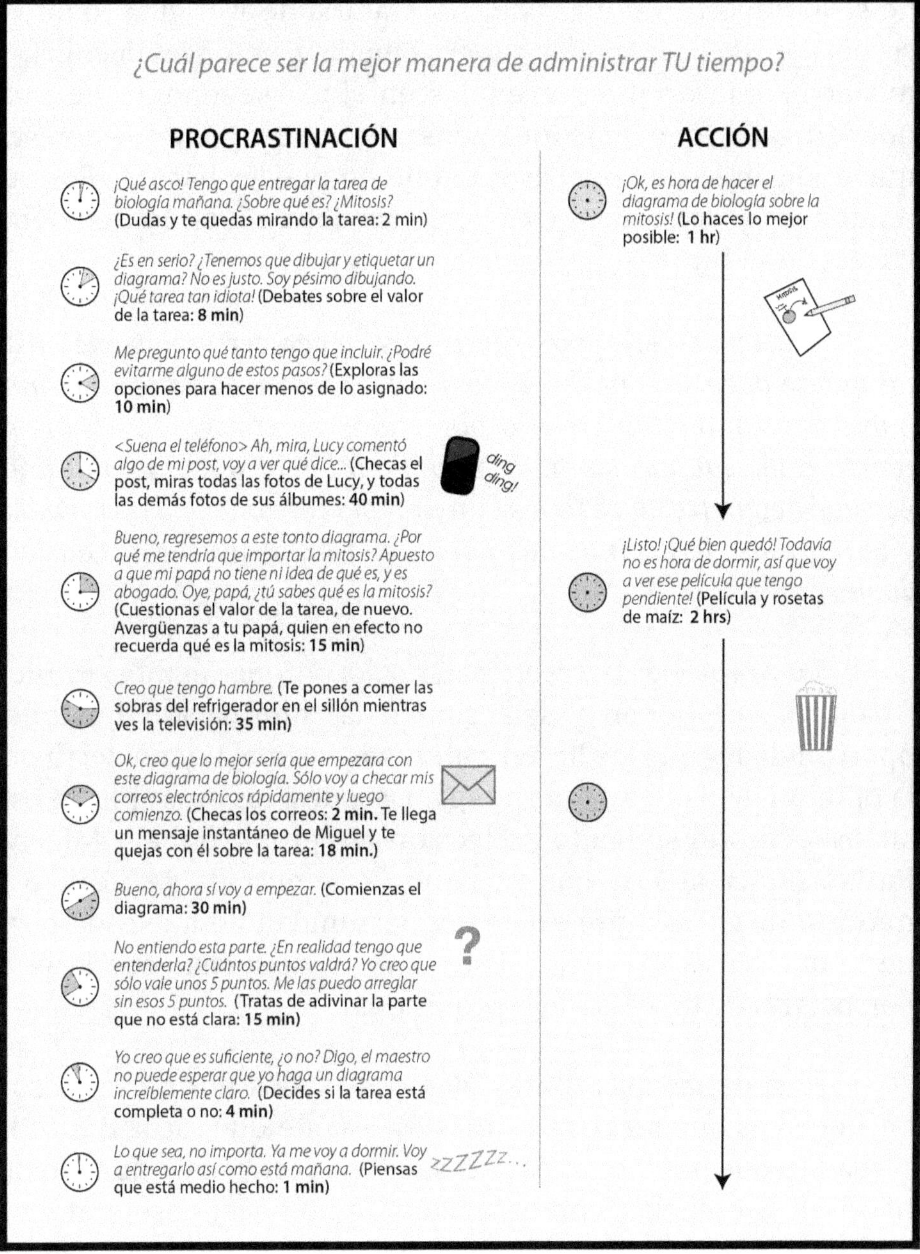
¿Cuál parece ser la mejor manera de administrar TU tiempo?
PROCRASTINACIÓN
¡Qué asco! Tengo que entregar la tarea de biología mañana. ¿Sobre qué es? ¿Mitosis? (Dudas y te quedas mirando la tarea: 2 min)
¿Es en serio? ¿Tenemos que dibujar y etiquetar un diagrama? No es justo. Soy pésimo dibujando. ¡Qué tarea tan idiota! (Debates sobre el valor de la tarea: 8 min)
Me pregunto qué tanto tengo que incluir. ¿Podré evitarme alguno de estos pasos? (Exploras las opciones para hacer menos de lo asignado: 10 min)
<Suena el teléfono> Ah, mira, Lucy comentó algo de mi post, voy a ver qué dice... (Checas el post, miras todas las fotos de Lucy, y todas las demás fotos de sus álbumes: 40 min)
ding ding!
Bueno, regresemos a este tonto diagrama. ¿Por qué me tendría que importar la mitosis? Apuesto a que mi papá no tiene ni idea de qué es, y es abogado. Oye, papá, ¿tú sabes qué es la mitosis? (Cuestionas el valor de la tarea, de nuevo. Avergüenzas a tu papá, quien en efecto no recuerda qué es la mitosis: 15 min)
Creo que tengo hambre. (Te pones a comer las sobras del refrigerador en el sillón mientras ves la televisión: 35 min)
Ok, creo que lo mejor sería que empezara con este diagrama de biología. Sólo voy a checar mis correos electrónicos rápidamente y luego comienzo. (Checas los correos: 2 min. Te llega un mensaje instantáneo de Miguel y te quejas con él sobre la tarea: 18 min.)
Bueno, ahora sí voy a empezar. (Comienzas el diagrama: 30 min)
No entiendo esta parte. ¿En realidad tengo que entenderla? ¿Cuántos puntos valdrá? Yo creo que sólo vale unos 5 puntos. Me las puedo arreglar sin esos 5 puntos. (Tratas de adivinar la parte que no está clara: 15 min)
?
Yo creo que es suficiente, ¿o no? Digo, el maestro no puede esperar que yo haga un diagrama increíblemente claro. (Decides si la tarea está completa o no: 4 min)
Lo que sea, no importa. Ya me voy a dormir. Voy a entregarlo así como está mañana. (Piensas que está medio hecho: 1 min)
zzZZZz...
ACCIÓN
¡Ok, es hora de hacer el diagrama de biología sobre la mitosis! (Lo haces lo mejor posible: 1 hr)
¡Listo! ¡Qué bien quedó! Todavía no es hora de dormir, así que voy a ver ese película que tengo pendiente! (Película y rosetas de maíz: 2 hrs)

real y usarla para motivarse aún más. Si el maestro de Michael Jordan le dijera que no es "bueno para las matemáticas", vería el comentario del maestro como un reto y trabajaría más duro en matemáticas y le haría ver lo equivocado que estaba, sacando diez en todos los exámenes. Y si los amigos de Michael Jordan le dijeran que debería odiar la escuela porque es aburrida y tonta, no se lo tragaría. En lugar de ello, trataría de averiguar lo que la escuela puede hacer por él y por sus metas, y entonces decidiría él mismo. ¡Por favor! ¡Eres un adolescente! ¿No se supone que odias que te digan lo que tienes que pensar? ¿No se supone que detestas que te digan lo que puedes o lo que no puedes hacer? ¿Por qué tendrías que dejar que otras personas determinen lo que debes hacer con tu futuro?

"Parte de este compromiso es hacerse responsable. Esto no quiere decir que no haya obstáculos o distracciones. Siempre habrá impedimentos para lo que tratas de conseguir. Yo los he tenido, todo mundo los ha tenido. Pero los obstáculos no tienen por qué detenerte. Si te topas con una pared, no te das por vencido y te regresas. Te las ingenias para treparla, atravesarla o darle la vuelta".

Los pros no se creen nada sólo porque alguien lo dice. Analizan, cuestionan y seleccionan la información buscando oportunidades que los lleven a alcanzar sus metas y no dejan que la opinión de nadie se interponga. Después, los pros aplican este análisis, cuestionamiento y selección a su propio trabajo. Michael Jordan nunca creería que su bandeja de entrada ya alcanzó el máximo nivel. Siempre existe la oportunidad de que cada parte de lo que haces sea mejor. Este espíritu de lucha constituye la perspectiva de un verdadero profesional.

Una de las más tontas ideas que todos nos creemos sólo porque sí es que sacar 10 es más estresante que sacar 8 o 6. La verdad es que obtener 10 es la cosa menos estresante que puedes hacer en la escuela... con excepción de no hacer absolutamente nada y obtener solamente ceros. Puede parecer que tiene sentido tener metas más bajas, como aspirar a ochos o seises. Pero en ese proceso, estás añadiendo un montón de cuestionamientos, trabajo adicional y ambigüedad sobre lo que se necesita hacer, lo que vale la pena hacer y qué tan lejos quieres llegar. En contraste, sacar un 10 es un proceso increíblemente directo. Sólo necesitas hacerlo lo mejor posible, todo el tiempo, y tendrás garantizado un buen resultado. No hay cuestionamientos, no hay rodeos, y no hay tiempo desperdiciado sintiendo nada sobre cómo están saliendo las cosas. Ser excelente es menos estresante que ser promedio.

Eso es todo. Hay una razón muy clara por la cual todo lo que Michael Jordan dice sobre el básquetbol es siempre tan poco emocional y tan concreto. El objetivo de Michael fue siempre ser el mejor jugador de la historia. Una vez que tomó esa decisión, todo lo que necesitaba hacer era obvio. Y Michael todavía opera de esa manera hoy día. Cuando hay que llevar a cabo una tarea, la hace y punto. De la mejor manera posible. Nunca sabrás qué acciones serán la clave de tu éxito: lo único que tienes que hacer es jugar siempre tu mejor juego.

Una vez que has tomado este enfoque durante un tiempo, verás lo fácil que es permanecer con esta mentalidad. Los estudiantes de 10 no se estresan porque en realidad no necesitan estudiar mucho. Es mucho más fácil para ellos. Pero no es porque sean naturalmente más inteligentes: es porque han estado trabajando como profesionales durante un buen tiempo. Al poner los cimientos, al tener fundamentos sólidos y al bloquear el tiempo para llevar todo a cabo sin dejar todo para la noche anterior al examen, al mismo tiempo que mantienes fuerte a tu equipo, estás construyendo tu propio éxito. Entonces, cuando llega el momento de evaluar qué tan lejos has llegado, estás listo para lo que sea. En vez de tener que prepararse, los estudiantes de 10 están siempre preparados. Y raramente hay un momento de indecisión o duda porque están usando todas sus energías para alcanzar sus objetivos. Una vez que tengas esa mentalidad, ni siquiera tendrás que recordar que tienes que hacer el calendario, o checar cómo está la gente a tu alrededor, o buscar errores. Será tan parte de tu manera de trabajar que ni siquiera los sentirás como trabajo. Sólo estarás disfrutando del estilo de vida de un pro: confianza, éxito, felicidad, y probablemente un día tu propio negocio con Nike.

LAS SEIS REGLAS PARA SER EL MICHAEL JORDAN DE... LO QUE SEA

1. Nunca olvides los fundamentos.
2. Usa agendas a la ofensiva: hazlo inmediatamente o bloquea el calendario.
3. Déjate que las entrenadores te ayuden.
4. Piensa en la marca que estás construyendo.
5. Lo único que importa es lo que estás haciendo en este momento.
6. Ser excelente es menos estresante que ser promedio.

Poniéndolo en Práctica

Desde luego que cambiar por completo tu estilo de vida no suena sencillo. ¡Has estado tratando la escuela como básquetbol recreacional durante tanto tiempo! Así que, ¿por dónde puedes empezar? Sólo realiza alguna de estas acciones de profesional. Elabora un calendario sólo de esta semana. Habla con tus padres una vez. Revisa tu trabajo y busca maneras de fortalecer tus fundamentos... por lo menos en una tarea. Sólo confía en que dar este paso dará resultados.

Pero aquí está la verdadera clave: Después de que hayas dado ese paso, necesitas felicitarte a ti mismo en ese instante. Puede ser que la acción que realizaste no te lleve a enormes resultados inmediatamente, pero aún así te ha ayudado a dar un paso hacia delante. Y recordar esto tiene que volverse un hábito. Piénsalo: no debe haber sido fácil para Michael Jordan encontrar motivación para cargar los uniformes sudados de otras personas y llevar las cuentas de los puntos anotados por los equipos cuando estaba en la preparatoria. Al fin y al cabo, "estudiante de preparatoria" y "ganador de seis campeonatos de la NBA" suenan como hechos muy distantes uno del otro. Pero Michael sabía que necesitaba hacer todo lo que pudiera para acercarse paso a paso a sus metas. Así que, si podía entrar en el estadio un día, lo veía como ganar. Si el entrenador le hablaba, era ganar otra vez. Y esos triunfos se fueron sumando porque Michael no desistió en ningún momento, y al siguiente año, estaba de vuelta en el equipo de la escuela. Todavía no era la NBA, pero estaba mucho más cerca. Si no celebras esos pequeños pasos conforme los vas dando, no vas a sentir que valen la pena. Pero sólo porque no ves los resultados inmediatamente, no significa que nunca van a llegar. Todo lo que necesitas saber es que ser un pro te llevará a donde sea que quieras llegar. El truco para convertirse en un jugador estelar es... comenzar.

CUARTA PARTE

“Cada segundo de vida es un momento nuevo y único en el universo, un momento que nunca se repetirá. ¿Y qué les enseñamos a nuestros hijos? Les enseñamos que dos y dos son cuatro, y que París es la capital de Francia. ¿Cuándo les vamos a enseñar también lo que son? Deberíamos decirles a cada uno de ellos: ¿Sabes quién eres? Eres una maravilla. Eres único. En todos los años que han pasado, nunca ha habido otro niño como tú. Tus piernas, tus brazos, tus dedos, la forma en que te mueves. Quizá te conviertas en un Shakespeare, un Miguel Ángel, o un Beethoven. Tienes la capacidad para hacer cualquier cosa. Si, eres una maravilla. Debes trabajar, todos debemos trabajar, para hacer al mundo digno de sus niños.”

— Pablo Picasso

Capítulo 12

La Generación de los Genios

Te tocó vivir en uno de los momentos cruciales de la historia. En el capítulo inicial de este libro, te dijimos que ésta era la mejor época del mundo para ser estudiante. Y ahora puedes entender porqué. Perteneces a la primera generación de la historia que sabe exactamente cómo convertirse en un genio en cualquier campo que escoja. Eso quiere decir que nada puede detenerte.

De acuerdo: ha habido otros momentos históricos cruciales, como la Ilustración, la Revolución Industrial y el descubrimiento de la penicilina. Tus padres o tus abuelos pueden decir "recuerdo cuando compramos nuestra primera televisión a color". Y los autores de este libro pueden decir "cuando yo era niño, ninguno de mis conocidos tenía Internet". Todos esos cambios afectaron la manera en que todos interactuamos con el mundo. Pero el cambio que sucede en tu época afecta la manera en que la gente se concibe a sí misma. Piensa en lo siguiente: un día, podrás ver hacia atrás y decir: "¿Pueden creer que cuando yo era niño la gente realmente pensaba que los genios nacían y no se hacían? ¿Así como si fuera una cosa de suerte? ¡Qué ideas más raras tenían en esa época!".

Tus padres, tus abuelos y la gente que vivió en generaciones anteriores, todos ellos decidieron lo que eran capaces de hacer a edades tempranas. Entonces, pasaron el resto de sus vidas suponiendo que su inteligencia tenía un límite. Tomaron sus decisiones y basaron sus vidas en torno a estas nociones, y no se atrevieron a tratar otras cosas porque las consideraban "fuera de su alcance". Pero tú tienes el problema opuesto. Perteneces a la primera generación de estudiantes que realmente puede alcanzar cualquier meta. Así que ahora tienes que preguntarte lo siguiente:

¿Qué clase de vida quieres tener?

La mayoría de la gente tiene una respuesta muy modesta: "sólo quiero ser feliz" o bien "sólo quiero llevarla tranquilo". Sí, sí, seguro. Suena lindo. Pero, en serio, ¿qué es lo que realmente querrías tener? Por ejemplo, si el genio de la botella te hiciera esa pregunta y en ese momento te diera un ataque de ambición, ¿cuál sería tu respuesta? Lo más probable es que no te conformases con "llevártela tranquilo". ¿No dirías que quieres sentirte súper seguro de ti mismo y súper exitoso? ¿Que quieres tener el control de tu vida y el respeto de todos los que te rodean? ¿No querrías sentir que todas las cosas son fáciles para ti y que nada está fuera de tu alcance? ¡Claro que querrías todo esto! Es lo que todo

Si él pudo hacerlo...

William Kamkwamba creció en una aldea rural en Sudáfrica. Cuando la hambruna alcanzó a su país y su familia no pudo pagar 250 dólares al año para enviarlo a la escuela, acudió a la biblioteca local para educarse él mismo. Inspirado por un libro en particular, decidió construir un molino de viento generador de energía, un transformador y un sistema de cableado para su casa. Construyó su propia red eléctrica con una vieja rueda de bicicleta y unos tubos de plástico que encontró en un depósito de chatarra. Su historia se convirtió en uno de los libros más vendidos y William pudo acceder a la educación que quería en un principio: ahora es un estudiante en una de las mejores universidades de Estados Unidos. Carecer de recursos o apoyo nunca debe detenerte para fijarte altas metas y para obtener la vida que quieres tener.

mundo quiere. Sólo que ahora puedes realmente garantizar que tendrás todas estás cosas y más.

Para la generación de los genios, ya no es impensable desear todo eso y obtenerlo. Toma lo que has aprendido en este libro y llévalo a la práctica. Si lo haces de manera consistente, la vida increíble que describimos anteriormente será el resultado natural.

Todo lo que has aprendido... en una palabra

A lo largo de este libro, te hemos enseñado muchas cosas respecto a cómo funciona el cerebro y a cómo tomar acciones que te llevarán a obtener calificaciones perfectas en la escuela. Pero, en realidad, todos estos consejos pueden resumirse en una palabra, y mientras estés haciendo esto, siempre estarás progresando:

Metacognición.

"Metacognición" es sólo una palabra sofisticada para definir la actividad de "pensar sobre el pensamiento". Lo que en realidad te hemos enseñado en este libro es que siempre puedes y siempre necesitas pensar sobre tu propia manera de pensar. Puedes estar consciente de lo que tu automaticidad, tu atención y tus emociones están haciendo mientras aprendes. Más importante aún, durante el proceso de aprendizaje, puedes detenerte y considerar si estás utilizando o no el método más efectivo. Quizás necesites volver algún concepto claro como receta de cocina, quizás necesites un éxito de taquilla que genere más ganancias, o un poco más de exterminio. Si constantemente estás analizando el proceso, entonces siempre lo estás mejorando. Así es como la gente se vuelve mejor, más rápida y más exitosa.

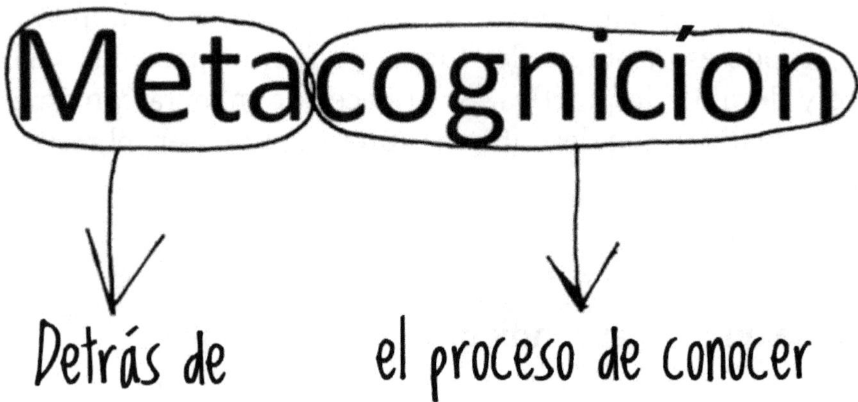

Quizás la parte más crucial de la metacognición es hacer un diagnóstico adecuado. Los mejores estudiantes nunca se dejan llevar por los malos hábitos. Lo que hacen es identificar los problemas y re entrenarse con mejores hábitos. Si no puedes identificar con claridad qué comportamiento o pensamiento en específico se interpone en tu camino, es fácil arreglarlo. Para ayudarte a tomar la senda que te volverá un experto identificador de problemas, aquí hay una sencilla tabla de referencia:

Tú piensas que es esto	Cuando en realidad es esto	Haz esto
Soy malo en esta materia	Estupicondria	REINICIA la pena que te dan tus errores. Comienza a arreglarlos.
Nunca seré tan rápido como (hermano, amigo o amienemigo).	Comparaciones injustas	Reconoce la comparación injusta. Recuerda que, con práctica, tú puedes ser así de automático también.

Tú piensas que es esto	Cuando en realidad es esto	Haz esto
Estoy tan frustrado.	Expectativas poco realistas	¡Date un descanso! Aprender toma lo que tenga que tomar. Haz suficiente práctica enfocada en soluciones y no sólo harás las cosas de manera correcta sino a la velocidad de la luz.
Estoy totalmente abrumado	Sobrecarga de atención	Limpia toda tu atención y comienza sólo con una pieza de información.
¡Me quedé en blanco!	Necesitas refrescar la información	Trata de descomponer el problema en partes y analiza o refresca cada una de esas partes.
La escuela/esta asignatura es estúpida.	Estás usando "lo que sea" para evitar sentirte desilusionado.	Si te sientes así, es porque en realidad te importa. Encuentra una manera de REINICIAR que te haga superar ese "lo que sea" de manera que puedas ponerte a trabajar.
Esta asignatura no tiene sentido.	Tus reglas no están claras.	Hazlas claras como receta de cocina.
Es aburrido/No me importa.	No entiendes realmente el material.	Usa el método de Sherlock y descubrirás por qué es interesante.
No hay manera de que yo pueda resolver esto.	Estás actuando como el inspector Lestrade, es decir, esperar ver cómo resolverlo antes de siquiera haber comenzado.	Sólo trata de pensar lo que puedes decir. Haz lo que te sea posible, aunque sea un poco, y las cosas se irán aclarando por sí mismas.

Tú piensas que es esto	Cuando en realidad es esto	Haz esto
Este ensayo es aburrido. /No tengo nada que decir.	No has hecho suficiente investigación para encontrar algo interesante que decir	Apiádate de tu pobre lector. Sigue usando el método Sherlock hasta que encuentres argumentos que pasen el test de ¿Y ESO QUÉ?
No puedo memorizarme todo esto.	Estás viendo los hechos como si no tuvieran relación unos con otros.	Encuentra las conexiones significativas y los hechos se volverán inolvidables.
Es tan injusto. Siempre pierdo puntos por errores tontos.	Tu manera de verificar es demasiado pasiva.	Conviértete en cyborg. No esperes a que los errores te encuentren... búscalos tú y extermínalos.
Mis padres y mis maestros no dejan de molestarme.	Tu marca necesita reinventarse.	Escucha lo que los entrenadores tienen que decir y hazte responsable de mejorar tu marca.
No tiene sentido. Esto sólo es muchísimo trabajo.	Necesitas tener una meta.	Analiza qué beneficios tiene para ti hacer lo que estás haciendo. Conecta esto con lo que deseas y entonces nunca sentirás nada como una obligación.

Como puedes ver en la primera columna de esta tabla, los estudiantes son en realidad buenos para diagnosticar qué esta pasando. Al fin y al cabo, se dicen estas cosas a sí mismos todo el tiempo sin siquiera pensarlo. Es sólo que ahora tienes las herramientas para realmente interpretar lo que está pasando en tu cerebro... y hacer algo al respecto.

Por cierto, realizar esta clase de diagnóstico no significa que tu trabajo deba tomar más tiempo. Después de todo, tu tarea ya te consume suficiente tiempo como para que además tengas que detenerte cada cinco minutos a reflexionar en la manera en que la estás haciendo. En realidad, la metacognición tiene que ver con utilizar tu tiempo de manera más eficiente. Mientras más la utilices, tu proceso se volverá cada vez más rápido y efectivo. Entonces todo se automatizará de manera que desearás y serás capaz de diagnosticar problemas en tan sólo unos segundos, en lugar de permitir que te estropeen tu trabajo académico durante años. Eliminarás todo el desperdicio de tiempo que ha sucedido en el pasado.

La metacognición es una herramienta extremadamente poderosa. De hecho, al enseñártela, te hemos dado casi todo lo que necesitas para obtener esa vida increíble con la que sueñas. Hay sólo un ingrediente más y es totalmente tu decisión utilizarlo o no. Para tener la seguridad de que realmente estás analizando y mejorando tu proceso cada vez que te pones a trabajar, necesitas una brújula: algo que te mantenga en el camino correcto. Así que hablemos de cómo fijar metas.

"Con los grandes poderes vienen grandes responsabilidades"

El Hombre Araña lo sabía, y ahora lo sabes tú también. Cuando tienes el poder de analizar las cosas, el cual ahora posees, se vuelve tu responsabilidad utilizarlo para hacer el bien. Sin embargo, a diferencia de El Hombre Araña, no tienes que garantizar la seguridad de un ciudad entera

Obtén lo que TÚ quieres

Hemos estado hablando del tipo de metas nobles como "salvar al mundo". Pero no te avergüences si lo que te emociona es tener un reluciente convertible rojo o una enorme mansión con una piscina. Es cool. Lo entendemos. En este punto, cualquier meta que te lleve a tomar los pasos necesarios para convertirte en un adulto influyente y efectivo es maravillosa. Después de todo, necesitas ser igual de inteligente para salvar al mundo que para hacer mucho dinero. Tú puedes decidir cómo aplicar esa inteligencia en el futuro. Por lo pronto, sólo dedícate a hacer lo que tienes que hacer.

y de una linda pelirroja. Tu responsabilidad principal eres tú mismo. Eres responsable de no desperdiciar tus poderes. Decide en qué los quieres utilizar y entonces dedícate a ello.

¿Dedicarme a qué? Ésa es una gran pregunta que sorprendentemente requiere una pequeña respuesta. Si bien es importante saber que quieres cosas como "éxito", este tipo de palabras no necesariamente significan nada. En realidad no puedes imaginarte cómo es el "éxito", o exactamente cómo te verías siendo un "éxito". Por eso es que, cuando te fijas una meta, necesitas ser específico. No sólo digas que quieres obtener buenas calificaciones: di que quieres sacar sólo calificaciones perfectas. No sólo digas que quieres hacer algo para "ayudar a la gente" cuando seas grande: di que quieres ser doctor, maestro o Presidente.

Esto es lo que este sistema puede hacer por ti. Una meta específica te mantendrá enfocado todo el tiempo. Un jueves por la tarde, cuando llegues a casa de la escuela y te encuentres procrastinando la tarea, recordar cuál es tu meta te dará una razón para apagar la televisión y ponerte a trabajar. Y si sabes exactamente a qué le estás tirando, entonces conoces cuáles son los estándares necesarios para lograrlo. También sabrás exactamente el momento en el que has logrado lo que te propusiste. ¿Qué clasifica como "buenas calificaciones"? ¿Sólo ochos? ¿Algunas calificaciones perfectas? ¿Ninguna materia reprobada? No existe una respuesta para esa pregunta, lo que sí hay es una exacta interpretación de la frase "sólo calificaciones perfectas". Si sabes exactamente lo que quieres, entonces no te darás por vencido hasta lograrlo.

Ahora, ten en mente que establecer una meta para el futuro puede ser intimidante, sobre todo si estás en la secundaria o en la preparatoria. No estamos diciendo que a los quince o dieciséis años tienes que saber exactamente qué harás con el resto de tu vida. De hecho, es muy poco probable que eso pase. Pero incluso si no sabes en qué quieres trabajar de grande, aún así puedes ponerte metas como obtener sólo las máximas calificaciones o ir a tal universidad. Por ejemplo, la meta de Hunter era ser admitido en la Universidad de Harvard. Cada que se topaba con un trabajo escolar que le desagradaba y no quería hacer, recordaba esa meta: "Si quiero ir a Harvard, más me vale hacer esto y hacerlo bien". Para Hunter, esta meta era suficientemente fuerte e importante para mantenerlo al pie del cañón, incluso en las clases que más odiaba.

Independientemente del curso que tome tu vida durante la secundaria y la preparatoria, la universidad y más allá, tener una meta hará que lleves a cabo las acciones que te prepararán para lo que sea que quieras hacer en un futuro. Perseguir una meta en particular no te cierra ninguna puerta, siempre y cuando estés haciendo un excelente trabajo durante ese proceso. Puedes tomar otro camino en cualquier momento y aún así estar en buena forma para comenzar a trabajar en tu nueva meta. Lo único que te cierra las puertas del futuro es hacer un trabajo mediocre. Si no realizas consistentemente un excelente trabajo, entonces sería mejor que tuvieras otra meta por la que sí valiera la pena trabajar.

Aquí hay un bono adicional. Una vez que has establecido una meta específica, te habrás liberado de una de las cosas que más te estorba: la obligación. Si puedes pensar en una meta en específico y usarla como brújula, entonces comenzarás a ver todos los pequeños pasos que son necesarios para ayudarte a lograrla. Si no tienes una meta en mente, es fácil ver esas labores —tareas, libros que leer, ensayos que escribir— como cosas que tienes que hacer para alguien más. No tienes por qué sentirte así, y el caso de los superhéroes como El Hombre Araña te ayudará a ver porqué. Los superhéroes no pueden escoger sus metas, así que siempre tienen que luchar contra los malos o tienen que salvar la ciudad. Con frecuencia se quejan de lo duro que es su trabajo, porque se sienten obligados a sobrevivir crisis tras crisis. Pero ese no es tu caso. Teniendo una meta personal sólida que signifique bastante para ti, no te sentirás obligado a nada: te sentirás emocionado.

Escoger una meta para motivarte es lo más importante que

Ratas de centro comercial contra ratas de biblioteca

Quizás estés pensando: "Esto me suena como a demasiado trabajo y más bien me gustaría pasar un tiempo con mis amigos". Es una pregunta totalmente válida para la cual la ciencia tiene una respuesta. En un estudio particularmente revelador, el psicólogo de nombre impronunciable Mihaly Csikszentmihalyi usó una muestra de 500 adolescentes y les pidió que anotaran sus niveles de felicidad en intervalos aleatorios a lo largo del día. La mitad de estos adolescentes solía pasar su tiempo paseando en los centros comerciales y entreteniéndose en los videojuegos (los llamaremos "ratas de centro comercial"). La otra mitad se dedicaba en su mayor parte a estudiar, hacer su tarea, y a participar en actividades extra curriculares (denominaremos a estos muchachos "ratas de biblioteca"). En casi todas las escalas, los jóvenes que pasaban su tiempo vagando en los centros comerciales reportaron ser menos felices que aquéllos que se dedicaban a lidiar con los retos escolares.

Eso es porque hay una gran diferencia entre lo que el psicólogo Martin Selligman denomina "placeres" y "gratificaciones". Los placeres son cosas como ver televisión, disfrutar de un helado, vagar por el centro comercial y jugar videojuegos. Requieren poco de nuestra parte y siempre parecen la mejor opción en un momento dado. Las gratificaciones, en cambio, son retos que nos hacen sentir bien con nosotros mismos, tales como aprender nuevas cosas, sacar diez en los exámenes o terminar un gran proyecto.

El lado negativo de los placeres es que no duran mucho. Nos hacen felices durante unos cuantos minutos, pero nunca estamos realmente satisfechos. La primera bola de helado resulta deliciosa, pero la tercera ya la encuentras asquerosa. Por otro lado, la felicidad que obtienes de las gratificaciones es igual de buena en cada ocasión. Nunca te cansas de lograr algo increíble. Siempre se siente bien. Y esa felicidad de hecho dura muchos tiempo: puedes regresar a ese momento años después y todavía lo recordarás con agrado. Las gratificaciones son la clave para sentirte satisfecho contigo mismo.

De hecho, las ratas de biblioteca eran más felices que las ratas de centro comercial en casi todas las escalas, excepto una: las segundas pensaban que las primeras se estaban divirtiendo más. Todos creemos que una bola de helado o media hora más de televisión nos hará más felices, pero la clave de la felicidad se encuentra en solucionar problemas y enfrentar retos.

Es posible que todas las mañanas te sientas más como rata de centro comercial, cuando suena la alarma, estás medio dormido y tratas de arrastrarte fuera de la cama. Sólo recuerda que sacar la rata de biblioteca que llevas dentro y llevarla a la escuela es lo que finalmente te hará feliz. (¡Este sí que es un rápido REINICIO!).

puedes hacer en tus días de escuela. Y sólo tú puedes hacer esa contribución. La meta no puede venir de nadie más; no puedes hacer las cosas sólo porque tus padres quieren que vayas a la universidad o porque tus maestros esperan que saques 10 en todas las materias. Tu meta tiene que ser para ti mismo. Tú la escogiste, tú la quieres y tú te dedicarás a alcanzarla.

Nadie te está pidiendo que luches con un monstruo marino

Si resulta muy abrumador para ti pensar en una meta a largo plazo, entonces primero tienes que aclarar y limpiar tu atención. (Puedes hacer mucho más que sólo quedarte abrumado). En segundo lugar, no te preocupes. Sí, ser "doctor" puede parecer una labor titánica. Pero, en realidad, lograr cualquier objetivo no tiene que ver con hacer un esfuerzo gigantesco, heroico o titánico. Toda meta se cumple haciendo una serie de minúsculas y pequeñas acciones simples. Ninguna acción en particular es más importante: sólo se van sumando en el transcurso del tiempo. Estas pequeñas acciones son cosas como siempre buscar en el diccionario las palabras que

Cualquier cosa puede ser la clave

"Mucho de lo que encontré al hacerle caso a mi curiosidad e intuición resultó ser invaluable tiempo después. En la universidad, decidí tomar una clase de caligrafía y aprendí sobre las tipografías serif y san serif, sobre lo que hace que una tipografía grandiosa sea grandiosa. Era hermosa, histórica y artísticamente sutil de una manera que la ciencia no puede describir: la encontré fascinante. En ningún momento esperé que esto tuviera alguna aplicación práctica en mi vida. Sin embargo, diez años después, cuando diseñábamos la primera computadora Macintosh, todo aquello me vino a la memoria. Y entonces aplicamos el diseño a la Mac. Era la primera computadora con una hermosa tipografía. Desde luego, era imposible conectar todos los puntos cuando estaba en la universidad y trataba de ver el futuro. Pero diez años después todo se volvió muy claro. De nuevo, no puedes conectar todos los puntos viendo al futuro, sólo lo puedes hacer cuando miras al pasado. Así que tienes que confiar en que todos los puntos se conectarán en algún momento de tu vida".
Steve Jobs, co-fundador de Apple Computer y Pixar Studios.

desconoces. O como revisar tu trabajo. O como tomarte el tiempo para leer al estilo Sherlock. Puede no parecer gran cosa cuando lo haces, pero todo esto te acerca poco a poco a la vida que quieres.

Después de todo, Thomas Edison no tuvo que luchar contra un monstruo marino para obtener el secreto de la bombilla "perfecta". Él y su equipo sólo probaron miles de partes reemplazables, una por una. No tenían idea de cuál tendría que ser el siguiente paso hasta que veían qué tal resultaba lo que estaban experimentando en ese momento. Sólo confiaban en que cada experimento fallido los acercaría cada vez más al éxito. Si hay alguna cosa, por pequeña, minúscula e insignificante que parezca, que puedas hacer para mejorar... HAZLA.

"Esto no me va a servir para la vida real"

"¿Pero, realmente tengo que buscar la palabra "obnubilado"? ¿De veras tengo que memorizarme los primeros veinte elementos de la tabla periódica? ¡Nunca voy a usar nada de eso en la vida real!". Muchos estudiantes se hacen esta pregunta y, a nivel superficial, están absolutamente en lo correcto. Es altamente improbable que vayas a utilizar toda la información que aprendes en secundaria y preparatoria en tu futura carrera. Si vas a ser doctor, entonces quizás no necesitarás usar lo que sabes sobre Shakespeare todos los días. Pero ese no es el punto. Un doctor tiene que investigar, encontrar pistas y analizarlas lógicamente para determinar un resultado o un diagnóstico de la misma manera que un profesor universitario de

El reto lo hace divertido

La única razón por la cual aprender algo se siente muy difícil o frustrante es porque nos han entrenado a poner nuestras expectativas en el proceso y en cómo debe resultar. Si compras un nuevo videojuego, bien puedes decir que vas a llegar al último nivel esa misma noche. Pero si no lo logras, no te das por vencido. Si resulta ser más difícil y toma más tiempo del que pensaste, entonces se vuelve más emocionante. Cada vez que pierdes, rápidamente comienzas a intentarlo de nuevo. Eso es porque no tienes juicios de valor sobre el proceso. Imagina si todos tomaran las actitudes de aprender un nuevo videojuego y las aplicaran a aprender algo nuevo en la escuela...

literatura analiza a Shakespeare. Un médico también tiene que leer MUCHÍSIMO, así que es mejor que te entrenes en esto de una vez. La información que aprendes en la enseñanza media en realidad es sólo un medio para un fin mucho más grande. Lo que realmente aprendes en esta etapa es a pensar.

En química, en inglés, en historia y en todas las demás asignaturas, estás aprendiendo como encontrar la lógica subyacente en diferentes áreas de la vida y a sintetizarla en soluciones útiles. Estás aprendiendo a pensar críticamente sobre todo tipo de problema que se te presente. Estás aprendiendo a analizar. Estás aprendiendo a resolver problemas. Estás aprendiendo cómo enfrentarte con cada nuevo reto y a usar todas las herramientas a tu disposición para superarlo. No tiene tanto que ver con los hechos como con el proceso en sí.

La enseñanza media en realidad es una preparación para la vida. De adulto vas a tener muchas ventajas si haces un muy buen trabajo durante este periodo de secundaria y preparatoria. Claro que también está el argumento de que si tienes una buena base de conocimientos en muchas áreas entonces puedes obtener cualquier trabajo. Pero, lo que es más importante, estarás listo para enfrentar todos los retos que se le presentan a un adulto. ¿Cómo hace la gente para pagar impuestos, o tener y mantener un apartamento propio? ¿Cómo sabe la gente cómo educar a sus hijos o cómo evitar infracciones al conducir, ya no digamos cómo aprender a hacer su trabajo? La vida de adulto tiene que ver con ponerse metas y utilizar la metacognición, y estos dos factores trabajan de la mano como un equipo inseparable. Te fijas metas y entonces movilizas tus recursos para lograrlas, mejorando tus procesos conforme avanzas. Cuando alcanzas esas metas o te das cuenta de que en realidad quieres otra cosa, entonces redefines tu meta, tomas otro camino y te enfocas en tu nuevo rumbo. Todo lo que haces requiere un constante ajuste de atención en esos dos aspectos.

¿Entonces por qué la escuela es valiosa? Porque el método

para aprender cualquier habilidad o tema nuevo es el mismo. Así es. La química no es diferente a la literatura, las matemáticas, los idiomas o la música. El mismo proceso se aplica para aprender cómo ser una estrella de rock o un abogado, o una persona que puede mantener unas finanzas sanas o alguien que es capaz de planear un viaje de mochila de seis meses alrededor del mundo.

En menos de una década, las televisiones han pasado de ser unos mamotretos que te rompían la columna a ser delgados como galleta. Los teléfonos celulares han pasado de ser un lujo a ser una necesidad. Y Facebook ha pasado de no existir a tener más de 845 millones de usuarios. En el siglo XXI, el mundo evoluciona muy rápidamente. Si quieres seguirle el paso a todos estos cambios, tienes que ser muy bueno aprendiendo. Sólo 80 años atrás, te hubieras tenido que entrenar para trabajar en un tranvía o en una fábrica de telégrafos. Estabas destinado a tener un trabajo toda tu vida y nada más. Hoy, tu educación te ayuda a fundar tu propia compañía web, venderla a los 35 años y luego dedicarte la siguiente década a ser escritor, para luego decidir que en realidad quieres ingresar a la escuela de medicina. Y quién sabe qué otros nuevos campos se hayan inventado para cuando seas adulto. ¿Qué tal que el sector de la nanotecnología robótica láser se vuelve el mejor negocio? Necesitarás estar listo para trasladarte a esa área y volverte un experto en ella muy rápidamente. De lo único que puedes depender es de que la gente que tiene ventaja es siempre la que está mejor entrenada para aprender.

¿Qué pueden hacer tres mil millones de genios?

Eres miembro de la generación más genial que ha vivido en la Tierra. Al resto de nosotros nos tomó miles de años inventar las matemáticas, el transporte y la agricultura. Probablemente tú harás el triple en las siguientes tres décadas.

Esto se debe a que, en la generación de los genios, hacer cosas excepcionales ya no se limita a un puñado de personas especiales. No es una cuestión de suerte sino de elección. El potencial de genio que todos tenemos ya no se tirará a la basura por tener dudas sobre nuestras capacidades. La humanidad pudo haber tenido millones y millones de genios en toda su historia. Sin embargo, los libros de historia sólo consignan unos cuantos en cada generación: aquéllos que en realidad confiaron en su inteligencia.

Para los miembros de la generación de los genios (a la cual perteneces, lo cual nos da una tremenda envidia), el camino para dominar la actividad que sea es totalmente directo. No hay misterios: si conoces tu cerebro, entonces el proceso de volverse increíble es totalmente confiable. Así que la pregunta es, ¿qué vas a hacer al respecto? ¿Vas a sentirte lleno de obligaciones y a arrastrarte a hacer lo que tienes que hacer, o vas a darte cuenta del increíble potencial que tienes, emocionarte y hacer del mundo la clase de lugar que todo mundo ha querido que sea? Eres miembro de un equipo de tres mil millones de seres humanos que pueden curar todas las enfermedades. Tu generación tiene el poder de crear la tecnología más sorprendente, erradicar el hambre, resolver los problemas ambientales del mundo, y quizás ingeniárselas para viajar en el tiempo. ¿Por qué no?

El mensaje es, eres de las primeras personas en la historia que pueden dominar la totalidad de la capacidad de aprendizaje de tu cerebro. En el corto plazo, usa esto para que la escuela te sea más fácil que a las generaciones anteriores. Pero ten en mente que también hay muchos beneficios a largo plazo. Con esa clase de potencial sin límites, no existe nada que no puedas hacer, hoy, mañana, y durante el resto de tu vida.

Estamos tan emocionados por ti.

LA CIENCIA DETRÁS DE LA CONSPIRACIÓN DE LAS CALIFICACIONES PERFECTAS

¡Felicidades! Has terminado de leer La Conspiración de las Calificaciones Perfectas y ahora estás listo para dominar al mundo, paso a paso. Nuestras ideas sobre el aprendizaje se basan en sólidas investigaciones científicas en neurología, psicología y educación. Así que, para aquéllos que estén interesados, queremos dar a conocer algunos de nuestras fuentes de investigación favoritas, así como sugerir trabajos adicionales para quien quiera investigar por cuenta propia. Si hubo capítulos o ideas en el libro que te hayan interesado particularmente, te sugerimos profundizar más en estos nuevos conocimientos y llevarlos a un nivel aún más alto.

Amenaza de estereotipo, teorías del Self y desesperanza aprendida

El objetivo de la primera mitad de La Conspiración de las Calificaciones Perfectas es hacer conscientes a los estudiantes de cuántas ideas preconcebidas poseen acerca de la educación, y de qué tan dañinas pueden ser éstas. En psicología, existe una gran cantidad investigación sobre lo que se denomina "amenaza de estereotipo". Hay muchos estereotipos sobre el desempeño: que los hombres blancos son menos atléticos, que las mujeres son malas en las matemáticas, que a los afroamericanos no les va muy bien en la escuela, etc. Cuando los estudiantes son inducidos a adoptar estos estereotipos durante un examen, el pensamiento tiende a afectar el desempeño a tal grado que esencialmente estas creencias "se cumplen". En un estudio particularmente revelador, los estereotipos llevaron a las mujeres estadounidenses de origen asiático a obtener tanto mejores como peores resultados en los exámenes de matemáticas. Cuando se les indujo a tener en cuenta su género, las habilidades matemáticas de las mujeres se vieron afectadas en comparación con aquéllas a las que no se les hizo pensar en este tema. De manera inversa, las mujeres tuvieron mejores puntajes que el grupo de control cuando se les hizo tomar en cuenta que eran asiáticas. La idea central de todo esto es que, incluso tener un estereotipo negativo, es suficiente para que el desempeño se afecte de manera negativa.

A algunos de los estudiantes con los que hemos trabajado les afectan estos estereotipos generalizados. Con más frecuencia todavía, los alumnos desarrollan teorías dañinas sobre sus propias capacidades específicas. Se ha demostrado que estas "teorías del Self", como las ha denominado la psicóloga de Stanford, Carol Deck, hacen que los estudiantes estén menos motivados, menos persistentes y más renuentes a buscar ayuda cuando están en problemas. Y no es sorprendente que tiendan a obtener malas calificaciones, lo cual refuerza su creencia en la exactitud de sus teorías del Self.

Sin embargo, para apreciar realmente el poder de estas teorías académicas del Self, es importante entender que se trata sólo de una variedad de un campo mucho más amplio de la psicología desarrollado por Martin Seligman. En 1967, Seligman y sus colegas llevaron a cabo un experimento con perros en jaulas electrificadas. Un grupo de perros era libre de moverse por donde quisiera, mientras que el otro estaba encadenado. Como era de esperarse, los perros en libertad saltaron fuera de las jaulas para evitar recibir choques eléctricos. Los otros canes trataron de liberarse de la correa sin éxito, y eventualmente se acostumbraron a recibir las descargas. Cuando posteriormente se les retiraron las cadenas, el grupo de Seligman encontró que, aunque estos perros tenían la capacidad de saltar fuera de la jaula, simplemente se quedaban echados y ya no les importaba recibir un choque eléctrico tras otro. Este estado es conocido como "desesperanza aprendida", y desde entonces se ha utilizado para explicar la conducta humana en una gran variedad de contextos.

Lo crucial es que, en los seres humanos, esta desesperanza aprendida se dispara con la manera en que nos explicamos lo que acontece en nuestras vidas. Si creemos que estamos en control de nuestras circunstancias, entonces las mejoramos. De lo contrario, dedicamos nuestras energías a conformarnos con lo que percibimos como una realidad inmodificable. Hay que notar que, cuando a los perros se les quitó la cadena, ni siquiera fueron capaces de ver las cosas obvias que podían hacer para salir de esa situación. En los estudios de desesperanza aprendida en humanos se observa el mismo efecto. Los estudiantes que sienten que su nivel de inteligencia está fuera de su control con frecuencia no se percatan de las simples acciones que los llevarían a obtener mejores calificaciones. Sin embargo, una y otra vez, los estudios han encontrado que, para sacar a los estudiantes de su estado de "desesperanza aprendida", simplemente se necesita mostrarles qué tanto control tienen sobre el desarrollo de su inteligencia.

Neuroplasticidad inducida con entrenamiento

Uno de los más grandes problemas de la educación moderna es que todo el mundo sigue creyendo que el cerebro es un órgano inmutable con una capacidad limitada, a pesar del hecho de que, en los últimos cuarenta años, los científicos han descubierto que el cerebro es, de hecho, increíblemente flexible. La investigación ha demostrado que la mielinización y las áreas incrementadas de actividad son sólo dos de las muchas maneras en que el cerebro puede mejorar su capacidad de realizar una tarea. Se ha observado también que el entrenamiento causa el crecimiento de nuevas neuronas, la expansión de ciertas estructuras cerebrales, y cambios en las formas en que las neuronas interactúan unas con otras. Lo impresionante no es sólo el grado en que el cerebro puede cambiar, sino también la velocidad con la que esto sucede. Es notable que los cambios en la estructura cerebral puedan tener lugar en tan sólo cinco días.

La ilusión de la racionalidad (la heurística y la intersección de la emoción y la atención)

Otro de los cambios más radicales en la ciencia ha sido nuestro entendimiento de el proceso de toma de decisiones. A nivel físico, sabemos que las estructuras como la amígdala, que procesa las emociones, tienen un alto nivel de conectividad con la parte del cerebro que se encarga del pensamiento racional. Sin embargo, para apreciar esto a nivel funcional, es importante conocer la historia de un paciente llamado Elliot. El profesor de neurociencias Antonio Damasio, de la Universidad del Sur de California, estudió qué pasó con Elliot después de que los médicos le removieron un tumor cerebral, y lo que encontró cambió radicalmente nuestra comprensión sobre el papel de las emociones en las decisiones cotidianas.

Antes de su operación, Elliot era un ciudadano ejemplar, un exitoso hombre de negocios y un feliz padre de familia, en buena parte gracias a su habilidad para tomar casi siempre buenas decisiones con rapidez. Todo eso cambió después de que los médicos removieron la pequeña sección de cerebro localizada detrás de su nariz. De repente, las decisiones más simples se tornaron irresolubles. Elliot invertía horas tratando de decidir a qué restaurante acudir, sólo para darse cuenta que había estado evaluando sus opciones por tanto tiempo que ya había pasado la hora del almuerzo. En otras palabras, el nuevo Elliot no era capaz de tomar una sola decisión. La operación no había afectado en absoluto sus capacidades cognitivas. En un test de inteligencia, Elliot se ubicó en el 97º percentil. Pero entonces Damasio diseñó un test similar a un detector de mentiras para medir las respuestas emocionales de Elliot. La mayoría de las personas, cuando tienen ante sí imágenes "emocionales", tales como un arma o un pie cercenado, generan una respuesta emocional medible mediante respuestas fisiológicas, como sudor en las manos. No importaba cuántas imágenes de este tipo viera Elliot: no se obtuvo ninguna respuesta fisiológica. En otras palabras, Elliot no tenía emoción alguna.

Damasio concluyó que la ausencia de emociones de Elliot era la razón de su abrupta incapacidad para tomar buenas decisiones. La mayoría de la gente puede decir que tiene ganas de comer tal cosa en el almuerzo, o bien puede tener un mala "corazonada" cuando se topa con un personaje sospechoso y su intuición le dice que algo no está del todo bien. Pero Eliott no tenía ya ningún tipo de intuición, así que tenía que evaluar las opciones interminablemente, o bien hacer un juicio inmediato, lo cual casi siempre lo llevaba a resultados desastrosos. Evidentemente, en poco tiempo Elliot perdió su trabajo y después comenzó con una serie de negocios que fracasaron; su esposa se divorció de él, y tuvo que declararse en bancarrota después de haber caído en las garras de un estafador profesional. La mayoría de nosotros suponemos que, eliminando las emociones de la ecuación, podremos tomar mejores decisiones. Pero ese no fue en absoluto el caso de Elliot.

Antes de que los científicos estudiaran a Elliot y otros casos como el suyo, se pensaba que las emociones eran unas meras intrusas en el proceso de toma de decisiones racionales. Sin embargo, en años recientes, los científicos se han dado cuenta de que con más frecuencia tomamos decisiones emocionales que después somos capaces de justificar racionalmente. De hecho, como lo muestran los estudios, somos muy buenos encontrando una lógica que explique buena parte de nuestras vidas: por qué nuestras decisiones son buenas, por qué no tenemos la culpa cuando entablamos un pleito con alguien y por qué "hace sentido" que no seamos buenos en ciertas materias. Esta tendencia a creer que nuestras emociones son hechos ha sido denominada por los psicólogos "realismo ingenuo". Como se mostró en el capítulo "Emociones" de este libro, nuestras emociones frecuentemente conspiran para validar nuestras teorías sobre el Self. Sin embargo, es importante mencionar que, en varios estudios en este campo, los sujetos que logran ser conscientes de cómo el realismo ingenuo distorsiona nuestra visión de la realidad tienen mayor capacidad de evitar esta postura. En otras palabras, la conciencia facilita el progreso.

En un nivel más refinado, los psicólogos y los economistas de la conducta han descubierto que nuestro proceso de toma de decisiones se basa en buena medida en atajos conocidos como "heurística". Éstos son generalmente útiles para nuestras habilidades de toma de decisiones. Por ejemplo, los médicos tienen que usar atajos mentales cuando hay que diagnosticar pacientes en situaciones de emergencia, aunque algunas veces esto conduce a diagnósticos erróneos. Pero en vez de eliminar los atajos, los investigadores en el campo de la medicina quieren mejorarlos. De hecho, una de las características que definen a un experto en comparación con un amateur en cualquier campo es el uso más eficiente de la heurística. En la escuela, el ejemplo más claro del uso de la heurística es la manera en que los estudiantes se fijan constantemente en el desempeño de sus compañeros para determinar cuál debe ser el suyo propio (un atajo que, como hemos visto a lo largo de este libro, no es siempre productivo). Buena parte de este libro —que culmina con la tabla que se muestra en el capítulo "La generación de los genios" — tiene como objetivo ayudar a los estudiantes a encontrar atajos nuevos y más productivos que les permitan diagnosticar rápidamente qué están haciendo mal en la escuela para, subsecuentemente, tomar las acciones más apropiadas para solucionar el problema.

Los esquemas y la importancia del conocimiento previo

Es evidente que en un examen se esperará los estudiantes conozcan los hechos, por lo que hace sentido que muchos de ellos traten de metérselos en la cabeza lo más rápido posible. Para estos alumnos, tomarse el tiempo para entender el material suena como un paso innecesario. Pero la investigación científica ha demostrado que este "paso extra" en realidad ahorra tiempo. Como se demostró en el artículo de los taxis londinenses, al trabajar para entender el material, los estudiantes van más allá de la superficie de los hechos para descubrir el contexto que los conecta. Este contexto puede ser la cronología de los eventos históricos o las relaciones causales dentro de los procesos biológicos. No importa la materia: aprovechar los inherentes "esquemas" — como los investigadores denominan a los contextos— no sólo hace que sea más fácil organizar y memorizar el material nuevo, sino que también hace que la información se retenga a largo plazo de manera más sencilla.

La naturaleza contextual de la memoria humana, científicamente demostrada, es la base para la afirmación de este libro de que "más es más". Muchos estudios han demostrado que los expertos en un determinado campo aprenden nuevos hechos relacionados con éste de manera muy rápida. Esto es porque tienen un contexto muy amplio en el cual anclarlos. Sin embargo, les toma lo mismo que a cualquiera aprender nuevos hechos en campos que no tienen que ver con su área de experiencia. Por esto, minimizar la cantidad de información que necesitas estudiar, o depender exclusivamente de los resúmenes de los libros o las guías de estudio, no es la manera más efectiva de reducir tu tiempo de estudio, mucho menos de hacerlo memorable.

La fluidez y la calidad de la experiencia

Si bien obtener las máximas calificaciones es una meta noble, es muy difícil lograrla cuando, como muchos estudiantes suponen, se equipara con sentirse miserable y estresado. Uno de los hallazgos más interesantes de los centros de desempeño de expertos es que lo importante no radica en qué se necesita para volverse un experto, sino en cómo se siente. En el capítulo final de este libro, mencionamos a Mihaly Csikszentmihalyi, quien ha enfocado su carrera en el estudio de la "fluidez". Esta condición, que también se denomina estar "en la zona", la experimentamos al estar totalmente enfocados en una tarea. Cuando estamos trabajando en algo que nos lleva al límite de nuestra capacidad y que hace que todas nuestras habilidades estén del todo volcadas en un tema, experimentamos un desvanecimiento de la autoconciencia y una sensación de que el tiempo vuela. Esto no quiere decir sea "fácil". Pero cuando estás "en la zona" y experimentas esa fluidez es justamente cuando el trabajo se vuelve totalmente absorbente y satisfactorio.

Los estudiantes tienen razón cuando observan que obtener calificaciones perfectas involucra cierto grado de ansiedad, pero desestiman el resto de la experiencia emocional: específicamente, todos los beneficios. Como Csikszentmihalyi ha demostrado, aunque los mejores estudiantes sí presentan algo más de ansiedad, también experimentan menos aburrimiento y mucha más fluidez. Desde una perspectiva puramente emocional, estar totalmente absorto en una actividad es una mejor elección. Pero la fluidez viene con otro beneficio importante, el cual debería ser de particular interés para los adolescentes. Se ha observado que la fluidez disminuye la autoconciencia. Gracias a investigadores como Csikszentmihalyi, es posible darse cuenta de que la motivación para obtener excelentes calificaciones no tiene que ser algo muy distante, como el ingreso a cierta universidad o el futuro laboral. Tampoco tienen que ser las calificaciones en sí mismas. Llevar a cabo un buen desempeño en la escuela hace que la experiencia que estás teniendo en el momento presente sea mucho mejor.

Volverse un experto y la regla de las 10 mil horas

En el siglo XIII, el notable pensador Roger Bacon escribió que tomaba un mínimo de treinta a cuarenta años alcanzar el más alto nivel de conocimiento matemático existente en esa época. Hoy en día, ése es el nivel de matemáticas que se les enseña de manera rutinaria a los estudiantes de secundaria. Conforme avanzamos en el tiempo en determinado campo de conocimiento, también nos volvemos mejores adquiriéndolo y transmitiéndolo. Por eso, un graduado de enseñanza media en el siglo XXI está mucho más avanzado que los mayores expertos de antaño.

Esto nos enseña a practicar maneras más inteligentes para reducir de manera impresionante el tiempo requerido para volverse un experto. Anders K. Ericsson y sus colegas estudiaron cómo los sujetos se convertían en los mayores expertos de la actualidad, en temas tan diversos como música, física, ajedrez y deportes. Estos investigadores encontraron que la parte que separa a los amateurs de los expertos son alrededor de 10 mil horas de práctica. Sin embargo, en su estudio también definieron las características universales del tipo de práctica necesaria para que esas 10 mil horas reditúen. Parece ser que la práctica no hace al maestro, si se está haciendo el tipo equivocado de práctica.

La manera correcta de practicar, lo que Ericsson llama "práctica deliberada", se entiende más fácilmente con el ejemplo de los ejecutantes de música clásica. Para aquellos que aprendimos un instrumento musical y no nos convertimos en el nuevo Yo Yo Ma, la práctica consistía en su mayor parte en hacer lo posible por tocar las piezas asignadas por el director de música de la escuela y utilizar la consabida técnica de no tocar muy fuerte cuando no estábamos muy seguros de las notas y viceversa. El objetivo, de cualquier manera, era sólo interpretar la pieza de principio a fin. En contraste, los ejecutantes que llegan a tocar de manera excelente practican con un sistema start-stop. Cuando se topan con un pasaje particularmente difícil, se detienen y practican más lentamente — a veces a un ritmo extremadamente lento—, hasta asegurarse de que están ensayando las notas exactas. Conforme automatizan ese pasaje, pueden tocarlo más y más rápidamente, pero no pasan al siguiente hasta que están convencidos de que el anterior está perfecto. Los músicos que quieren dominar su instrumento no pasan su tiempo tocando las piezas que les gustan o las que les salen bien: pasan su tiempo haciendo escalas, ejercicios y piezas que constituyen un reto para aspectos específicos de su técnica. La práctica deliberada identifica áreas de debilidad de la manera más específica posible y entonces desarrolla actividades para mejorar esos aspectos de la ejecución. Permanecer en la comodidad de las piezas que te resultan familiares puede ser más divertido en el corto plazo, pero los beneficios a largo plazo de ser el mejor en lo que haces compensa por mucho toda la disciplina que requiere la práctica deliberada.

Para introducir el concepto de práctica deliberada a los adolescentes, hemos seleccionado el término "práctica enfocada en soluciones", la cual hace que la atención del estudiante se fije en identificar sus errores. Identificar y corregir errores es el componente más importante del aprendizaje efectivo, y es también la parte que las teorías del Self hacen que tratemos de evitar a toda costa. Los alumnos que en este momento están haciendo todo lo posible por evitar errores por lo general no están emocionalmente preparados para llevar a cabo la rigurosa práctica deliberada de Ericsson. Sin embargo, como hemos observado una y otra vez, si sólo comienzan a prestar atención a sus errores —y tratan de corregirlos— entonces verán resultados casi de manera inmediata. Con el tiempo, la manera en que identifican áreas de debilidad en su trabajo se volverá cada vez más específica y, finalmente, estarán practicando como los expertos.

Metacognición

Al revisar estos distintos temas, es posible ver que la clave para maximizar tus resultados en la escuela es la metacognición. En todos los campos que hemos discutido en esta sección, y a lo largo de los capítulos de este libro, ser consciente de tus pensamientos, percepciones y acciones es la clave para superar los obstáculos que se interponen en tu camino. Por eso es que la Academia Nacional de Ciencias de Estados Unidos eligió resaltar la importancia de la metacognición como característica unificadora de la enseñanza y el aprendizaje efectivos en su reporte cómo aprenden los estudiantes. En nuestras miles de horas de experiencia como tutores, hemos observado de manera consistente que la mayor parte del estrés, de la frustración, de la pena y del "me da lo mismo" que tiene lugar en la escuela es resultado de la renuencia de los estudiantes a darse cuenta de lo que realmente está pasando con su trabajo (o, más específicamente, de lo que están haciendo mal). Las súper estrellas académicas estresadas y los estudiantes que reprueban tienen más en común de lo que creen. Para ellos, la escuela es una hazaña de resistencia; ambos tipos de alumnos invierten una tremenda cantidad de energía para justificar una experiencia que está lejos del ideal, en vez de usar esa energía para mejorarla. Los impulsos por tener un buen desempeño escolar y por disfrutar realmente de la vida no son contradictorios, sino complementarios. Hacer las cosas bien genera bienestar. El bienestar genera más compromiso, el cual incrementa el desempeño. Al cultivar una muy arraigada confianza de que a nuestros estudiantes les puede ir bien, entendiendo cómo utilizar sus errores a su favor, podemos ayudarlos a que se percaten de que obtener buenas calificaciones en la escuela es la forma menos estresante y más divertida de pasar los años de adolescencia.

BIBLIOGRAFÍA

**Si estás interesado en ir más allá de las lecturas sugeridas en "La ciencia detrás de La Conspiración de las Calificaciones Perfectas", aquí hay una lista de fuentes que pueden explicar más los conceptos científicos y la investigación que nos inspiraron a escribir este libro.

Carter, Rita, Susan Aldridge, Martyn Page, Steve Parker, Christopher D. Frith, Uta Frith, and Melanie B. Shulman. *The Human Brain Book*. London: DK Pub., 2009. Print. *(Ver p. 150, donde originalmente encontramos las resonancias magnéticas del cerebro lector).*

Cohen, Marlene R., and John H R. Maunsell. "Attention Improves Performance Primarily by Reducing Interneuronal Correlations." *Nature Neuroscience 12.12* (2009): 1594-600. Print.

Csikszentmihalyi, Mihaly. *Flow: The Psychology of Optimal Experience*. New York: Harper Perennial, 2008. Print.

Csikszentmihalyi, Mihaly, and Isabella Selega. Csikszentmihalyi. *Optimal Experience: Psychological Studies of Flow in Consciousness*. Cambridge: Cambridge UP, 1988. Print. *(El estudio mencionado en las notas finales aparece en la p. 325 de este libro.)*

Damasio, Antonio R. *Descartes' Error: Emotion, Reason, and the Human Brain*. New York: Putnam, 1994. Print.

Deary, Ian J., Lars Penke, and Wendy Johnson. "The Neuroscience of Human Intelligence Differences." *Nature Reviews Neuroscience*, 2010. Print. *(Este artículo analiza rigurosamente todos los alegatos que dicen que los científicos han encontrado un gen para la inteligencia arriba del promedio, y concluye que no se ha encontrado tal gen).*

Donovan, Suzanne, and John Bransford. *How Students Learn: History, Mathematics, and Science in the Classroom.* Washington, D.C.: National Academies, 2005. Print. *(Hemos encontrado que ésta es la mejor revisión de los estudios sobre los esquemas, conocimientos previos y metacognición).*

Dove, A., S. Pollman, T. Schubert, C. Wiggins, and D. Von Cramon. "Prefrontal Cortex Activation in Task Switching: An Event-related FMRI Study." *Cognitive Brain Research 9.1* (2000): 103-09. Print.

Draganski, Bogdan, Christian Gaser, Volker Busch, Gerhard Schuierer, Ulrich Bogdahn, and Arne May. "Neuroplasticity: Changes in Grey Matter Induced by Training." *Nature* 427.6972 (2004): 311-12. Print.

Dweck, Carol S. *Self-theories: Their Role in Motivation, Personality, and Development.* Philadelphia, PA: *Psychology*, 2000. Print.

Ekman, Paul. *Emotions Revealed: Recognizing Faces and Feelings to Improve Communication and Emotional Life.* New York: Times, 2003. Print. *(See page 63 for more on the physiological responses to anger and fear.)*

Elliot, Andrew J., and Carol S. Dweck. *Handbook of Competence and Motivation.* New York: Guilford, 2005. Print.

Ericsson, K. Anders. *The Cambridge Handbook of Expertise and Expert Performance.* Cambridge: Cambridge UP, 2006. Print.

Ericsson, Anders, Ralf Krampe and Clemens Tesch-Römer. "The Role of Deliberate Practice in the Acquisition of Expert Performance." *Psychological Review.* 100.3 (1993): 363-406. Print.

Fara, Patricia. *Newton: The Making of Genius.* Columbia Univ Press, 2004. Print.

Gawande, Atul. *The Checklist Manifesto: How to Get Things Right.* Picador USA, 2011. Print. *(Además de darnos mucha información para crear las listas de verificación, el libro de Gawande también nos dio las primicias sobre y su test de los chocolates confitados).*

Good, C. "Improving Adolescents' Standardized Test Performance: An Intervention to Reduce the Effects of Stereotype Threat." *Journal of Applied Developmental Psychology* 24.6 (2003): 645-62. Print.

Haidt, Jonathan. *The Happiness Hypothesis: Finding Modern Truth in Ancient Wisdom*. New York: Basic, 2006. Print.

Johns, M., T. Schmader, and A. Martens. "Knowing Is Half the Battle—Teaching Stereotype Threat as a Means of Improving Women's Math Performance." *Psychological Science* 16.3 (2005): 175-79. Print.

Kim, Yee Joon, Marcia Grabowecky, Ken A. Paller, Krishnakumur Muthu, and Satoru Suzuki. "Voluntary Direction of Attention Increases Response Gain." *Nature Neuroscience* 10.1 (2007): 117-25. Print.

Lewis, Michael, and Jeannette M. Haviland-Jones. *Handbook of Emotions*. New York: Guilford, 1993. Print.

Lewis, Michael. *Shame: The Exposed Self*. New York: Free, 1992. Print.

MacCulloch, Diarmaid. *The Reformation*. Penguin Group USA, 2004. Print.

Maguire, Eleanor A., David G. Gadian, Ingrid S. Johnsrude, Catriona D. Good, John Ashbruner, Richard Frackiowac, and Christopher D. Frith. "Navigation-related Structural Change in the Hippocampi of Taxi Drivers." *Proceedings of the National Academy of Sciences* 97.8 (2000): 4398-403. Print.

Marks, Susan. *Finding Betty Crocker: The Secret Life of America's First Lady of Food*. Univ. Of Minnesota Press, 2007. Print.

Mueller, Claudia M., and Carol S. Dweck. "Praise for Intelligence Can Undermine Children's Motivation and Performance." *Journal of Personality and Social Psychology* 75 (1998): 33-52. Print.

Mulligan, Neil W. "The Role of Attention during Encoding in Implicit and Explicit Memory." *Journal of Experimental Psychology: Learning, Memory, and Cognition* 24.1 (1998): 27-47. Print.

"National-Academies.org | Newsroom." *Under Construction.* Web. 10 Feb. 2012. <http://www8.nationalacademies.org/onpinews/newsitem.aspx?RecordID=9728>.

Öhman, Arne, Anders Flykt, and Francisco Esteves. "Emotion Drives Attention: Detecting the Snake in the Grass." *Journal of Experimental Psychology: General* 130.3 (2001): 466-78. Print.

Ophir, E., C. Nass, and A. D. Wagner. "Cognitive Control in Media Multitaskers." *Proceedings of the National Academy of Sciences* 106.37 (2009): 15583-5587. Print. *(Este estudio se cita en el recuadro acerca de las multitareas que aparece en el capítulo "Atención").*

Ochsner, Kevin N., Silvia A. Bunge, James J. Gross, and John D. E. Gabrieli. "Rethinking Feelings: An FMRI Study of the Cognitive Regulation of Emotion." *Journal of Cognitive Neuroscience* 14.8 (2002): 1215-229. Print.

Pascual-Leone, Alvaro, and Fernando Torres. "Plasticity of the Sensorimotor Cortex Representation of the Reading Finger in Braille Readers." *Brain* 116.1 (1993): 39-52. Print.

Peterson, Christopher, Steven F. Maier, and Martin E. P. Seligman. *Learned Helplessness: A Theory for the Age of Personal Control.* New York: Oxford UP, 1993. Print.

Schlaug, G. "Increased Corpus Callosum Size in Musicians." *Neuropsychologia* 33.8 (1995): 1047-055. Print.

Scholz, Jan, Miriam C. Klein, Timothy E J. Behrens, and Heidi Johansen-Berg. "Training Induces Changes in White-matter Architecture." *Nature Neuroscience* (2009). Print.

Seligman, Martin E. P. *Authentic Happiness: Using the New Positive Psychology to Realize Your Potential for Lasting Fulfillment.* New York:

Free, 2002. Print. *(El estudio de Csikszentmihalyi mencionado en "La generación de los genios" originalmente proviene de la p. 117 de este libro).*

Shih, Margaret, Todd L. Pittinsky, and Nalini Ambady. "Stereotype Susceptibility: Identity Salience and Shifts in Quantitative Performance." *Psychological Science* 10.1 (1999): 80-83. Print.

Spencer, Steven J., Claude M. Steele, and Diane M. Quinn. "Stereotype Threat and Women's Math Performance." *Journal of Experimental Social Psychology* 35.1 (1999): 4-28. Print.

Steele, Claude M., and Joshua Aronson. "Stereotype Threat and the Intellectual Test Performance of African Americans." *Journal of Personality and Social Psychology* 69.5 (1995): 797-811. Print.

Stafford, William. *The Mozart Myths: A Critical Reassessment.* Stanford Univ Press, 1993. Print.

Stipek, Deborah, and Heidi Gralinski. "Children's Beliefs about Intelligence and School Performance." *Journal of Educational Psychology* 88.3 (1997): 397-407. Print.

Stross, Randall. *The Wizard of Menlo Park: How Thomas Alva Edison Invented the Modern World.* Three Rivers Press, 2008. Print.

Tracy, Jessica L., Richard W. Robins, and June Price Tangney. *The Self-conscious Emotions: Theory and Research.* New York: Guilford, 2007. Print.

Woollett, Katherine and Eleanor A Maguire. "Acquiring the Knowledge of London's Layout Drives Structural Brain Changes." *Current Biology* 21.24 (2011): 2109 - 2114. Print.

NOTA A LOS PADRES DE FAMILIA

Muchos padres de familia que han leído este libro están muy emocionados por lo que significa para sus hijos y por lo que implica para su futuro. Entienden del todo lo que sus hijos necesitan hacer, pero lo que realmente quieren saber es cómo. ¿Cuál es la mejor manera en que los padres pueden ayudar?

La pregunta no es trivial. Aunque la escuela es un tema casi universal que conlleva fuertes emociones entre los padres y sus hijos, cada relación entre éstos es diferente. Conocemos algunos padres que están híper involucrados y se comunican con sus hijos constantemente respecto lo que sucede en sus clases. Otros sienten que su única esperanza de mantener algún tipo de diálogo es evitar del todo temas que tengan que ver con la escuela. Obviamente, usted es un padre o una madre de familia a quien le preocupa seriamente el futuro académico de su hijo, dado que se ha tomado el tiempo de comprar y leer este libro. Sin importar qué tipo de relación tenga usted con su estudiante en este momento respecto a temas de "la escuela", hemos notado que hay sólo una cosa que usted puede hacer para marcar una gran diferencia en cualquier caso. Es simple. Tome la información contenida en este libro y aplíquela a su propia experiencia en la escuela. Imagine que usted mismo tiene las armas que se dan en este libro. ¿Qué tan menos estresado hubiera estado en la escuela? ¿Qué tan más fácil hubiera sido su experiencia de haber sabido que los estudiantes de diez en su clase no tenían poderes mágicos, sino una serie de habilidades y comportamientos que les permitían obtener éxitos académicos con el tiempo? ¿Qué tan diferente hubiera sido su enfoque respecto a su propio trabajo escolar?

La realidad es que usted creció en una época en la que había básicamente dos maneras, no sólo de explicar el éxito académico, sino el éxito en general: trabajo duro y habilidad natural. Como hemos esbozado a lo largo de este libro, éste es un sistema de pensamiento horripilantemente duro, cuyo resultado es suponer que uno no tiene control sobre sus propios éxitos y fracasos. Y esa manera de pensar ha permanecido con nosotros durante toda nuestra vida. Antes de que usted pueda ayudarle a su hijo con la experiencia escolar, tiene usted que reflexionar sobre la suya propia a la luz de lo que ahora sabemos: es hora de enfrentar la verdad sobre lo que siempre se dio por sentado. Desde luego que esto no siempre es fácil. Si usted siempre creyó que simplemente era malo para las matemáticas, o para los idiomas, o para escribir, o si usted era de los que nunca hacían su tarea, hay una tendencia a dejar eso de lado y negar que alguna vez sucedió, en parte por no querer considerar la posibilidad de que sus genes hayan condenado a sus hijos a sufrir las mismas dificultades en la escuela. Como padre de familia, sus propias dificultades constituyen la mejor herramienta para entender la experiencia académica de sus hijos: estas dificultades no tienen por qué mantenerse en secreto. Incluso si usted fue una estrella escolar de calificaciones perfectas, recuerde identificar aquellas áreas en las que tenía problemas, no importa que tan menores hayan sido. Narrar su propia historia puede ayudarles a sus hijos a entender cómo usted superó o se dio por vencido ante los obstáculos de su pasado. Incluso si la experiencia no es directamente aplicable, compartirla de una manera honesta y humilde puede abrir las puertas para tener un diálogo más honesto con sus hijos.

Esperamos que usted pueda ver que, independientemente de la experiencia que haya tenido, todo fue una reacción natural a la información incompleta y frecuentemente errónea sobre el cerebro y sobre el aprendizaje que existía cuando usted mismo estaba en la escuela. Así que le sugerimos que se tome el tiempo de preguntarse lo siguiente:

1) Cuando estaba en la escuela, ¿sentía que era naturalmente malo para cierta materia? ¿Se siente de la misma manera hoy?

2) ¿Hay áreas en las cuales sentía que era naturalmente mejor o más talentoso que otras personas? ¿Esta creencia le ha hecho tener más confianza o más complacencia?

3) ¿Quién era la persona en su escuela que siempre

"acertaba" en todo?

4) Cuando leyó la tercera parte de este libro, ¿encontró algunas técnicas de estudio que usted utilizaba... o que definitivamente no utilizaba? ¿Cómo era su enfoque respecto al trabajo escolar?

5) Incluso de adulto, ¿hay algunas habilidades que usted aún ve como incapaz de obtener? ¿Hay habilidades que crea que son mayormente producto del talento natural, como dibujar, escribir o incluso ser bueno con las computadoras?

6) Además de emociones negativas, ¿qué otras cosas ha obtenido o dejado de obtener por albergar estas creencias respecto a su cerebro y su potencial?

Al ver su propia experiencia bajo una nueva luz, es posible que usted se dé cuenta de qué tantos de sus éxitos y fracasos personales se deben a las acciones que lleva a cabo día con día, en vez de a la valía de su cerebro. Piense en cuánto ha sido posible para usted todo este tiempo, y cómo no conocer esa posibilidad ha moldeado su vida. ¿Odiaba la clase de ciencias porque era malo en la materia? ¿O era malo en la materia porque la odiaba? ¿En realidad puso el 100% de su empeño en ese clase, a pesar de que sospechaba que de todos modos nunca obtendría buenas calificaciones? ¿No es posible que, de haber tomado las acciones correctas, le hubiera ido realmente bien? ¿Y qué tal ahora? ¿Cree que es posible que alguien pueda disfrutar de la escuela? ¿En realidad cree que sus hijos puedan obtener sólo las mejores calificaciones? Quedará sorprendido de que tanto sus propias creencias y experiencias afectan la manera en que usted habla con sus hijos respecto a la escuela.

Si usted puede entender como las cosas que usted hizo afectaron sus propias calificaciones en la escuela, entonces se vuelve más fácil mirar a través de la cortina de humo de las emociones y mantener las discusiones sobre la escuela enfocadas en las acciones de sus hijos. En lugar de ocultar su pasado, utilícelo. Así será capaz de darle a sus hijos lo que más necesitan: un aliado objetivo que les ayude a solucionar los problemas académicos, analizar los errores y arreglarlos de manera correspondiente. Enfóquese en modificar las acciones de sus hijos y, con tiempo, las emociones cambiarán también.

Así que sea humano: está bien que haya cometido sus propios errores o se haya dejado engañar por la información falsa acerca de su cerebro y de lo que se necesita para ser “listo”. Ahora es el momento de analizar con más detalle sus pasadas acciones y creencias y hacerlas parte de la discusión. De esta manera, usted podrá hablar desde la experiencia cuando les diga a sus hijos lo extraordinarios que son sus cerebros y cómo cambiar sus acciones no sólo puede mejorar su desempeño en la escuela, sino en el resto de sus vidas.

Estamos muy emocionados por lo que esta generación de estudiantes puede hacer. Si están dispuestos a afrontar el reto, las posibilidades de éxito son interminables. Lo que los estudiantes de hoy día más necesitan es tener la convicción de que, con las acciones correctas, son capaces de lograr cualquier cosa. Y antes de poder inculcarle esta manera de pensar a sus hijos, necesita creérsela usted mismo. Tómese el tiempo para aclarar y repensar sus creencias pasadas respecto al aprendizaje, y entonces estará en la mejor posición posible para inspirar a sus hijos a pensar menos en el examen o el ensayo que tienen que hacer hoy y más en el extraordinario futuro que les espera.

ACERCA DE LOS AUTORES

Katie O'Brien

Nativa de Nueva Inglaterra, Katie se graduó como la mejor estudiante de la Academia Pinkerton, una escuela pública regional de 3200 estudiantes en New Hampshire, en Estados Unidos. Comenzó sus estudios en la Universidad de Harvard en el otoño de 2000, en donde se graduó con los máximos honores en letras inglesas y norteamericanas. Durante sus años en Harvard, también fue codirectora de Citystep, un programa que integra educación artística en las escuelas de enseñanza media de Cambridge. Después de graduarse, se mudó a Nueva York donde continuó su trabajo con estudiantes de secundaria y preparatoria en esa ciudad, al igual que en Londres y Edimburgo. Fue por entonces cuando Katie se asoció con Hunter y con otros dos compañeros de Harvard para fundar Overqualified Tutoring, una compañía de servicios educativos con sedes en Nueva York y Los Ángeles. Ha pasado miles de horas como tutora e instructora domiciliaria de estudiantes de todas las edades y para todas las materias. Actualmente reside en Los Ángeles.

Hunter Maats

Hunter no es realmente nativo de ninguna parte. Nació en Arabia Saudita y vivió en Brasil, Grecia y Nueva York antes de que su familia se mudara Inglaterra cuando él tenía ocho años de edad. Se formó en el Eton College, el internado de varones más prestigioso y pesado del Reino Unido. Al concluir la preparatoria, su amor por la ciencia lo llevó a pasar un año llevando a cabo investigación sobre tumores virales en el laboratorio Cold Spring Harbor, donde vivió en el sótano de James Watson, Premio Nobel y codescubridor de la estructura de doble hélice del ADN. No tuvo que pensarlo mucho para decidirse a estudiar bioquímica en la Universidad de Harvard, a la cual ingresó en el otoño de 2000. En Harvard, Hunter hizo de su tiempo libre y de sus materias optativas una combinación de travesuras y lenguas extranjeras. Ocasionalmente mezclaba las dos. Después de graduarse, Hunter se mudó a Los Ángeles y ayudó a fundar Overqualified Tutoring. Actual poseedor de libreros cómicamente atiborrados, Hunter disfruta mucho tratando de solucionar un aspecto de la ciencia que siempre lo ha conturbado: la brecha entre la investigación existente y el conocimiento público. Hoy día, Hunter pasa su tiempo encontrando cada vez más maneras de cerrar esta brecha. Cuando Hunter está lejos de sus antes mencionados libreros, se le puede encontrar en el cross-fit, saboreando la comida de Nicole o soñando con Kansas City.

www.ingramcontent.com/pod-product-compliance
Lightning Source LLC
LaVergne TN
LVHW051223080426
835513LV00016B/1375